MARIAN ROJAS ESTAPÉ

WIE DU BEWIRKST, DASS DIR GUTES GESCHIEHT

MARIAN ROJAS ESTAPÉ

WIE DU BEWIRKST, DASS DIR GUTES GESCHIEHT

Verstehe dein Gehirn, **steuere** deine Gefühle und **verbessere** dein Leben

Aus dem Spanischen
von Birgit Irgang

YES

Dieses Buch richtet sich an Menschen aller Geschlechter. Dass des Öfteren die männliche Form gewählt wird, ist der besseren Lesbarkeit geschuldet.

1. Auflage 2020

Türkenstraße 89, 80799 München
info@yes-publishing.de

Die spanische Originalausgabe erschien 2018 bei Espasa, Editorial Planeta, S. A., unter dem Titel *Cómo hacer que te pasen cosas buenas: Entiende tu cerebro, gestiona tus emociones, mejora tu vida*

Redaktion: Kristin Lohmann
Umschlaggestaltung: Ivan Kurylenko (hortasar covers)
Layout und Satz: Daniel Förster, Belgern
Druck: CPI books GmbH, Leck
Printed in Germany

ISBN Print 978-3-96905-023-1
ISBN E-Book (EPUB, Mobi) 978-3-96905-024-8
ISBN E-Book (PDF) 978-3-96905-025-5

Für meine vier Männer

INHALT

EINE REISE BEGINNT …

Auch der längste Marsch beginnt mit dem ersten Schritt.

Laotse

Flugzeuge, Züge, Transportmittel generell sind wunderbare Orte, an denen überraschende Dinge geschehen können. Man muss sich nur mitnehmen lassen, wachsam sein und aktiv werden, sobald sich eine gute Gelegenheit bietet. Tatsächlich sind die besten Geschichten in meinem Leben in genau solchen Situationen entstanden.

Vor ein paar Jahren saß ich auf einem Flug von New York nach London auf einem Fensterplatz. Ich entscheide mich grundsätzlich für den Platz am Fenster, weil ich es genieße, den Himmel, die Wolken, das Meer zu beobachten, und vor allem, weil ich mir gern vor Augen führe, wie klein und unbedeutend der Mensch angesichts der Unermesslichkeit der Natur ist – das relativiert, was uns auf Erden widerfährt. Ich achte immer darauf, wer sich neben mich setzt. Bei so vielen Flugstunden tritt man schließlich unweigerlich auf die eine oder andere Weise mit seinem Nachbarn in Kontakt. Man registriert, was er liest, was er sich auf dem Bildschirm ansieht, ob er isst, ob er schläft …; und ob man will oder nicht, spekuliert man irgendwann über seine Lebensumstände und die Gründe für seine Reise. Ob er wohl Familie hat? Ist er auf Dienstreise? Natürlich gibt es auch Situationen, in denen man kurz den Platz verlässt und aus Höflichkeit ein paar einfache Worte miteinander wechselt. Und am Ende der Reise verabschiedet man sich normalerweise freundlich voneinander.

Ich habe immer an den Satz geglaubt: »Man muss jemanden nur aufmerksam ansehen, und schon verwandelt er sich in einen interessanten Menschen.« Irgendwann im Laufe des Flugs kommt man normalerweise ins Gespräch. Dank solcher Interaktionen habe ich schon einige faszinierende Menschen kennengelernt, und mir sind Dinge passiert, die mein Leben in vielerlei Hinsicht geprägt haben.

Bei diesem konkreten Flug ab New York saß ich neben einem älteren Herrn. Er las Zeitung, während ich Mitschriften meines Studiums aus der Tasche holte – nicht besonders gelungene anatomische Zeichnungen, ich hatte fürs Zeichnen noch nie ein Händchen. Während ich versuchte, mir Hunderte von Begriffen einzuprägen, merkte ich, dass der Blick meines Nachbarn auf den Zeichnungen ruhte. Ich lächelte und sagte:

»I study Medicine.«

Er antwortete:

»My father is a doctor.«

Mein Interesse war geweckt. Ich nahm den Mann genauer unter die Lupe – das habe ich schon als Jugendliche gern getan –, doch er behielt seinen kühlen, undurchdringlichen Blick bei. Das machte mich neugierig, und so fragte ich ihn:

»Haben Sie den Beruf Ihres Vaters denn übernommen?«

»Nein. Mich hat schon immer mehr die Forschung interessiert.«

»Welcher Bereich?«

»Ich forsche im Bereich Terrorismus.«

Ich schloss meine Notizen. Ich hatte den Eindruck, dass sich eine ziemlich interessante Unterhaltung entwickeln könnte. Meine Ansammlung von Muskeln und seltsamen Knöchelchen würde auch bis nach meiner Ankunft auf mich warten. Mein Gesprächspartner erzählte mir, dass er nach 30 Jahren bei der CIA gerade in den Ruhestand gegangen sei. Seit einiger Zeit war es ihm erlaubt, »freier« über seine Arbeit zu sprechen. Während des restlichen Flugs erklärte er mir den Irakkrieg und die geopolitischen Spannungen in der Region, den Kampf ums Öl und die Erdgasleitungen, die Interessen der verschiedenen westlichen

Länder … und all das anhand einer improvisierten Landkarte des Mittleren Ostens mit Pfeilen nach allen Seiten.

Ich kann mich für Geschichte und internationale Beziehungen ziemlich begeistern und machte mir unaufhörlich Notizen. Im Laufe unserer Unterhaltung erzählte ich ihm auch, dass ich nach dem Studium Psychiaterin werden wolle. Da sah er mich forschend an und sagte eine Weile nichts, bevor er mir sehr spezielle Fragen über meine Vorlieben und mein Wesen stellte. Ich bin es nicht gewohnt, dass mich jemand so intensiv über mich ausfragt – normalerweise bin ich diejenige, die Fragen stellt; aber ich versuchte, so ehrlich wie möglich zu antworten.

Nach einer Pause schlug er mir vor, nach dem Ende meines Studiums als forensische Psychologin oder Wissenschaftlerin bei der CIA zu arbeiten. Ich strahlte. Was für eine spannende Welt! Dann meinte ich lächelnd:

»Solange ich nicht in den Mittleren Osten muss – ich bin nämlich ein ziemlicher Angsthase.«

Er gab mir seine Kontaktdaten, und wir verabschiedeten uns. Ich schrieb ihm mehrfach, und wir korrespondierten einige Jahre lang per E-Mail miteinander.

Das Leben hat mich beruflich auf andere Pfade geführt, doch in meinem Geldbeutel steckt noch immer die Visitenkarte meines »Analystenfreunds« und erinnert mich daran, dass wir umgeben sind von Chancen – wir müssen nur die Augen aufmachen.

Meiner Meinung nach hat kaum ein Satz mehr Schaden angerichtet als dieser: »Es wird geschehen, wenn du es am wenigsten erwartest.« Niemand wird zu uns nach Hause kommen, um uns das Projekt unseres Lebens vorzuschlagen. Man muss ihm schon entgegengehen.

Wie kann ich wissen, in welchem Bereich ich einmal arbeiten möchte, wofür ich mich entscheiden soll? Diese Entscheidungsunfähigkeit gehört zu den beängstigendsten Phänomenen unserer Zeit. Die Entscheidung wird zur unüberwindlichen Herausforderung. Wir leben in einer Welt voller Gelegenheiten: Noch nie hatten wir mit so wenig Aufwand so vieles in Reichweite. Zu keiner Zeit waren die Menschen mehr Reizen ausgesetzt, als wir es heute sind: Musik, Geräusche, Speisen, Geschmäcker, Bilder, Videos …

Diese Reizüberflutung erschwert die Entscheidungsfindung zusätzlich. Die jungen Menschen – insbesondere die sogenannten Millenials, die zwischen den frühen 1980er- und dem Ende der 1990er-Jahre geboren wurden und zu denen auch ich noch knapp zähle – sind wie betäubt; sie wissen einfach nicht, wofür sie sich entscheiden oder welche Richtung sie einschlagen sollen. Es gibt unzählige Orte, an denen man studieren und nach dem Studium arbeiten kann, sodass die Wahl unmöglich scheint. Plötzlich taucht eine Vielzahl an Möglichkeiten auf, und man weiß überhaupt nicht mehr, in welche Richtung man sein Leben lenken soll. Unsere Gesellschaft ist ratlos und tut sich mit Verbindlichkeit schwer. Ich sehe immer mehr junge Menschen, die unbewusst »blockiert« sind; denn um Entscheidungen treffen zu können, müssen sie etwas fühlen.

Das Leben der Millenials ist voll von Spannung und Gefühlen. Um weiterzumachen, sind sie auf ständige Belohnung angewiesen. Für ein besseres Verständnis dessen, was im Kopf vieler junger Leute vor sich geht, wird davon später noch die Rede sein. Zwischen zweien der heutigen Generationen existiert eine besonders große Kluft: zwischen den vor den 1980er-Jahren Geborenen und jenen, die ab dem Jahr 2000 auf die Welt kamen. Menschen, die wie ich in den 1980er- oder auch in den 1990er-Jahren geboren wurden, haben eine wichtige Übergangszeit mitbekommen.

Wer die Zeit vor den 1980ern erlebt hat, musste im Normalfall ziemlich kämpfen. Viele Eltern dieser Kinder haben den Krieg noch miterlebt, mussten Familienmitglieder durchbringen. Vor allem aber sind sie mit der digitalen Welt, dem Internet und den sozialen Netzwerken erst nach ihrer Jugend konfrontiert worden. Das ist ganz entscheidend. Ihre persönlichen Kontakte, ihre Art zu arbeiten und mit dem Leben zurechtzukommen sowie ihre Überzeugungen basieren auf völlig anderen Konzepten. Dabei beziehe ist mich nicht auf konkrete Ideologien, sondern auf die Art und Weise, wie Ideologien entstehen.

Nach den Neunzigern gab es einen entscheidenden Wendepunkt: Das Internet entstand. In diesem Buch wird erläutert, welchen Einfluss die Reizüberflutung hat, der die Jüngsten unserer heutigen Gesellschaft von Geburt an ausgesetzt sind. Auch die Auswirkung der sozialen Netzwerke auf das Belohnungssystem des Gehirns wird untersucht – sie ist der Grund dafür, dass wir es mit einer zutiefst unzufriedenen Generation zu tun haben. Um sie zu motivieren – beim Lernen, im Bereich der Gefühle und Affekte, beruflich und wirtschaftlich – sind häufig immer stärkere, intensivere Reize erforderlich.

Wie du bewirkst, dass dir Gutes geschieht hängt von verschiedenen Faktoren ab. Es gibt im Leben harte Phasen, in denen es einfach nur wichtig ist, zu überleben und Halt zu finden. In allen anderen Zeiten aber müssen wir kämpfen, um MBI – *Mein bestes Ich*[1] – hervorzubringen. Es geht in diesem Buch viel um Einstellung und Optimismus; denn die Art, wie wir uns dem Leben stellen, hat großen Einfluss auf das, was uns passiert. Die Einstellung, also die Haltung angesichts einer Situation, bestimmt, wie wir mit ihr umgehen.

Jahrelange Experimente zeigen, dass die Art, wie jemand auf Probleme und Fragen des Alltags reagiert, das Ergebnis beeinflusst. Das Gehirn, unsere körperlichen Merkmale, die Gene, die Zellen, unsere Einstellung, unsere Gefühle und Gedanken, all das funktioniert als zusammenhängendes System. Bei körperlichen Erkrankungen besteht daher in vielen Fällen eine direkte Verbindung zu den Emotionen. Wir können immer beeinflussen, wie sich eine körperliche Krankheit auf unser Befinden auswirkt, zumindest können wir es versuchen. Um das Gehirn verständlicher darzustellen, werde ich versuchen, die komplexen Zusammenhänge zu vereinfachen. **Wenn wir unser Gehirn verstehen und unsere Gefühle lenken, verbessern wir unser Leben.** Heute erklärt die Neurowissenschaft, insbesondere die Neurobiologie und das, was wir als das Unbewusste bezeichnen – von den Emotionen bis in die Tiefe unserer Psyche –, einen Großteil unseres Verhaltens.

1 Das Konzept des MBI wird in Kapitel 9 vorgestellt.

In diesem Buch geht es um das Glück, nach dem wir alle streben, und um Erfolg; Erfolg allerdings ist der große Lügner bei der Sache. In meiner Praxis habe ich oft Gelegenheit, über Menschen zu staunen, die einen Leidensweg oder eine Geschichte voller Schmerz und Misserfolgen überwunden haben. Das Scheitern lehrt, was der Erfolg verbirgt, sagt mein Vater, mein größter Lehrmeister überhaupt.

Ich möchte in diesem Buch nicht nur auf mentale, körperliche und Herzensprobleme eingehen, sondern insbesondere auf die guten und heilsamen Aspekte des Lebens – also die Aspekte, die zu einer besseren mentalen und körperlichen Gesundheit verhelfen können. Vielleicht kommen wir ja auf diese Weise dem ersehnten Glück ein Stück näher.

Hier beginnt ein spannender Weg, auf dem wir uns selbst verstehen und neu erfinden können. Es gibt immer und für jeden die Möglichkeit, wieder Hoffnung zu schöpfen und einen besseren Weg einzuschlagen.

1. DAS ZIEL: GLÜCK

Glück lässt sich nicht definieren, Glück »erlebt« man. Man erkennt es nur, wenn man es schon einmal empfunden hat – aber auch dann fehlen einem die Worte, um es zu erklären. Trotzdem werden wir versuchen, uns dem Glück aus verschiedenen Perspektiven zu nähern.

Aber zunächst möchte ich festhalten, dass es weder Kurzanleitungen noch Abkürzungen gibt auf dem Weg zum Glück. Selbsthilfebücher, die Glück nach Schnellrezept versprechen, werden scharf kritisiert – allerdings stehen uns heute eine Vielzahl von relativ präzisen Studien und wissenschaftlichen Daten zum körperlichen und psychischen Wohlergehen zur Verfügung, das unbedingte Voraussetzung ist, um glücklich zu sein.

Wir Psychiater beschäftigen uns mit psychischen Störungen oder besser gesagt mit Menschen, die an einer psychischen Erkrankung oder einer Störung der seelischen Verfassung leiden. Unsere Zunft hält häufig Kongresse über die unterschiedlichsten Themen ab: über das Gehirn oder konkrete Bereiche davon, über neuronale Marker und deren Physiologie, über innere oder äußere Faktoren, die psychiatrische Krankheiten begünstigen, über die neuesten Versuche bei der Behandlung oder darüber, wie zuverlässigere Diagnosen erstellt werden können. Im Allgemeinen behandeln wir psychische Leiden mithilfe einer ganzen Reihe unterschiedlicher wissenschaftlicher Ansätze.

Seit meiner Jugend fühle ich mich dazu berufen, Menschen zu helfen, die unter Niedergeschlagenheit und Ängsten leiden, und sie zu heilen. Das hat mich auch dazu gebracht, Themen wie Glück, Genuss,

Liebe, Mitgefühl und Freude zu erforschen und mir eine Reihe von schwer zu beantwortenden Fragen zu stellen: Warum leiden und beklagen sich manche Menschen – unabhängig von ihrer Situation – eher als andere? Haben manche Menschen einfach mehr Glück als andere, oder ist Glück gar nicht so zufällig, wie es scheint? Welche Rolle spielen die Gene bei der Ausbildung von Geist und Charakter? Welche Faktoren beeinflussen, ob ich mehr oder weniger glücklich bin? Die Recherche zu diesen Themen hat mich vielfältige Wege einschlagen und äußerst anregende Bücher lesen lassen.

Im Vergleich ist unsere heutige Gesellschaft so reich wie nie zuvor. Niemals haben wir so viel besessen wie heute. Unsere Bedürfnisse sind erfüllt, wir können über fast alles verfügen: Die meisten Dinge sind nur einen Mausklick entfernt. Auch wenn das kein wünschenswerter Zustand ist und wir ihn vermeiden sollten, ist dieser Überfluss für uns längst zur Normalität geworden.

Gelegentlich denken wir, dass wir das alles schließlich auch verdient haben; dazu trägt nicht zuletzt der vorherrschende Materialismus bei, der uns glauben lässt, es sei gut, dass wir Zugriff auf alles haben, was wir uns wünschen. Dennoch wird eine Ansammlung von Dingen allein keinen Zugang zum Glück ermöglichen, zu diesem inneren Zustand vollkommener Zufriedenheit.

Glück besteht vielmehr in einem erfüllten Leben, in dem wir versuchen, das Beste aus unseren Werten und Fähigkeiten herauszuholen. Glück ist, aus seinem Leben ein kleines Kunstwerk zu machen und sich jeden Tag zu bemühen, sein bestes Ich hervorzuholen.

Glück steht in engem Zusammenhang mit dem Sinn, den wir unserem Leben, unserer Existenz geben.

Der erste Schritt auf dem Weg zum Glück besteht also darin, zu erkennen, was wir uns vom Leben wünschen. In einer Welt, die Sinn und Orientierung verloren hat, neigen wir jedoch dazu, »Sinn« durch »Reize« zu ersetzen. Unsere Gesellschaft leidet unter einer großen spirituellen Leere, die der Mensch durch eine hektische Suche nach Reizen – wie körperlichen Befriedigungen, Sex, Essen, Alkohol usw. – zu ersetzen versucht. Es herrscht ein unstillbares Verlangen danach, neue und immer intensivere Gefühle und Reize zu spüren. An sexuellen Beziehungen, einem gepflegten Restaurantbesuch oder dem Genuss eines guten Weins ist ja per se nichts Schlechtes; ungut wird es erst, wenn die Suche nach diesen Reizen den wahren Sinn des Lebens ersetzt. In solchen Fällen von Desorientierung bringt eine Anhäufung von Reizen zwar eine kurzzeitige Belohnung mit sich; währenddessen aber wächst die Leere in unserem Inneren wie ein schwarzes Loch und vereinnahmt allmählich unser Leben – was zwangsläufig zu psychischen Brüchen und destruktivem Verhalten führt.

Erst wenn der Schaden bereits entstanden ist, wird dem Betroffenen oder jemandem aus dessen Umfeld klar, dass der Weg zurück die eigenen Kräfte übersteigt und er Hilfe von außen benötigt. Dann ist es Aufgabe des Psychiaters oder Psychologen, dabei zu helfen, dieses Leben wieder ins Lot zu bringen.

Der Mensch strebt nach Besitz und verbindet auch das Glück damit. Wir verbringen unser ganzes Leben mit der Suche nach wirtschaftlicher, sozialer, beruflicher und emotionaler Stabilität. Sicherheit haben, Ansehen haben, materielle Dinge haben, Freunde haben … Das wahre Glück liegt jedoch nicht im Haben, sondern im Sein. Unsere Wesensart, das was uns ausmacht, ist Grundlage des wahren Glücks.

Doch Vorsicht im Umgang mit jenem »Glück light«, das uns als mit nur einem Klick erreichbar verkauft wird. Wenn 20 Prozent unserer Gesellschaft wegen psychischer Probleme medikamentös behandelt werden, muss mit diesem materialistischen Konzept etwas nicht stimmen.

Nur: Wenn das Anhäufen von materiellen Gütern nicht der Schlüssel zum Glück ist – was ist er dann? Meiner Meinung nach kann Glück in dieser wechselhaften, schnelllebigen Welt nur auf Werten basieren. Und was sind Werte? Werte sind, was uns hilft, ein besserer und vollkommenerer Mensch zu sein. Werte sind etwas Grundlegendes, das in chaotischen und unsicheren Zeiten zum Leitfaden wird.

Wenn man nicht mehr weiß, wonach man sich richten und wohin man sich wenden soll, helfen Werte und klare Leitlinien, damit das Schiff nicht untergeht. Schon Aristoteles meinte in seiner *Nikomachischen Ethik*, man solle mit seinem Leben umgehen wie ein Bogenschütze, der sein Ziel klar vor Augen hat. Nur haben wir heute keine Zielscheibe mehr vor uns, Bogenschützen sind ausgestorben, und die Pfeile fliegen chaotisch in alle Richtungen.

Um zu verstehen, mit welcher Welt wir es zu tun haben, gefällt mir das vom US Army War College eingeführte Akronym VUCA, das dazu aus soziologischer Sicht Stellung bezieht.

VUCA steht für *volatility*, *uncertainty*, *complexity* und *ambiguity:* Unbeständigkeit, Unsicherheit, Komplexität und Mehrdeutigkeit. Diese Abkürzung soll den Zustand beschreiben, in dem sich die Welt nach Ende des Kalten Kriegs befand. Heute wird sie in der strategischen Führung, bei soziologischen Analysen und im Bildungswesen verwendet, um soziokulturelle, psychologische und politische Bedingungen zu beschreiben.

Unbeständigkeit bezieht sich auf rasche Veränderungen. Nichts scheint von Dauer zu sein: Die Startseiten der Nachrichtenportale verändern sich alle paar Sekunden, um die Leser zu ködern, Trends wie Kleidung oder angesagte Orte können sich innerhalb weniger Tage ändern, Wirtschaft und Börse können einem stündlichen Wandel unterliegen …

Mit Unsicherheit ist gemeint, dass sich nur wenige Dinge vorhersagen lassen. Dinge geschehen einfach, und man kann schon beeindruckt sein angesichts der unerwarteten Wendungen, die manche Situationen nehmen. Obwohl man versucht, mithilfe von Algorithmen die Zukunft vorwegzunehmen oder vorherzusagen, beginnt die Realität letztlich, die Fiktion zu übertreffen.

Komplexität meint die umfassende Vernetzung unserer Welt und das fast unendliche Präzisionsniveau in allen Bereichen menschlichen Wissens. Auch das kleinste Detail beeinflusst den Lauf unseres Lebens – das ist der berühmte Schmetterlingseffekt aus der Chaostheorie.

Mehrdeutigkeit schließlich würde ich mit dem Relativismus in Verbindung bringen. Sie lässt eine Klarheit des Denkens nicht zu. Alles kann sein oder eben auch nicht. Es gibt in praktisch keiner Hinsicht klare Vorstellungen.

Ich habe schon immer gedacht, dass die Psychiatrie ein wunderbarer Beruf ist – die Wissenschaft der Seele. Wir helfen Menschen, die uns um Unterstützung bitten, die Funktionsweise ihres Geistes zu verstehen, die Verarbeitung von Informationen, ihre Gefühle und ihr Verhalten. Wir versuchen, alte Wunden zu heilen oder den Patienten zu vermitteln, wie sie mit schwierigen oder unkontrollierbaren Situationen umgehen können. Es gibt zahlreiche Bücher, mit deren Hilfe man lernen soll, sich besser auf das Leben zu konzentrieren und mit verschiedenen Themen umzugehen. Wie überall muss man filtern können und vor allem die Art oder den Stil finden, der am besten zu einem passt. Wir Psychiater und Psychologen müssen uns auf unsere Patienten einstellen, wir müssen ihr Schweigen, ihre Situation verstehen, ihre Ängste und ihre Sorgen erkennen, systematisch, mit Gelassenheit und ohne zu urteilen, und wir müssen Ruhe und Optimismus vermitteln.

Ich finde es faszinierend, zu begreifen und zu erkennen, wie wir denken, warum wir wie reagieren; es begeistert mich, Emotionen zu verstehen und zu durchschauen, wie sie sich in unserem Geist widerspiegeln. Glück hat tatsächlich viel damit zu tun, wie ich mich selbst beobachte, analysiere und beurteile, und damit, was ich von mir und dem Leben erwarte – kurz: Glück besteht im Gleichgewicht zwischen meinen persönlichen, emotionalen und beruflichen Vorstellungen und dem, was ich mit der Zeit tatsächlich erreicht habe. Das Ergebnis ist eine angemessene Selbstachtung, eine angemessene Wertschätzung der eigenen Person.

DER FALL MAMEN

Mamen ist eine 33-jährige Patientin, die als Sachbearbeiterin in einem großen Unternehmen tätig ist. Sie lebt bei ihren Eltern, zu denen sie ein gutes Verhältnis hat. Ihr Partner ist schüchtern, zurückhaltend und kümmert sich sehr um sie. An ihrem Arbeitsplatz herrscht eine positive Atmosphäre, und manchmal verabredet Mamen sich mit Leuten aus dem Büro.

Eines Tages erscheint sie bei mir in der Praxis. Sie erzählt, dass ihr Selbstwertgefühl im Keller ist, ohne dass sie wüsste warum, und fügt hinzu:

»Meine Eltern lieben mich, ich mag meine Arbeit und habe Freunde, halte mich aber für nichts Besonderes …«

Nachdem sie kurz ihre Lebensgeschichte zusammengefasst hat, hält sie plötzlich inne und sagt:

»Ich schäme mich, hier zu sein und einer Fremden von meinen Problemen zu erzählen; eigentlich gibt es doch gar nichts, worüber ich mich beschweren könnte.«

Sie steht auf, geht zur Tür und verlässt den Raum. Ich folge ihr und fordere sie auf, zurückzukommen, damit wir die Sitzung weiterführen können – denn wenn sie traurig ist oder Kummer hat, liegt das daran, dass etwas in ihr nicht richtig funktioniert. Schließlich beruhigt sie sich und willigt ein, zurückzukommen.

Mamen ist nun seit acht Monaten in Therapie. Es geht ihr viel besser, aber ich weiß, dass sie im Sprechzimmer jedes Mal »ihre Augenblicke« hat, wie ich sie bezeichne. Müde gesteht sie mir dann:

»Ich schäme mich, hier zu sein und einer Unbekannten mein Leben zu erzählen.«

Dann versucht sie jedes Mal, zu gehen. Es fällt ihr schwer zu akzeptieren, dass sie ihr Leben mit einer anderen Person teilt. Nach und nach wird sie sich jedoch über die Gründe klar, derentwegen sie bestimmte innere Konflikte lösen muss, die eine Weiterentwicklung verhindern.

Einem Menschen, der sich so verhält, kann man natürlich auch sagen:

»Geh ruhig. Ruf einfach an, wenn dir danach ist, dann vereinbaren wir einen Termin.«

Aber ich akzeptiere diesen »Augenblick« und setze das Gespräch einfach fort, als sei nichts gewesen.

Selbstachtung und Glück

Selbstachtung und Glück sind eng miteinander verbunden. Wer mit sich im Reinen ist, ein gewisses inneres Gleichgewicht hat und sich über die kleinen Dinge im Leben freuen kann, hat normalerweise ein angemessenes Selbstwertgefühl.

PERSÖNLICHKEIT OHNE PROBLEME MIT DEM SELBSTWERTGEFÜHL

Der große spanische Schriftsteller Miguel de Unamuno gehörte der literarischen Bewegung »Generación del 98« an. Er war freundlich, zugänglich und allgemein bekannt. Eines Tages bekam er von König Alfonso XIII. höchstpersönlich das Großkreuz des Ordens Alfons X. des Weisen verliehen.

Unamuno war dafür bekannt, aktives Parteimitglied der Sozialisten und Republikaner zu sein. Als ihm die Auszeichnung überreicht wurde, sagte er:

»Es ist mir eine Ehre, Majestät, dieses Kreuz zu erhalten, das ich so sehr verdiene.«

Der König war überrascht, kannte aber die Persönlichkeit des Schriftstellers und antwortete:

»Wie seltsam! Im Allgemeinen versichern die meisten Preisträger, dass sie den Orden nicht verdienen.«

In seiner typischen Art entgegnete Unamuno lächelnd:

»Nun ja, das trifft auf die anderen ja auch zu.«

Glück und Leid

Man weiß erst, was Glück ist, wenn man es verloren hat, heißt es. »Ich bin ein Unglücksrabe! Immer habe ich Pech, was geht es mir doch schlecht!«, jammern wir, wenn uns Schmerz, Leid, Trauer und finanzielle Probleme widerfahren. In solchen Momenten fällt es uns schwer, Augenblicke des Glücks in unserer Vergangenheit zu erkennen und das Aufblitzen von Freude zu schätzen, die wir in einer bestimmten Situation verspürt haben.

Dabei ist das Leben ein immerwährender Neubeginn, ein Weg durch schöne oder sogar glückliche Situationen, aber eben auch durch schwierige Phasen. Wer glücklich sein will, muss auch in der Lage sein, sich so weit wie möglich von Traumata und schwierigen Zeiten zu erholen. Es gibt keine Biografie ohne Wunden. Niederlagen und wie man mit ihnen umgeht – das ist das Entscheidendste überhaupt auf unserem Lebensweg. Im Lauf des Lebens trifft jeder Mensch auf herausfordernde und schwierige Situationen; deshalb kann man nur glücklich sein, wenn man lernt, sie zu überwinden, oder es zumindest versucht.

Als Psychiaterin habe ich ganz unterschiedliche Arten von Traumata behandelt. Mir ist bewusst, dass es sehr harte Biografien gibt. Gewisse äußere Faktoren können wir nicht ändern. Einen Großteil dessen, was uns im Leben widerfährt, können wir uns nicht aussuchen, und doch ist jeder Einzelne von uns frei, über die eigene Haltung dazu zu entscheiden. Wir bekommen bessere oder schlechtere Karten ausgeteilt, aber andere als diese haben wir nun mal nicht – also müssen wir mit ihnen so gut wie möglich spielen.

Der Mensch benötigt Hilfsmittel, um mit den Wunden und Traumata der Vergangenheit klarzukommen. Ereignisse, die uns körperlich oder psychisch aus der Bahn werfen, prägen unsere Biografie. Die Art, wie man sie überwindet und wieder weitermacht, kennzeichnet unsere Persönlichkeit in vielerlei Hinsicht. Dieses Talent entspringt einer inneren Kraft, die bei uns allen mehr oder weniger stark entwickelt ist: der Resilienz.

Das Konzept der Resilienz kam durch den französischen Psychiater Boris Cyrulnik in Mode, einen Sohn jüdischer Emigranten ukrainischen Ursprungs, der 1937 in Bordeaux geboren wurde. Als er fünf Jahre alt war, wurden seine Eltern während der Besatzung durch die Nazis verhaftet und in ein Vernichtungslager deportiert. Er konnte fliehen, hielt sich an unterschiedlichen Orten versteckt und kam schließlich unter der fiktiven Identität eines nicht jüdischen Kindes namens Jean Laborde auf einem großen Bauernhof unter. Nach dem Krieg ermutigte ihn die Familie, die ihn aufgenommen hatte, Medizin zu studieren und Psychiater zu werden.

Der junge Boris merkte bald, dass er aufgrund seiner eigenen Biografie die Ursachen von Traumata verstehen und versuchen konnte, anderen und insbesondere Kindern zu helfen, sich von einem Trauma oder einem emotionalen Bruch zu erholen.

Der *Duden* definiert Resilienz als »psychische Widerstandskraft; Fähigkeit, schwierige Lebenssituationen ohne anhaltende Beeinträchtigung zu überstehen«. Cyrulnik weitete die Bedeutung dieses Konzepts aus auf »die Fähigkeit des Menschen, sich nach einem Trauma zu erholen und glücklich zu sein, ohne davon lebenslang geprägt zu sein«.

Die Resilienz schickt uns eine Botschaft der Hoffnung. Früher dachte man, in der Kindheit erlittene Traumata seien nicht auslöschbar und beeinflussten entscheidend den Lebensweg des betroffenen Menschen. Wie können wir über solch tiefe und schmerzhafte Wunden hinwegkommen? Der Schlüssel liegt in der Solidarität, in der Liebe und im Kontakt zu anderen – also in der Zuwendung.

Durch seine Erfahrung konnte Cyrulnik auf zahlreiche Beispiele zurückgreifen. An der Universität Toulon, wo er als Professor tätig war, hat er mit Alzheimer-Patienten gearbeitet. Viele von ihnen hatten zwar die Wörter vergessen, nicht aber Emotionen, Musik, Gesten oder Zeichen der Zuneigung. Cyrulnik betont die Flexibilität der Psyche. Bis dato dachte man, ein Mensch bliebe auf ewig von Schmerz und Leid geprägt. Überwindet er jedoch das Trauma beziehungsweise die Verletzung, wird er resilient.

In diesem Hilfsprozess ist entscheidend, dem Menschen nicht die Schuld für Fehler der Vergangenheit zu geben, sondern ihm Hilfe und Zuneigung zu gewähren. Dafür gibt es zahlreiche verschiedene Therapien. Vor einigen Jahren arbeitete ich in Kambodscha und holte Mädchen aus der Kinderprostitution. Verständlicherweise hat diese Zeit mein Leben nachhaltig geprägt. Ich zog durch die kambodschanischen Bordelle und befreite Mädchen aus den schrecklichsten Bedingungen. Sehr gut kann ich mich an ein 13-jähriges Mädchen erinnern, das eben aus einem Prostitutionsring gerettet worden war und mich mit leerem Blick fragte:

»Werde ich je in der Lage sein, ein normales Leben zu führen und etwas zu genießen?«

Zumindest besteht Hoffnung – das zeigen die Wissenschaft wie auch meine eigene Erfahrung. Auch für die tiefsten Wunden existieren Heilmethoden. Im Laufe dieses Buches werde ich von meiner Arbeit in diesem aufwühlenden Projekt in Kambodscha und einigen anderen Geschichten erzählen, die mein Leben geprägt haben. Mein Lebensweg hat mir geholfen, das menschliche Gehirn besser zu verstehen – und infolgedessen auch das Leid und letztlich den Weg zum Glück.

Das Trauma

Ein traumatisches Ereignis zerstört die Identität eines Menschen und sein Selbstverständnis gegenüber anderen und der Welt. Dieser Bruch ist der Anfang dessen, was wir als Trauma kennen. Cyrulnik stellte fest, dass sich ein Trauma nur dann verfestigt, wenn uns zwei Schicksalsschläge treffen. Der erste ist das verstörende Ereignis selbst, die traumatische Begebenheit; doch damit diese sich im Leben verankert, muss der zweite

Schicksalsschlag hinzukommen, der von bestimmten Verhaltensweisen der Umgebung herrührt, die – grob gesagt – von Ablehnung oder Verlassenwerden über Stigmatisierung oder Ekel bis zu Verachtung oder Demütigung gehen können und alle auf Unverständnis beruhen.

Nach Boris Cyrulnik gibt es drei Säulen der Resilienz:

- Die Persönlichkeit. Wir können auf von Geburt an existierende innere Hilfsmittel bauen; die sichere Bindung. Das ist einer der kraftvollsten Aspekte für die Überwindung eines Traumas.

- Das familiäre und soziale Umfeld. Die Art der Unterstützung, die Pfleger, Eltern und Bezugspersonen gewähren. Sie ist entscheidend, um über ein schmerzvolles Trauma hinwegzukommen (und von besonderer Bedeutung für den zweiten Schicksalsschlag).

- Das soziale Umfeld. Damit ist die soziale und rechtliche Unterstützung in solchen Momenten gemeint. Die Unterstützung durch die Gemeinschaft schwächt das Trauma und stärkt das Opfer.

Cyrulnik[1]: »Stellen Sie sich ein Kind vor, das ein Problem hatte, das geschlagen worden ist, und als es seinen Eltern von dem Problem erzählt, reagieren diese mit einer abschätzigen Geste, einem Vorwurf. In diesem Moment haben sie das Leid des Kindes in ein Trauma verwandelt.«

1 Aus einem Interview mit Boris Cyrulnik (*Muy Interesante*, Nr. 252, Mai 2002)

DER FALL LUCÍA

Lucía ist ein sechsjähriges Mädchen, das mit seinen Eltern und seinen beiden Brüdern zusammenlebt, die sieben und zwei Jahre alt sind. Sie besucht die Schule ihres Viertels und ist ein glückliches, kreatives und äußerst fantasievolles Kind. Eines Tages sucht sie auf dem Geburtstagsfest eines Schulfreunds das Badezimmer auf. Als sie hineingeht, sieht sie, dass der Vater eines Klassenkameraden im Bad ist. Lucía bleibt draußen und entschuldigt sich wohlerzogen. Besagter Kerl – eine andere Bezeichnung hat er nicht verdient – sagt freundlich, sie könne ruhig hereinkommen. Dann lässt er seine Hose herunter und bittet Lucía, ihn zu berühren.

Das verängstigte Kind gehorcht. Daraufhin zieht er dem Mädchen die Unterwäsche aus und steckt seine Hand unter ihr Kleid.[2] Lucía ist wie gelähmt, kann weder sprechen noch schreien.

Der Kerl droht dem Mädchen: Wenn es jemandem davon erzählt, wird er ihr und ihren Brüdern sehr wehtun. Lucía verlässt das Badezimmer und versteckt sich weinend in einer Ecke. Ihre Eltern sind nicht auf dem Fest, doch sie hofft, dass sie so schnell wie möglich kommen.

Eine halbe Stunde später sieht sie, wie ihre Eltern das Haus betreten. Sie beobachtet, wie der Kerl aus dem Badezimmer auf ihre Eltern zugeht, sie freundlich begrüßt und ihnen sagt, dass ihre Tochter sich sehr gut benommen habe und äußerst wohlerzogen sei. Lucía beginnt zu schwitzen und möchte weinen. Der Kerl geht auf sie zu, nimmt sie bei der Hand und sagt:

»Deine Eltern sind da. Ich habe ihnen schon gesagt, dass du dich sehr gut benommen hast. Grüß deine Brüder, wenn du sie siehst.«

Lucía zögert nicht: Im Auto erzählt sie ihren Eltern sofort, was passiert ist. Sie glauben ihr nicht, hören ihr aber sehr aufmerksam zu. Zwei Tage später erscheinen sie in meiner Praxis, um mich um Rat zu fragen und zu erfahren, wie sie mit der Situation umgehen sollen. Sie bezweifeln, dass die Geschichte wahr ist, wollen das Mädchen aber auf keinen Fall noch weiter verletzen.

---

2 Aus Rücksicht auf empfindsame Leser verzichte ich auf weitere Einzelheiten.

Ich habe Lucía ein halbes Jahr lang behandelt. Sie hatte Albträume und Angst im Umgang mit erwachsenen Männern, fühlte sich traurig und wollte nicht in die Schule gehen.

Von Anfang an erfuhr sie die Unterstützung ihrer Eltern. Der Fall landete vor Gericht, und Lucía lernte, ihre innere Kraft zu stärken. Heute ist sie ein gesundes, glückliches Mädchen von 13 Jahren. Vor wenigen Monaten kam sie zu mir in die Praxis, um mir zu erzählen, dass sie für eine Weile nach Irland gehen werde, um Englisch zu lernen. Zum Abschied sagte sie:

»Ich habe keine Angst mehr, ich bin darüber hinweggekommen. Ich möchte Ihnen dafür danken, dass Sie mich unterstützt, an mich geglaubt und die Beziehung zu meinen Eltern gestärkt haben. Ich weiß, dass sie anfangs Zweifel hatten, ob ich die Wahrheit sagte. Dass meine Eltern mich bis zum Schluss unterstützt und Sie mich von Anfang an behandelt haben, hat mich für immer von einem gewaltigen Trauma befreit.«

Glücklich sein heißt, Niederlagen zu überwinden und immer wieder aufzustehen.

Die Gegenwart kann ein Albtraum sein. Gelegentlich wünscht man sich sehnlichst, in die Zukunft zu flüchten; in anderen Momenten ist man blockiert und verharrt wie gelähmt in einer Erinnerung oder einem vergangenen traumatischen Ereignis. In der Vergangenheit steckenzubleiben, macht uns jedoch zu verbitterten, nachtragenden Menschen, die nicht in der Lage sind, eine Verletzung oder eine Emotion zu überwinden.

Wir alle haben schon Phasen erlebt, in denen wir erkennen, dass wir eine Pause oder eine gewisse Entschleunigung brauchen, um nach einer körperlich oder psychisch fordernden Zeit wieder zu Kräften zu kommen oder einen zweiten Anlauf zu nehmen. In solchen Augenblicken des Innehaltens, insbesondere zu Beginn einer Ferienzeit, treten Anspannung und Erschöpfung zutage. Man fühlt sich verletzlicher denn je. Diese Verwundbarkeit betrifft nicht nur die Psyche: Wenn der Körper sich nach einer anstrengenden Phase entspannt, ist auch die Abwehr geschwächt, sodass wir anfälliger werden für eine Ansteckung mit Schnupfen, Grippe oder anderen Krankheiten.

Solche Momente der nachlassenden Anspannung sind besonders wichtig in unserer psychologischen Entwicklung – denn je nachdem, wie wir uns ihnen stellen, können sich bedeutende psychische Störungen zeigen. Wir sollten in solchen passiven Phasen sehr wachsam sein – jetzt haben wir Zeit zum Nachdenken, jetzt haben wir die Chance zu erkennen, ob unsere psychische Gesundheit durch ein bestimmtes Ereignis gefährdet ist. Es sind immer die erschöpften Soldaten, die die Schlachten gewinnen – aber aus dem Krieg gehen die Meister der inneren Stärke als Sieger hervor. Diese innere Stärke hilft uns, Probleme zu überwinden; sie bildet sich, indem wir lernen, unser inneres Ich zu beherrschen, die quälenden Gedanken an die Vergangenheit oder an eine unsichere Zukunft, die uns daran hindern, ausgeglichen in der Gegenwart zu leben.

Die Zeit heilt nicht alle Wunden, aber sie entfernt den größten Schmerz aus dem Blickfeld. Deshalb ist das Leid auch die Schule der Stärke. Gelingt es, die Lawine, die ein Leid auslösen kann, auf »gesunde« Weise anzunehmen, findet man zu einer inneren Kraft, die für das Leben essenziell ist.

Ausgeglichenheit entsteht, wenn man lernt, wie man trotz der zahllosen Wechselfälle des Lebens einen gewissen inneren Frieden, Gleichmut und Harmonie beibehält.

Nach einem Schicksalsschlag gilt es, die Zügel des eigenen Lebens wieder in die Hand zu nehmen und seinen Lebensplan umzusetzen. Es gilt, den eigenen Weg selbst zu bestimmen. Natürlich ist es einfacher, kurzfristig zu handeln, auf willkürliche äußere Impulse zu reagieren und sich treiben zu lassen.

Erstebenswert, aber deutlich komplexer ist es, langfristige Lebensziele zu entwerfen, auf die man sich nach einer Ablenkung wieder ausrichten kann. Wer ein solches Projekt nicht hat, wer nicht weiß, wohin er will, und in seinem Leben keinen Sinn sieht, kann nicht glücklich werden.

Pillen sind keine Lösung. Eine Medikation ist nur in Blockadephasen nötig, wenn der Organismus nicht selbst in der Lage ist, sich zu erholen, oder wenn die Bedingungen so widrig sind, dass wir besondere Unterstützung benötigen, um nicht zusammenzubrechen. Medikamente regulieren zu hohe oder zu niedrige Werte bestimmter Substanzen im Gehirn. Sie übernehmen nicht die Funktion von Gehirn oder Psyche, ermöglichen es aber, dass der Mensch diese Funktion spüren oder aktivieren kann, wenn sie versagt.

Medikamente können helfen, es gibt aber noch eine andere effektive und hilfreiche Therapie: die Haltung des Arztes. Ein paar ermutigende Worte und echtes Zuhören haben für sich schon eine bedeutende heilende Wirkung.

Die Haltung des Arztes erleichtert das Leid

Ein im Mai 2017 in *The Journal of Pain* veröffentlichter Artikel beschäftigte sich damit, wie entscheidend das Verhalten von Ärzten ist. Es zeigte sich: Wendet sich der Patient vertrauensvoll an den Arzt, nimmt die Wahrnehmung des Schmerzes ab. Der Arzt wirkt wie ein Placebo. Ein Beispiel: Was passiert, wenn Arzt und Patient am selben Ort den Sommerurlaub verbringen oder ähnliche Hobbys haben? Elizabeth

Losin, Forscherin an der Universität Miami, beobachtete, dass das Gefühl einer sozialen, kulturellen oder religiösen Bindung dazu beiträgt, dass der Patient seinen Schmerz weniger stark empfindet. Hat der Patient beim Arztbesuch den Eindruck, etwas oder jemand werde seinen Schmerz lindern, hat dieses Gefühl des Vertrauens bereits eine positive Auswirkung. Allein beim Gedanken an Erleichterung und Hoffnung setzt das Gehirn endorphinähnliche chemische Substanzen frei, die den Schmerz lindern.

Nicht selten nehmen Patienten direkt nach der Beschreibung ihrer Beschwerden gegenüber dem Arzt des Vertrauens, der langjährigen Therapeutin oder einem Facharzt automatisch eine Verbesserung der Symptome wahr.

Der Arzt sollte für seine Patienten also eine Kraftquelle sein. In einer Welt wie der heutigen mit ihrem ausgelasteten Gesundheitssystem ist das nicht einfach. Es fehlt schlicht die Zeit. Oftmals ist es wesentlich einfacher, praktischer und effizienter, Symptome mit Tabletten zu behandeln. Dabei würde bisweilen ein Lächeln genügen, ein positiver Kommentar oder ein verheißungsvoller Satz im Hinblick auf die Entwicklung der Krankheit.

Leiden hat einen Sinn

Die heutige Gesellschaft schreckt vor dem Leid zurück, Betroffene stellen sich Fragen wie: Habe ich das verdient? Sind Fehler aus der Vergangenheit der Grund für mein Leiden? Warum lässt Gott das zu? Sehen wir uns ein paar interessante Aspekte des Leidens an, die uns helfen können.

Schmerz hat einen menschlichen und spirituellen Wert

Leid kann uns zu besseren Menschen machen. Wie viele Menschen kennen wir, die nach einem Schicksalsschlag wieder aufgestanden sind, nach Alternativen gesucht haben und im Nachhinein sogar dankbar für ihr Schicksal waren! Nicht selten trifft man Menschen, die oberflächlich und konformistisch waren und sich nach einer schwierigen Phase völlig verwandelt haben.

Leiden hilft uns, nachzudenken

Leid führt uns zu Fragen, die wir uns noch nie gestellt haben. Es drängt uns, den Sinn unseres Lebens zu klären und unsere tiefsten Überzeugungen zu hinterfragen. Aufgesetzte Rollen und vorgeschobene Masken verschwinden, und unser wahres Ich kommt zum Vorschein.

Schmerz hilft, die eigenen Grenzen zu akzeptieren

Wir werden verwundbarer, wir fallen vom Sockel, auf den wir uns selbst gestellt haben oder auf den wir gestellt worden sind. Mit gesenktem Kopf müssen wir anerkennen, dass wir Hilfe und die Zuneigung oder Unterstützung anderer benötigen, dass wir es allein nicht schaffen. Die eigenen Grenzen mit anderen zu teilen kann der erste Schritt hin zu mehr Aufrichtigkeit und zur Bewältigung unserer Not sein. Das Erkennen der eigenen Grenzen stärkt unsere Solidarität, die Empathie gegenüber fremdem Leid und letztendlich die Liebe zu anderen.

Leid verändert folglich das Herz

Nach einer schwierigen Zeit, in der Schmerz das Leben dominiert hat, ist man der Seele anderer ein Stück näher. Man ist empathischer und kann die Menschen in seinem Umfeld besser verstehen. Wenn jemand sich geliebt fühlt, verändert sich sein Leben, es wird heller und gibt dieses Licht weiter. Wahre Liebe wird durch Schmerz noch verstärkt, sofern er auf gesunde Weise angenommen wird, und Schmerz befreit uns vom Egoismus. Wer empathischer wird, ist auch »liebenswürdiger« – er lässt sich lieben – und verwandelt seinen Lebensbereich in einen einladenderen Ort.

Leid kann das Tor zum Glück sein

… sofern man gewillt ist, es zu erlangen, und über die erforderlichen Werkzeuge verfügt. Schmerz lässt die Persönlichkeit reifen, führt zur Hingabe gegenüber anderen und zu mehr Selbsterkenntnis.

> Für Leid, Schmerz und Krankheit gibt es nur ein einziges Gegenmittel: die Liebe.

Tauchen wir nun in das Innere des Menschen ein, um die Gedanken und Emotionen zu verstehen, die uns blockieren, und zu erkennen, wie unser Gehirn auf Stress und Konflikte reagiert. Gut Ding will Weile haben. Legen wir also los.

2. DAS BESTE MITTEL GEGEN DAS LEID: DIE LIEBE

Nachdem wir im letzten Kapitel bereits die Selbstachtung behandelt haben, widmet sich dieses Kapitel weiteren wichtigen Erscheinungsformen der Liebe. Die fünf wichtigsten Arten der Liebe sind:

- die »gesunde« Liebe zu sich selbst: die Selbstachtung
- die Liebe zu einem anderen Menschen
- die Liebe zu anderen
- die Liebe zu Idealen und Überzeugungen
- die Liebe zu Erinnerungen

Die Liebe zu einem anderen Menschen

Kein Mensch ist so feige, dass die Liebe ihn nicht zum Helden machen könnte.

Platon

Es gibt nichts Größeres, als sich zu verlieben. Begeistert sich ein Herz für einen anderen Menschen, verändert sich alles. In jedem von uns existieren Wunder und Schätze, die ans Tageslicht treten, wenn wir wirklich lieben. Es gibt keinen Menschen, den die Liebe nicht in ein leidenschaftliches Wesen voller Leben verwandelt. Der Mensch muss lieben, die Liebe ist das große Thema des Lebens.

Sich zu verlieben, prägt einen Menschen für immer. Die intensivsten Gefühle des Lebens empfinden wir erst durch die Liebe.

Dieses Buch will sich nicht mit der Liebe von Paaren auseinandersetzen, aber eines steht fest: Wenn man auf gesunde Weise verliebt ist, beeinflusst das im besten Sinne alle Facetten des Lebens.

Die Liebe zu anderen

Solidarität, Freiwilligkeit, die Hingabe an andere – das alles sind Schutzfaktoren für Geist und Körper. Sich geliebt und begleitet zu fühlen ist einer der Schlüssel zum Glück. Die meisten Beziehungen, Vereinbarungen, Interaktionen, schönen und genussvollen Momente im Leben haben mit anderen Menschen zu tun. Damit eine Partnerschaft, ein Job, ein Unternehmen oder Familienbeziehungen (ob es nun um die Ursprungsfamilie oder die angeheirateten Verwandten geht) gut funktionieren, ist von entscheidender Bedeutung, dass die Beteiligten ein problemloses oder zumindest relativ gesundes Verhältnis zueinander haben.

Gelegentlich findet man bestimmte Personen in seinem Umfeld unsympathisch – allein ihre reine Anwesenheit löst ein ungutes Gefühl aus. Hält dieser Zustand an, können diese Menschen toxisch (»giftig«) für uns werden. Es kann krank machen und sehr belastend sein, im Zusammenleben mit gewissen Personen ständig eine feindliche und angespannte Atmosphäre wahrzunehmen und sich in Alarmzustand versetzt zu fühlen. Solche Menschen wirken wie »emotionale Vampire«, da sie einem das

Positive heraussaugen und einen gefühlsmäßig runterziehen. Instinktiv neigen wir dazu, den Kontakt mit Menschen zu suchen und zu intensivieren, zu denen ein positives und gesundes Verhältnis möglich ist – das gilt nicht nur für Freundschaften, sondern auch für das familiäre und berufliche Umfeld. Von feindseligen und negativen Kontakten, die immer auch etwas Giftiges an sich haben, halten wir uns instinktiv fern.

Die bisher beste Glücksstudie verdanken wir dem US-amerikanischen Psychiater Robert Waldinger. Es handelt sich um eine Längsschnittstudie, die bis heute von Bedeutung ist und damit begann, das Leben zweier unterschiedlicher Gruppen zu untersuchen: Eine erste Gruppe setzte sich aus Studenten zusammen, die sich 1938 im zweiten Studienjahr an der Harvard University befanden; die zweite Gruppe umfasste junge Menschen aus den ärmsten und am wenigsten beachteten Stadtvierteln Bostons. Das Ziel bestand darin, das Leben dieser Menschen von der Jugendzeit bis zum Erwachsenenalter zu untersuchen und so zu ermitteln, was sie glücklich macht. 75 Jahre lang wurden die Studienteilnehmer über ihre Arbeit, ihr Familienleben und ihre Gesundheit befragt. Noch heute beteiligen sich 60 der ursprünglich 724 Teilnehmer an der Untersuchung – die meisten von ihnen sind heute über 90 Jahre alt. Inzwischen werden auch die über 2000 Kinder der Teilnehmer einbezogen.

Zu Beginn der Studie wurden die Probanden selbst sowie ihre Eltern befragt. Es wurden medizinische Untersuchungen durchgeführt, Familientreffen veranstaltet, die Krankengeschichten verfolgt, Blutproben entnommen, Gehirnscans angefertigt … Und welche Schlüsse wurden aus diesem Experiment gezogen? Die Ergebnisse haben die Wissenschaftler überrascht. Es ging keineswegs um Reichtum, Ruhm oder darum, wie sehr jemand sich in seine Arbeit hineinkniet. Nicht einmal die körperliche Verfassung oder der Gesundheitszustand spielten eine Rolle. Die Botschaft ist so eindeutig wie einfach: Es sind gute Beziehungen, die uns glücklicher und gesünder machen.

Dank dieser Studie haben wir drei Dinge über menschliche Beziehungen erfahren:

- Soziale Bindungen tun uns gut, Einsamkeit ist tödlich. Auf diesen kurzen Nenner gebracht, klingt das brutal, aber es stimmt: Einsamkeit ist tödlich. Wer stärker an Familie, Freunde oder die Gemeinschaft angebunden ist, ist gesünder und lebt länger als Menschen mit weniger Beziehungen. Es hat sich herausgestellt, dass Einsamkeit zutiefst toxisch wirkt. Isoliert lebende Menschen sind statistisch gesehen weniger glücklich und anfälliger dafür, im mittleren Alter gesundheitliche Probleme zu bekommen; ihre Hirnfunktionen lassen im Alter schneller nach und sie sterben früher. Das ist eine ernste und dringende Tatsache, um die wir uns kümmern müssen – vor allem wenn man bedenkt, dass in unserer Gesellschaft immer mehr Menschen allein leben. Studien aus dem Jahr 2017 haben zudem klar gezeigt, dass eine Verbindung zwischen Einsamkeit und Alzheimer sowie anderen Demenz-Erkrankungen besteht.

- Entscheidend ist nicht die Anzahl der sozialen Kontakte, sondern deren Qualität – umso mehr, je enger die Beziehungen sind. In Konflikt zu leben, ist gesundheitsschädlich. Auch konfliktreiche oder emotionsarme Ehen wirken sich schädlich aus. Ein Leben mit guten, hochwertigen Beziehungen bietet hingegen Schutz. In der genannten Untersuchung hat nicht der Cholesterinspiegel vorhergesagt, wie die Studienteilnehmer alt werden würden, sondern der Grad ihrer Zufriedenheit im Hinblick auf ihre Beziehungen. Wer mit 50 Jahren am zufriedensten war, war im Alter von 80 Jahren am gesündesten.

- Gute Beziehungen schützen nicht nur den Körper, sondern auch das Gehirn. Das war zu vermuten, und die Studie hat es belegt. Wer im Alter in einer sicheren, durch Zuneigung geprägten Beziehung lebt, genießt einen gewissen Schutz und dessen Erinnerungen bleiben klarer. Umgekehrt verlieren Menschen in Beziehungen, auf die sie sich nicht verlassen können, früher ihr Erinnerungsvermögen.

Worauf basieren gute Beziehungen?

Ich würde sagen, jede wohlwollende soziale oder emotionale Verbindung – etwa im Beruf, mit Freunden, zwischen Partnern – basiert auf der Fähigkeit, eine gute Beziehung zu anderen aufzubauen, also in angemessener Weise Kontakt aufzunehmen, um eine herzliche Atmosphäre zu schaffen.

Man sagt, es gebe keine zweite Chance, einen guten ersten Eindruck zu hinterlassen. Wenn es nicht unbedingt sein muss, kauft niemand jemandem etwas ab, den er unsympathisch oder abstoßend findet. Ich habe in meiner Praxis einige Banker behandelt und dabei immer gedacht, dass sicher niemand sein Geld oder Vermögen einem Menschen anvertraut, zu dem er nicht ein herzliches oder empathisches Verhältnis hat. Genauso werden wir auch eher demjenigen ein Auto oder was auch immer abkaufen, der uns besser behandelt – sofern der Preis nicht wesentlich höher ist.

Freundschaft ist, nach der Liebe, der erhabenste Zustand der Interaktion mit anderen. Damit eine echte Freundschaft erwachsen kann, muss eine Gemeinschaft entstehen, ein Austausch von Erlebnissen und Emotionen. Freundschaft baut auf Vertrauen auf und zerbricht durch Indiskretion. Freundschaft will gepflegt werden. Sie beruht auf einer innigen Beziehung auf Augenhöhe, in der auch die Bereitschaft da ist, dazuzulernen – man muss also so geschickt wie beharrlich an ihr arbeiten.

Wie baut man gute Beziehungen zu anderen auf?

Ich möchte hier nur ein paar kurze Leitgedanken präsentieren. Die folgenden Richtlinien müssen nicht buchstabengetreu befolgt werden, aber sie können hilfreich sein. Dazu können sie als Leitfaden für Fragestellungen dienen, anhand derer wir vielleicht besser verstehen, warum manche Verhandlungen, Freundschaften oder familiäre Beziehungen gescheitert sind.

1. Interesse an anderen Menschen zeigen

Ich kenne eine Menge Leute, die sagen:

»Ich mag keine Menschen.«

Eine Aussage, die mich erschüttert – schließlich haben unsere schönsten Erinnerungen in der Regel mit anderen Menschen zu tun, und mit die wertvollsten Aspekte des Lebens beruhen darauf, Verbindungen zu anderen aufzubauen und uns geliebt zu fühlen. Ich denke dabei vor allem an einen nicht besonders geselligen Freund, der eher wortkarg ist, aber ein großes Herz hat und mir einmal gestand:

»Weißt du, die meisten Leute ertrage ich einfach nicht.«

Er hatte einen Job, bei dem sein Erfolg und seine Bezahlung darauf basierten, in angemessener Art und Weise Kontakt zu Menschen aufzunehmen. Auf meine Frage, wie er am Monatsende eigentlich dastehe – wir vertrauen einander, sodass ich offen mit ihm reden kann –, antwortete er:

»Na ja, meine Kunden interessieren mich schon.«

Die beste Kontaktaufnahme bei einem Familientreffen mit Cousins, Onkeln und Schwagern besteht darin, dass man sich für sie interessiert, für ihr Leben, ihre Arbeit, ihre Gesundheit. Allerdings aufrichtig, ohne Theater zu spielen. Ohne dass der Eindruck entsteht, man arbeite einen Fragebogen ab oder führe Ermittlungen durch, einfach ehrlich und freundlich. Man sollte sich immer Mühe geben, sich für das Leben der anderen zu interessieren.

2. Versuchen, sich wichtige Daten zu merken

Nicht alle Welt hat das Glück, über ein gutes Namens- und Datengedächtnis zu verfügen. Menschen, denen es gelingt, sich Informationen über andere zu merken, stellen in kürzerer Zeit eine deutlich stärkere Verbindung her. Trifft man nach längerer Zeit einen Bekannten auf der Straße und erinnert sich noch an den Namen seiner Frau oder daran, dass sein Vater wegen irgendeiner Krankheit behandelt wurde, entsteht automatisch eine angenehme Nähe. Jeder mag es, wenn man sich an ihn erinnert, sofern das unaufdringlich geschieht. Sich bestimmte Informationen zu merken, ist also durchaus die Mühe wert.

David Rockefeller – der frühere Chef der »Chase Manhattan Bank« – führte eine private Kartei, in der mehr als 100 000 Namen vermerkt waren. Darin notierte er Informationen über Begegnungen mit diesen Personen. Diese Angaben halfen ihm, Vertrautheit herzustellen, sie sorgten dafür, dass sich die Menschen, die er traf, wichtig und besonders fühlten.

Mein Vater hat die Angewohnheit, alles über die Menschen, die er kennt, aufzuschreiben. Vor kurzem suchte ich die Telefonnummer eines Restaurants in seinem Handy und stieß dabei auf folgende Notiz:

»Pepe, der Inhaber; verheiratet mit Ana. Drei Kinder, der Jüngste macht ihnen Sorgen, weil er sein Studium abgebrochen hat. Sein Vater ist vor einigen Monaten an Alzheimer gestorben. Paco, der ältere Kellner, arbeitet schon sein ganzes Leben lang hier und hat Arthritis.«

Ich fand das beeindruckend, und gleichzeitig ist mir bewusst, dass er bei einem Besuch in besagtem Restaurant durch sein Wissen schnell mit allen eine gewisse Vertrautheit herstellen wird, wenn er sie namentlich anspricht und nach ihren Sorgen fragt. Noch einmal: Diese Eigenschaft erfordert Mühe. Man sollte seinen Hippocampus trainieren – den Gedächtnisbereich des Gehirns – oder sich angewöhnen, Informationen (Geburtstage, Jubiläen oder die Sorgen der Menschen im näheren Umfeld) in einem Heft oder einer Kartei zu sammeln.

3. Sich mit den Menschen auseinandersetzen – mit ihrem Leben, ihren Hobbys und ihrem Beruf

Dieser Punkt ist besonders in der Arbeitswelt wichtig. Man sollte bedenken, dass die meisten Vereinbarungen zwischen Personen geschlossen werden, die ein herzliches und freundschaftliches Verhältnis zueinander haben. Steht ein Treffen mit dem Chef an? Dann machen Sie sich schlau über ihn. Möchten Sie einen Freund überraschen? Dann informieren Sie sich, was ihm gefallen könnte. Und wenn Sie einem Familienmitglied eine Freude machen möchten, erkundigen Sie sich nach dessen aktuellen Interessen. Das erfordert Zeit und Lust oder zum Beispiel ein Telefonat mit Verwandten oder Freunden, um den Kontakt nicht zu verlieren. Dennoch lässt sich mit sehr wenig Aufwand eine enorme Befriedigung erreichen. Es geht darum, persönlich zu sein. Sich um etwas zu bemühen, was anderen gefallen könnte. Deshalb sollten auch nicht für jeden oder jede dieselben Worte oder die gleiche Botschaft verwendet werden. Es gilt, aufmerksam zu sein. Wer beispielsweise ein Geschenk braucht, sollte etwas Besonderes suchen, das nicht notwendigerweise teuer sein muss, dem man aber anmerkt, dass sich der oder die Schenkende Gedanken gemacht hat, um etwas möglichst Passendes oder Persönliches zu finden.

4. Nicht urteilen

Jeder Mensch ist anders. Wir neigen dazu, Menschen zu beurteilen, zu analysieren und einzuordnen, sobald wir sie kennenlernen. Das kann ein Schutzmechanismus oder einfach ein Automatismus des Verstandes sein, damit wir unsere Überzeugungen nicht verändern müssen. Besonders kritische Menschen müssen sich häufig unbedingt überlegen fühlen oder sind im Gegenteil verunsichert oder leiden an einem mangelnden Selbstwertgefühl.

Um fair zu urteilen, muss man sehr empathisch sein und im Vorfeld viele Informationen einholen, über die wir im Allgemeinen nicht verfügen. Auf jeden Fall ist es immer vernünftiger, erst einmal nichts zu sagen. Stille ist der Hüter der Vertrautheit.

Wir sollten die anderen annehmen, wie sie sind – auch wenn sie anders sind und das, was wir sehen, uns nicht passt. Das bedeutet nicht, vor der Realität die Augen zu verschließen; es gibt natürlich Menschen, die Unrecht tun oder von denen man sich besser fernhält, da sie toxisch für einen sind. Aber bei allen anderen ist es gesünder, eine großzügige, freigeistige Haltung an den Tag zu legen und offen zuzugeben, dass es Menschen gibt, die nicht ganz unseren Kriterien entsprechen. Man sollte vermeiden, sich schroff vor allem Andersartigen zu verschließen. Wer nur Menschen mit einem bestimmten Bildungsniveau oder einem gewissen sozialen beziehungsweise kulturellen Hintergrund akzeptiert, wer Fans einer bestimmten Fußballmannschaft oder eines bestimmten Berufsstands aus Prinzip nicht leiden kann, wer systematisch alle Menschen ablehnt, die aus einer speziellen Region, einem speziellen Land oder einem speziellen Kontinent kommen, dessen Fähigkeit, die Welt und sein Umfeld zu verstehen, ist zweifellos eingeschränkt und dem entgehen viele Facetten, die unsere Welt so vielfältig und abwechslungsreich machen. Man sollte grundsätzlich nicht verallgemeinern und keine sozialen Schichten oder konkreten Gruppen ausschließen. Schließlich hat jede und jeder etwas beizutragen.

In meiner Praxis staune ich manchmal, was mich alles anrührt oder verstört. Obwohl ich mir schon über zehn Jahre lang Schilderungen kaputter Lebensgeschichten anhöre, von Menschen, die schwere Verletzungen erlitten haben, versetzen mir manche Erlebnisse noch immer einen Stich.

Wir Ärzte müssen immer die sogenannte Gegenübertragung im Blick haben, also das, was ich selbst im Gespräch mit den Patienten fühle, die Gesamtheit der Emotionen, Gedanken und Haltungen, die durch ihre Erzählungen in mir entstehen. Es lässt sich nicht vermeiden, dass bestimmte Menschen durch ihr Leben, ihr Wesen oder ihre Handlungen bei uns zunächst Ablehnung hervorrufen. Das kann an der Art liegen, wie sie über ihr Trauma oder ihr Leiden sprechen, oder daran, dass ihre Geschichte einen wunden Punkt berührt, oder einfach daran, dass ihr Verhalten gegen unsere eigenen ethischen Prinzipien verstößt.

MANCHMAL LÄSST SICH EIN URTEIL NICHT VERHINDERN …

Ich erinnere mich noch an einen Patienten, der mich vor einigen Jahren in meiner Praxis aufgesucht hat. Er war überängstlich, äußerst sensibel und sehr in seine Frau verliebt, eine Journalistin. Er selbst war in der Informatikabteilung eines Unternehmens tätig. Ihn trieb permanent die Sorge um, seine Frau könne untreu sein, da sie viel durch die Welt reiste, zahlreiche Freunde hatte und gut vernetzt war. Dass sie jede Form der Untreue abstritt, änderte nichts an seiner Angst.

Nach drei oder vier Sitzungen bat ich die Ehefrau, in meine Praxis zu kommen. Als sie eintrat, grüßte sie mich kühl und sagte fast gefühllos:

»Für Sie gilt ja die berufliche Schweigepflicht, Sie dürfen also meinem Mann nichts sagen. Selbstverständlich bin ich ihm nicht treu, das war ich noch nie. Davon wird er aber nie etwas erfahren. Sonst noch was?«

Zugegebenermaßen lief mir ein Schauer über den Rücken. Ich versuche immer, in meiner Praxis für eine herzliche Atmosphäre zu sorgen. Das war mir nach dieser Enthüllung aber nicht möglich. Ihre Entschlossenheit angesichts der Straffreiheit blockierte mich komplett. Sie betonte anschließend noch das Vergnügen der Untreue, das durch den Adrenalinausstoß und das Doppelleben verursacht wurde. Das sei schon immer so gewesen, und daran wolle sie auch nichts ändern.

Nachdem ich mir einen Teil ihrer Lebensgeschichte angehört hatte, erklärte ich ihr sanft, aber entschlossen, inwiefern sie mit den Gefühlen ihres Mannes spielte. Es war ihr egal. Sie verließ die Praxis mit derselben Kälte, mit der sie gekommen war, ohne sich zu verabschieden. Ihren Mann habe ich noch einmal gesehen, doch nach einem Umzug des Paars in eine andere Stadt habe ich die beiden dann aus den Augen verloren. Ich kann mir nicht vorstellen, dass sie gemeinsam eine gute Zukunft hatten.

5. Nicht die eigenen Kriterien, Überzeugungen und Werte aufdrängen

Jeder sollte darauf hinarbeiten, für seine Kinder, Angestellten oder Freunde ein Vorbild zu sein. Wer sich einfach nur durchzusetzen versucht, wird auf Widerstand stoßen. Wir wissen heute, dass die Kinder übermäßig fordernder Eltern rebellieren und nach dem Gegenteil streben. Grenzen sind notwendig, und dass jeder mit seinen Ideen oder Überzeugungen respektiert wird, ist entscheidend – aber ohne Härte oder Aggressivität. Die Gesellschaft braucht nicht nur Lehrmeister, sondern Menschen mit Führungsqualitäten. Solche Menschen sind Vorbilder, sie verkörpern eine überzeugende Mischung aus Vernunft, soliden Werten, Modernität und Authentizität.

Wer andere beeinflussen oder ihnen seine Ideale vermitteln möchte, muss lernen, mit gutem Beispiel voranzugehen.

Man kann seine Ideen einfach durchsetzen – man kann aber auch um Respekt gegenüber seinen Ideen bitten. Wer gut führt, ist auch ein guter Mensch. Heute wird in der Politik vieler Länder von Führern gesprochen, die in Wirklichkeit keine sind; sie werden zwar von den Medien als solche bezeichnet, häufig stellt sich jedoch bei einem näheren Blick auf ihr Privatleben heraus, dass alles nur Fassade ist: ein Schein, geschaffen von Beratern, um einen guten Eindruck zu machen, auch wenn nichts davon wahr ist. Ein guter Mensch jedoch ist authentisch. Und Authentizität spiegelt sich in einem gesunden Verhältnis von Theorie und Praxis wider. Denn entscheidend ist, was man tut, nicht was man sagt. Wichtig ist das Verhalten. Es sind die Taten eines Menschen, die für sich sprechen.

6. Sich überraschen lassen und gemeinsame Interessen nutzen

Freundschaften und gute Beziehungen entstehen, wenn man gemeinsame Interessen, Werte und Hobbys teilt. Danach sollte man suchen: Irgendetwas Verbindendes findet sich so gut wie immer. Von der Kinderärztin des Sohnes bis zum Versicherungsverwalter oder dem Schreiner, der zu Reparaturarbeiten geholt wird. Wenn man sich auf das Wesentliche konzentriert – und damit nicht nur auf das Rationale –, wird man überrascht feststellen, dass man in seinem Leben einen beeindruckenden Schritt nach vorne macht. Der Blick wird weiter, und das Herz ist nicht mehr bloß auf Oberflächlichkeiten einer Beziehung fixiert – sich Vorteile oder einfache Belohnungen zu verschaffen –, sondern auf das Innere der Menschen. Die Verbindung zu anderen wird ehrlicher, und das eigene innere Wachstum beschleunigt sich rasant.

7. Lächeln und mit anderen lachen

Sollte es keinen einfachen Weg der Kontaktaufnahme geben, hilft ein wenig Humor. Nur sehr wenige Menschen weigern sich zu lächeln, wenn die Gelegenheit dazu auf dem Silbertablett serviert wird. Ein Lächeln ist die kürzeste Verbindung zwischen zwei Menschen – und somit eine der wirkungsvollsten Methoden, um die Endorphine im Blut ansteigen zu lassen. Alice Isen von der Universität Stanford zeigte in einer bedeutenden Untersuchung, inwiefern expansive Emotionen – z. B. Lächeln, Lachen, Humor – offenkundig die kognitiven Fähigkeiten und das Sozialverhalten verbessern und so unsere Kreativität, Organisation, Planungs- und Problemlösungsfähigkeit fördern. Das liegt daran, dass aktives Lachen den Blutfluss im präfrontalen Cortex aktiviert – das ist die für diese Funktionen zuständige Region des Gehirns.

Auch in einer anderen interessanten, in Bonn durchgeführten Studie wurde deutlich, dass fröhliche und glückliche Menschen eine gesteigerte Produktivität und Leistungsfähigkeit an den Tag legen.

DIE ZUHÄLTER IN DEN KAMBODSCHANISCHEN BORDELLEN

Als ich in Kambodscha ankam, wurde mir klar, dass es schwierig war, zu Therapiezwecken Zugang zu den Bordellen zu erhalten oder auf andere Weise zu helfen, wie ich es eigentlich vorhatte. Die Zuhälter legten uns eine Menge Steine in den Weg und stellten Bedingungen. Damit wir im Bordell effektiv arbeiten und mit den Prostituierten sprechen konnten, durften die Zuhälter uns allerdings nicht feindlich gegenüberstehen.

Also musste ein verbindendes Element gefunden werden – und das war nicht einfach. Im Laufe meines Lebens habe ich festgestellt, dass es etwas gibt, was kaum jemand ablehnt: Kaubonbons der Marke Sugus. Vielleicht schmunzeln Sie jetzt, aber in meiner Praxis verschwindet täglich eine ganze Schale davon. Die Patienten sagen, sie nähmen sie für ihre Kinder oder Enkel mit, aber im Grunde weiß ich, dass das nicht stimmt: Sie essen sie selbst. Besonders beliebt sind die blauen Sugus. Ich habe sogar nachgefragt, ob ich Tüten mit ausschließlich blauen Sugus bekommen kann, bisher allerdings ohne Erfolg.

Ich reiste also mit zehn Kilo Sugus im Gepäck nach Kambodscha. Innerhalb von zwei Wochen war kein einziges Kaubonbon mehr übrig, aber ich fand schnell den perfekten Ersatz. Als ich in Begleitung von zwei Krankenpflegern vor der Tür des Bordells stand, fragte ich den Zuhälter der Khmer vollkommen ernst:

»Nek chom ñam skor krob te?« Zumindest sprach ich es so aus, und angeblich bedeutete es: »Möchtest du ein Bonbon?«

Nie hat jemand mit Nein geantwortet. Der Kerl, der da vor mir stand und mit seinem ungehemmten, skrupellosen Blick auf mich einen besonders schlechten Eindruck machte, deutete ein Lächeln an und nickte. Dieses kleine, winzige, läppische Detail eröffnete mir die Möglichkeit, diesen Ort auf weniger kalte, feindselige Art zu betreten.

Noch eine Anekdote: Während der letzten Wochen meines Aufenthalts nannten mich die Mädchen »Madame Bonbon«, was ich sehr liebevoll fand.

Durch Lachen und Lächeln kann sich die Chemie in der Blutbahn verändern, was uns vor bestimmten Krankheiten und Infektionen schützt.

8. Singen, möglichst in der Gruppe

Gemeinsames Singen ist gut für die geistige Gesundheit. Vor einigen Monaten erschien in der Zeitschrift *Medical Humanities* eine Untersuchung, die sich mit der Frage beschäftigte, inwiefern sich gemeinsames Singen vorteilhaft auf die geistige Gesundheit auswirkt.

Die Autoren (von der britischen University of East Anglia) nehmen an einem Projekt namens »Sing Your Heart Out« (»Sing es dir vom Herzen«) teil, in dessen Rahmen jede Woche Sing-Workshops organisiert werden, die für Risikogruppen ebenso wie für die breite Öffentlichkeit gedacht sind.

Rund 120 Menschen sind an dem Projekt beteiligt, 80 von ihnen nehmen psychologische Hilfe in Anspruch. Im Laufe von sechs Monaten wurden die Gruppen mehrfach befragt. Die Ergebnisse haben gezeigt, dass Singen in Gemeinschaft eine beeindruckende Auswirkung auf das Wohlbefinden, die Verbesserung der Sozialkompetenz und das Gefühl der Gruppenzugehörigkeit hat. Dadurch wird eindeutig bestätigt, was Robert Waldinger in seiner oben erwähnten Untersuchung herausgefunden hat.

Das Singen allein – wer von uns hat noch nie unter der Dusche gesungen? – war zwar schon immer ein starker Motivationsmotor, das gemeinsame Singen aber hat noch einmal ganz andere, sehr positive Auswirkungen auf eine Gruppe.

Interessant ist, dass die Teilnehmer das Projekt als »Rettungsring« bezeichnet haben.

Da kommt mir der Fall des gut 40-jährigen spanischen Orchesterdirigenten Íñigo Pirfano in den Sinn, der das Projekt »A Kiss for All the World« ins Leben gerufen hat. Dabei suchte er düstere, schwierige Orte auf – Gefängnisse, Krankenhäuser, Flüchtlingslager, Armenviertel – und dirigiert dort die durch Schillers Ode an die Freude inspirierte Neunte Sinfonie von Beethoven.

Die an einem solchen Ort vereinten Zuhörer weinen, sind bewegt und gerührt, denn Freude steckt an, erhabene Gefühle übertragen sich. Patienten einer südamerikanischen Klinik sagten später, das Konzert sei eine der unvergesslichsten Erfahrungen ihres Lebens gewesen. Während sie der wunderbaren Musik lauschen, bewegen sich viele im Takt oder fassen sich an den Händen … Etwas Großes geht in ihnen vor.

9. Helfen, wo es geht

Wer die Möglichkeit hat, etwas für andere zu tun, sollte die Gelegenheit nicht versäumen. Es geht nicht darum aufzurechnen, wer wem einen Gefallen schuldet. Kaum etwas ist befriedigender als anderen zu helfen, zu geben, ohne eine Gegenleistung zu erwarten und ohne ins zwanghafte Gutmenschentum abzugleiten. So kann auch eine Brücke zu anderen geschlagen werden – und wer weiß, wozu das gut ist; das Leben vollzieht schließlich viele Wendungen und hält immer wieder Überraschungen bereit.

10. Keine Angst davor haben, sich anderen gegenüber verletzbar zu zeigen oder um Hilfe zu bitten

Nicht jeder Kontakt muss in eine feste Bindung münden; manchmal brauchen wir einfach nur die Unterstützung eines netten Menschen, der uns aus der Patsche hilft. In solchen Augenblicken ist Bescheidenheit angesagt. Man sollte keine Angst davor haben, Schwäche zu zeigen oder zuzugeben, dass man sich in einer schwierigen Situation befindet. Dazu braucht es jedoch ein Gegenüber, das nicht urteilt und einem aufhelfen kann.

UM GELD BITTEN

Vor einigen Monaten erzählte mir ein Patient, ein dreifacher Vater, dass er sich gerade getrennt habe. Die Situation mit seiner Frau sei unerträglich gewesen, sie hätten täglich gestritten und schließlich beschlossen, auseinanderzugehen. Er war niedergeschlagen, deprimiert und kraftlos. Parallel war durch eine Umstrukturierung seines Arbeitgebers sein Gehalt gekürzt worden. Ihm blieb nicht genug Geld, um seiner Frau etwas für die Kinder, die Schule und für Lebensmittel zu zahlen.

Er ist zweimal umgezogen, und damit seine Exfrau nicht in Schwierigkeiten gerät, weil das Geld nicht kommt, teilt er sich nun eine Wohnung mit Studenten. Darunter leidet er zunehmend, vor allem, weil er die Kinder nicht zu sich nach Hause nehmen will, damit sie nicht sehen, wie er lebt. Er hält sich für einen schlechten Vater und hat kein Geld, um mit ihnen irgendwo essen zu gehen, wo es ihnen gefallen würde. Die Geschenke für seine Kinder sind einfach und manchmal gebraucht im Internet gekauft.

Eines Tages kommt sein Vater zu mir in die Praxis, weil ihm die Traurigkeit seines Sohns auffällt und er sich Sorgen um ihn macht. Während unseres Gesprächs fällt mir auf, dass ihm die finanzielle Situation seines Sohns gar nicht bewusst ist oder er darüber nicht informiert wurde. Irgendwann sagt er:

»Er ist Einzelkind, und was auch immer ich für ihn tun könnte, täte ich liebend gern. Meine Frau und ich haben Geld gespart, das wir nicht brauchen und das ihm vielleicht helfen könnte.«

Tage später unterhalte ich mich wieder mit meinem Patienten. Als ich ihm von dem Gespräch mit seinem Vater erzähle, antwortet er:

»Es fällt mir einfach schwer, um einen Gefallen zu bitten. Es fällt mir schwer, um Geld zu bitten.«

Da erkläre ich ihm, dass ihm angesichts seiner dramatischen und schwierigen Lage niemand besser helfen könne als sein Vater. Ich füge hinzu, dass es Situationen gibt, in denen man sich auf die Seinen verlassen können muss, und dass eine solche Unterstützung nichts mit ausnutzen zu tun hat. Ein Teil der Therapie bestand schließlich darin, dass er lernte, um Hilfe zu bitten, und es stellte sich heraus, dass dies eine wesentliche Rolle bei seiner Gemütsverfassung und in der Beziehung zu seinen Kindern spielte.

11. Positiv über andere sprechen, nicht lästern

Diesen Punkt kann ich gar nicht genug betonen: Von guten Dingen sollte man positiv sprechen, negativen Dingen gegenüber nimmt man am besten eine neutrale Position ein. Wir sollten uns ernsthaft vornehmen, Kritik oder negative Urteile in Gesprächen zu vermeiden.

Wie sehr wird es geschätzt, wenn jemand bei einem Abendessen oder einem Treffen unter Freunden ein negatives Gespräch, das Lästern über andere beendet. Schlecht von anderen zu reden, führt zu einem emotional toxischen Zustand unseres Organismus – voller Cortisol![1] Welches Risiko das mit sich bringt, wissen wir ja.

Das Lästern ist fast zum internationalen Sport geworden, wir haben es viel zu sehr in unser Leben integriert. Wer aber möchte, dass andere ihm vertrauen, ihn als integre Person schätzen, seine Freundschaft suchen, an ihn oder seine Fähigkeiten glauben, der sollte diskret sein. Schließlich gibt es an jedem Menschen auch etwas Positives zu entdecken – wie ungut er oder seine Handlungen auch sein mögen. Und wenn man an jemandem wirklich nichts Positives erkennen kann, schweigt man eben. Es ist nicht gut, mit einem Thema für schlechte Stimmung zu sorgen, für das es sowieso keine Lösung zu geben scheint. In solchen Fällen konzentrieren wir uns besser auf die Lösung des Problems statt auf das Problem selbst. Lernen wir, mit dem oder der Betroffenen umzugehen, statt sie oder ihn mit Worten zu vernichten. Es kann

1 Das Hormon Cortisol ist Thema des nächsten Kapitels.

auch ratsam sein, sich einfach fernzuhalten. Nie schlecht von anderen zu sprechen, sorgt tatsächlich für umfassenden Frieden: Es wirkt wie ein Beruhigungsmittel auf unser Verhalten.

12. Geschichten erzählen

Menschen mögen Geschichten. Manchmal genügen schon etwas Fantasie, Blendwerk und Zauber in der Ausdrucksweise für eine gute Atmosphäre. So ist beispielsweise bekannt, dass Geschichten ein Publikum, aber auch die Zuhörer bei einem Treffen oder einer Sitzung emotional befriedigen.

Menschen mochten schon immer Geschichten, und daran wird sich auch nichts ändern. Die Nähe zu seinen Zuschauern erzeugt ein Zauberer zum Beispiel dadurch, dass er ihnen etwas erzählt – ohne Geschichten wirken seine Tricks kraftlos. Ein guter Freund von mir ist Zauberer – er nimmt uns mit seinen Tricks für sich ein, aber auch mit den Worten, die er um sie herumspinnt.

Es ist wissenschaftlich belegt, dass Geschichten für eine Freisetzung von Oxytocin im Gehirn sorgen; das ist eine chemische Substanz, die mit Empathie und Geselligkeit in Zusammenhang steht. Für Empathie sind vor allem die Spiegelneuronen verantwortlich. Sie sorgen dafür, dass wir das Verhalten und die Gefühle anderer begreifen, und wurden von Giacomo Rizzolatti entdeckt – ein signifikanter Fortschritt in der Neurowissenschaft.

13. Bei der Liebe und im Krieg (sowie in der Freundschaft!) kommt es auf die Strategie an

Das sagte schließlich schon Napoleon. Schnappen Sie sich also ohne Scheu einen Bleistift und ein Blatt Papier, Buntstifte oder einen Filzer, schreiben und streichen Sie, verbinden Sie die Punkte durch Pfeile, kurz: Erstellen Sie einen Plan und erarbeiten Sie eine Strategie, wie Sie Ihre Beziehungen zu anderen verbessern können. Überrascht werden Sie feststellen, wie viele Menschen Sie kennen und dass Sie auf Erlebnisse aus der Vergangenheit stoßen, die nützlich sein könnten. Wenn Sie nicht weiterkommen oder erkennen, dass Sie Schwierigkeiten mit einer bestimmten Fähigkeit haben, sollten Sie darüber lesen, sich informieren oder sich Hilfe holen.

EINE MAUER AUS ZEMENT

Vor einigen Jahren teilten sich zwei Patienten ein Zimmer auf der Palliativstation. Luis, der im Bett am Fenster lag, berichtete Daniel Tag für Tag detailliert, was auf der Straße vor sich ging. Insbesondere erzählte er ihm die vom Fenster aus beobachteten Abenteuer einer Familie, die in der Nachbarschaft der Klinik lebte. Die Mutter spielte häufig mit mehreren Kindern im Garten.

Er erzählte ganz natürlich und mit Witz, wobei seine Sprache durch die Auswirkungen der Chemotherapie etwas schleppend war. Für Daniel waren die letzten Monate seines Lebens dank seines Zimmergenossen ausgesprochen unterhaltsam. An den Tagen, an denen er keinen Besuch bekam, fragte Luis ihn immer:

»Soll ich dir erzählen, was ich sehe?«

Dann bekam Daniel strahlende Augen. Und Luis begann eine Erzählung, die mehrere Stunden dauern konnte. Monate später starb Luis, und wenige Tage danach wurde sein Bett mit einem anderen Patienten belegt.

Daniel hoffte auf Berichte wie die seines verstorbenen Freundes und bat seinen neuen Zimmergenossen, ihm zu erzählen, was die Kinder im Garten machten. Doch dessen Antwort ließ ihn erstarren:

»Da ist kein Garten. Da ist nur eine Mauer aus Zement.«

Luis hatte seiner Fantasie freien Lauf gelassen und sein Talent als Geschichtenerfinder genutzt, um Daniel zu unterhalten.

Dank seiner Empathie war Luis in der Lage gewesen, sich in die Situation seines Zimmergenossen hineinzuversetzen, Daniel zu begeistern und ihm dabei zu helfen, seine Krankheit zu ertragen.

Es gibt zahlreiche Methoden, sein Durchsetzungsvermögen und seine Sozialkompetenz zu verbessern. Zu all diesen Themen existieren Bücher und Lernprogramme. Mit Übung, Humor und gutem Willen kann jeder besser werden, der sich das vornimmt.

14. Auf gute Erziehung bauen und auf die Wortwahl achten

Es gibt Worte, die zu Herzen gehen: danke, Entschuldigung und bitte. Wir haben uns daran gewöhnt, alles für selbstverständlich zu halten. In diesem Buch möchte ich betonen, wie wichtig Worte generell sind, welche Auswirkungen sie auf unseren Geist haben und wie sehr die Wortwahl unseren Organismus beeinflusst – beim Selbstgespräch ebenso wie im Dialog mit anderen.

15. Wer etwas haben möchte, muss geben – und zwar als Erster

Wir sollten nicht erwarten, alles zu bekommen, ohne unseren eigenen Beitrag zu leisten. Sofortige Resultate sind manchmal trügerisch: Innerhalb kürzester Zeit stabile und dauerhafte Beziehungen aufzubauen, ist schwierig – in allen Bereichen des Lebens. Beziehungen erfordern Geduld, Ausdauer und Hingabe.

Wenn Sie erreichen, dass Sie geschätzt werden, dass man auf Sie zählt, dass Sie für andere Menschen wichtig sind, werden Sie feststellen, dass andere Ihre Nähe suchen und in guten wie in schlechten Zeiten auf Sie zukommen. Die anderen haben Sie auf ihrem Radar. Das ist für das Verhältnis zu Freunden und Verwandten ebenso hilfreich wie im Arbeitsleben. Sorgen Sie dafür, dass etwas von dem, was Sie gesagt haben, von Ihrem Wesen oder Ihren Fähigkeiten im Kopf bleibt. Welches Ziel Sie auch verfolgen: Versuchen Sie immer, noch besser zu sein, anderen Mut zu machen und Ihnen zu helfen, das Beste aus sich herauszuholen. Geben Sie sich Mühe, die Kraftquelle zu sein, jemand, der etwas beitragen kann, der hilft und der auch in turbulenten Zeiten fröhlich und optimistisch ist.

Achten Sie darauf, dass Ihre Ziele einen guten Zweck haben: Positive Absichten ziehen positive Dinge an. Wenn die Art und Weise, wie Sie sich in andere hineinversetzen, etwas Toxisches hat, ziehen Sie Negatives an.

Und vergessen Sie nicht: Die Verbitterten gehen Hand in Hand und schaffen sich eine verbitterte Umgebung. Solche Menschen wurden vor einigen Jahren von der Psychiatrie europaweit als neurotisch beschrieben, als mürrisch, nachtragend, verletzt und verloren. Wie bereits erwähnt: Optimismus ist eine kluge und ganz besondere Sichtweise der Realität.

16. Der Versuch, freundlich zu sein, ist wichtiger, als man denkt

Mein Obst kaufe ich im Laden um die Ecke ein. Dort ist es nicht besonders preiswert, aber der Händler, Javi, ist auf jeden seiner Kunden angewiesen. Er kennt unsere Namen, behandelt uns besonders höflich, und jedes Mal schenkt er meinen Kindern eine Frucht. Als er einige Monate nicht da war, haben wir alle gemerkt, wie er uns fehlte. Nach seiner Rückkehr erzählte er, dass er wegen eines ernsten Rückenproblems krankgeschrieben war, und sagte mir, welche Medikamente man ihm verschrieben hatte – starke Medikamente, die ihm zwar den Schmerz nicht nahmen, ihn aber arbeiten ließen. Beeindruckend war, dass er trotz seiner anhaltenden Schmerzen alle mit derselben Freundlichkeit und Aufmerksamkeit behandelte wie zuvor; er beriet uns weiterhin in Bezug auf Obst und Gemüse, als ginge es um die wichtigste Entscheidung in unserem Leben.

Auf diese Weise erleichtern sich Menschen das Miteinander und machen es angenehmer. In einer Gesellschaft, in der Eile, digitale Interaktion und Zeitmangel vorherrschen, sind viele der Ansicht, dass Freundlichkeit aus der Mode gekommen ist. Es fällt uns schwer, innezuhalten und uns Mühe zu geben, in Ruhe zu grüßen oder eine Frage zu stellen. Der *Duden* definiert eine freundliche Person als »im Umgang mit anderen aufmerksam und entgegenkommend, liebenswürdig, angenehm, ansprechend, heiter (stimmend), wohlwollend und freundschaftlich«. Manch einer mag bei dieser Beschreibung seufzen: Das ist ja fast unmöglich!

Bei einigen Menschen scheint die Freundlichkeit in den Genen angelegt zu sein, für sie ist es ganz natürlich, freundlich zu sein, Herzlichkeit und Zuneigung auszustrahlen und anderen Menschen Würde zu geben, es kostet sie kaum Anstrengung. Wir sollten nicht vergessen, dass wir alle seit unserer Kindheit über ein »Freundlichkeitsgen« verfügen, das uns stark beeinflusst. Wer dieses Talent ausgebaut hat, kann sich beispielsweise bei Stress, Widrigkeiten oder in gefährlichen Situationen um andere kümmern und ihnen helfen, statt nur sein eigenes Überleben oder Wohlergehen im Blick zu haben. Ein weiterer Beleg: Menschen, die einen Schlaganfall erlitten haben und in ihrem Umfeld Zuneigung und Freundlichkeit erfahren, verspüren weniger Schmerzen als jene, die allein sind.

Neben der Verbesserung unserer Beziehungen hat Freundlichkeit weitere Vorteile. Hier kommen wir wieder auf eine biochemische Komponente, die in diesem Buch eingehend behandelt wird. Freundlichkeit führt zur Produktion von Endorphinen, die wiederum das Niveau des Stress- und Angsthormons Cortisol senken und das Oxytocin – das Hormon der Liebe und des Vertrauens – ansteigen lassen. Dadurch verbessern sich Bluthochdruck sowie Herzkreislauferkrankungen, und das Schmerzempfinden nimmt ab. All diese Effekte führen zu einem Gefühl der Ausgeglichenheit und des inneren Wohlbefindens. Das Beobachten freundlicher Menschen – selbst in Filmen – hebt die Stimmung und hat auch auf physiologischer Ebene starke Auswirkungen.

Doch natürlich alles im richtigen Rahmen! Wenn jemand Schwierigkeiten damit hat, freundlich, herzlich oder zugänglich zu sein, sollte er ein wenig üben. Aber es muss authentisch sein: Es gibt wenig Abstoßenderes als Heuchelei oder Täuschung. Außerdem sollte Freundlichkeit nicht mit Naivität oder Gutmenschentum verwechselt werden. Bei einem Angriff, einer Zurückweisung oder Aggression ist es natürlich angebracht, sich abzugrenzen, zurückzuziehen und die erlittene Verletzung auch als solche einzuordnen.

DER FALL SUSANA

Susana hat Optik studiert und arbeitet in der Apotheke ihrer Cousine in Valencia. Sie ist mit Jorge verheiratet, einem sehr fleißigen Mann, der mehrere Autohäuser besitzt und sich das Unternehmen mit seinen Brüdern teilt. Ihre beiden Kinder sind ein und fünf Jahre alt.

Als Susana in meine Praxis kommt, erzählt sie mir, dass ihr Mann ausgezogen sei. Sie ist verzweifelt, »weil meine Ehe sehr gut funktioniert hat, es gab fast nie Streit, ich verstehe überhaupt nicht, was geschehen ist«. Ihrem Bericht zufolge war nichts Außergewöhnliches passiert, als Jorge ihr eines Tages schlicht mitteilte, dass er nicht mehr könne, und das Haus verließ. Sie besteht darauf, dass die Beziehung zwischen den beiden gut war und dass viele sie um ihre Ehe beneideten. Auf die Frage, ob es da jemand anderen gebe, antwortet sie, dass sie sich sicher sei, er es aber abstreite. Ich begann also, Susanas Persönlichkeit und Biografie zu durchleuchten, und entdeckte eine Frau mit einem großen Herzen, freundlich, zugewandt und allseits beliebt, die sich immer um ihr Umfeld gekümmert hat.

Ihr Vater ist ein impulsiver Mann mit starkem Charakter, doch sie weiß mit ihm umzugehen. Selbst wenn alles zusammenzubrechen scheint, schafft sie es, mit der Situation umzugehen. Als Susana mir von den letzten Jahren ihrer Ehe mit Jorge erzählt, erkennt sie, dass er es oft an Feingefühl hat mangeln lassen – Erniedrigungen, absurde Forderungen, Ticks. Er verlangte, dass das Haus an den Wochenenden gefälligst sauber sein solle, und forderte Susana mehrfach schreiend auf, die Gläser oder den Boden zu putzen. Mit ihrer typischen Zugewandtheit gehorchte sie, damit er zufrieden war. Sie hatte nicht wahrgenommen, dass ihre Beziehung sich in eine Diktatur verwandelt hatte, in der sie sich nur noch gedankenlos darum kümmerte, ihm ein angenehmes Leben zu bereiten. Susana beschrieb es mir folgendermaßen:

»Ich bin immer freundlich, offen und liebevoll zu den Meinen gewesen, ohne allzu viel darüber nachzudenken, denn ich weiß, dass das der Schlüssel zu guten Beziehungen ist.«

Susana hat vollkommen recht. Wem es jedoch nicht gelingt, seine Freundlichkeit richtig zu dosieren, der wird leicht ausgebeutet oder manipuliert. Manche nutzen zu freundliche Menschen auf skandalöse Art aus!

Die Welt braucht ... Oxytocin

Diesem Hormon kommt bei der Geburt und beim Stillen eine entscheidende Bedeutung zu. Es bringt die Gebärmutter dazu, sich zusammenzuziehen, und stimuliert im Wochenbett die Brustdrüsen zur Abgabe von Milch. Nachgewiesenermaßen ist Oxytocin grundlegend an zwei Phänomenen des Gefühlslebens beteiligt: Vertrauen und Empathie. Es handelt sich also um ein Schlüsselelement für soziale Beziehungen und die Interaktion mit anderen Menschen.

Freundlichkeit und eine positive Kommunikation aktivieren das Oxytocin – und das hat wunderbare Effekte auf den Organismus: Ängste werden gelindert, das Herz wird geschützt, und man hat sogar festgestellt, dass der Cholesterinspiegel sinkt.

Wir genießen die Gesellschaft anderer: Oxytocin und Dopamin

Wenn wir in guter Gesellschaft sind und das Leben gemeinsam mit Menschen genießen, die wir mögen, werden zwei Hormone ausgeschüttet: das bereits erwähnte Oxytocin und das Glückshormon Dopamin. Es gibt sogar Versuche, bei autistischen Menschen Oxytocin als Spray oder mithilfe von Zerstäubern einzusetzen, doch die Ergebnisse sind noch wenig überzeugend.

Oxytocin kann auch in der Geschäftswelt und Wirtschaft von entscheidender Bedeutung sein. In einem Artikel, der in den Zeitschriften *Nature* und *Neuron* veröffentlicht wurde, zeigte Prof. Ernst Fehr (ehemaliger Direktor des Instituts für Volkswirtschaftslehre der Universität Zürich), dass Oxytocin Menschen dazu bringt, ihr Vermögen oder ihre Ersparnisse eher anderen anzuvertrauen. Er beobachtete, dass diejenigen

Teilnehmer des Experiments, die mit Oxytocin angeregt worden waren, ihr Geld leichter anderen überließen als jene, die ein Placebo bekommen hatten: 45 Prozent der ersten Gruppe willigten ein, eine große Menge Geld zu investieren, während es in der zweiten Gruppe lediglich 21 Prozent waren.

Steigt der Oxytocinspiegel über den Normalwert an, sind Emotionen wie Liebe, Empathie und Mitgefühl intensiver. Es wurde sogar beobachtet, dass es Menschen mit einem deutlich erhöhten Wert schwerer fiel, beleidigt oder wütend zu sein. Bei einem hohen Oxytocinspiegel wird der sogenannte Mandelkern des Gehirns (Amygdala) – der für Angst zuständige Bereich – deaktiviert; folglich nehmen Ängste, Beklemmung, Zwangsvorstellungen und negative Gedanken ab.

Vor diesem Hintergrund: Versuchen Sie, freundlich zu sein. Suchen Sie sich für die kommenden Wochen eine Person aus, bei der Ihnen das besonders schwerfällt, und versuchen Sie, eine angenehmere Verbindung herzustellen. Versuchen Sie, zu Menschen, mit denen Sie jeden Tag viel Zeit verbringen, mehr Nähe herzustellen; lächeln Sie und geben Sie sich Mühe, innerlich weniger zu werten. Wenn Sie es sich wirklich vornehmen, sind Sie in der Lage, Ihr Gehirn, Ihre Gefühle und Ihre Biochemie zu verändern – Sie wissen ja jetzt, wie viel auf dem Spiel steht. Versuchen Sie, mehr zu lieben, besser zu lieben und mitfühlender mit Ihrer Umgebung zu sein!

Ihr Leben wird nicht an dem gemessen, was Sie bekommen, sondern an dem, was Sie geben. Ich frage meine Patienten oft:

»Was tun Sie für andere?«

Achten Sie mehr auf Ihre Beziehungen, von der Familie bis zu Freunden, von den Arbeitskollegen bis zu den Nachbarn. Investieren Sie in die anderen, und zwar aufrichtig. Wenn Sie dabei authentisch sind und voller Zuneigung, ist es weniger anstrengend, als man annehmen könnte. Bieten Sie an, für andere da zu sein, bieten Sie Ihre Hilfe an – nicht bloß ein inhaltsloses »Falls du etwas brauchst …«. In einer Gesellschaft, die zu Einsamkeit und Isolierung neigt, sollten Sie versuchen, aus sich herauszugehen.

Die Liebe zu Idealen und Überzeugungen

Die Ideen hat man –
in den Glaubensgewissheiten lebt man.

Ortega y Gasset

Wir alle kennen Menschen, die schlimmste Ereignisse überlebt haben, weil sie ihren Idealen treu geblieben sind. Von Nelson Mandela auf Robben Island – und der Liebe zu seinem Volk – über Thomas Morus im Londoner Tower – und seinem Glauben – bis hin zu Maximilian Kolbe, der im Konzentrationslager Auschwitz im Austausch für einen Familienvater sein Leben gab. Auch die russischen Soldaten im Zweiten Weltkrieg überstanden widrigste Umstände aus Liebe zu ihrem Vaterland, bei minus 20 Grad auf dem Schlachtfeld. Jeder hat Ideale – wenn sie Kraft haben, können sie im Leid zu echten Verbündeten werden.

Viktor Frankl ist in vielerlei Hinsicht ein Lehrmeister. Er erlebte und analysierte im Zweiten Weltkrieg eingehend die »Psychopathologie der Massen«. Frankl beharrte auf einer Idee: Man kann dem Menschen wirklich alles nehmen – mit Ausnahme der letzten seiner menschlichen Freiheiten, nämlich der Wahl seiner Einstellung gegenüber dem Leben. Denn diese wird von seinen Erinnerungen, Werten und Idealen geprägt. Wir können also unser eigenes Schicksal gestalten, unabhängig von den Umständen. Durch diese innere Freiheit, die uns niemand nehmen kann, können wir unserem Leben einen Sinn geben, in welcher Lage wir auch immer uns befinden. Sogar in den Konzentrationslagern des Zweiten Weltkriegs gab es Menschen, die sich an dieser inneren Freiheit festhielten und in der Lage waren, die sie umgebenden Gräuel zu überwinden.

Viktor Frankl kannte zwar den biochemischen Hintergrund von Hoffnung und Leidenschaft nicht, doch er beobachtete, dass Menschen mit Erinnerungen oder Idealen, an denen sie sich festhalten konnten, in der Lage waren, jedes körperliche und psychische Trauma zu überleben. Ideale und schöne Erinnerungen zu bewahren, auf die man in schwierigen Situationen zurückgreifen kann, – das kann eine wichtige Unterstützung sein, wenn wir uns ernsten Problemen stellen müssen.

Seien Sie aber wachsam gegenüber radikalen Idealen! Denn Extremismus rechtfertigt alle denkbaren Ideen oder Handlungen, nur um eines bestimmten Zieles willen. Extremistische Argumentationen legitimieren alles, auch die schrecklichsten und unmoralischsten Grausamkeiten, wenn sie nur dem Ziel dienen. Unser Wertesystem sollte stets der Kompass unseres Lebens sein, der unser Handeln lenkt. Wenn wir auf dem Weg zu diesem legitimen Ziel jedoch andere überrennen, sind wir im Extremismus gelandet. Ein Mensch mit radikalen Ideen ist nicht nur nicht in der Lage, die Überzeugungen anderer Personen zu verstehen und zu respektieren, sondern rechtfertigt auch jedwede Verletzung der Rechte anderer, falls er auf diese Weise seinem Ziel näherkommt.

Wie Einstein schon gesagt haben soll: Kümmere dich mehr um dein Gewissen als um deinen Ruf. Denn dein Gewissen zeigt, wie du wirklich bist – dein Ruf zeigt nur, wofür die anderen dich halten.

Die Liebe zu Erinnerungen

Die Erinnerung an bestimmte Momente des Lebens reicht aus, um Jahre des Leids auszulöschen.

Voltaire

Überrascht es Sie, dass eine geliebte Erinnerung Schmerz lindern kann?

Kommen wir noch einmal auf Viktor Frankl zurück. Er beobachtete, dass es in Auschwitz Menschen gab, die unabhängig von ihrem körperlichen Zustand wenige Tage nach ihrer Ankunft starben, während andere lange Zeit durchhielten, obgleich sie anscheinend nicht kräftiger waren. Seine eigene Erfahrung im Vernichtungslager bestätigte seine neue Logotherapie, an der er schon vor dem Krieg gearbeitet hatte. Menschen, deren Leben einen Sinn hatte, ertrugen das Leid in Auschwitz besser.

Was sagt uns das und wie können wir es auf das heutige Leben übertragen?

Menschen, die in ihrem Leben ein Ziel haben und einen Sinn sehen, haben mehr Gründe, glücklich zu sein.

Unzählige Menschen sehen keinen Grund, morgens überhaupt aufzustehen.

Wer Gedanken an besondere Momente und bleibende Erinnerungen in Verbindung mit Menschen bewahrt, die ihm wichtig sind, oder Träume, für die es sich zu leben lohnt, der ist fröhlicher und glücklicher. Doch Vorsicht: Das geschieht nicht von allein, man muss schon dafür kämpfen! Dazu müssen wir in der Lage sein zu reflektieren, über unser Leben nachzudenken und die richtigen Menschen, Momente oder Träume zu finden, damit sie zur treibenden Kraft werden können. Viele Menschen geben sich auf, statt in ihrem Inneren zu suchen, und lassen sich einfach treiben. Damit kommen wir zu einem wichtigen Thema. Die Erinnerung an schöne Momente hat eine starke Wirkung auf unser Gehirn: Wenn wir an besondere Momente aus unserer Vergangenheit denken, können nämlich dieselben Substanzen ausgeschüttet und dieselben Bereiche des Gehirns aktiviert werden wie in dem Augenblick, in dem sie tatsächlich stattgefunden haben. Meiner Meinung nach ist dies der Ausgangspunkt einer echten Revolution in der Neurowissenschaft.

Dr. Herbert Benson, Arzt, Kardiologe und Professor in Harvard, war einer der ersten Wissenschaftler, die sich mit Entspannung und Meditation auf der Grundlage östlicher Philosophien beschäftigt haben. Er ist ein Pionier im Bereich der Geist-Körper-Forschung, die er als »Verhaltensmedizin« bezeichnet. Insbesondere will er die Vorzüge der Meditation und bestimmter geistiger Haltungen in Bezug auf die schädlichen Auswirkungen von Ängsten und Stress aufzeigen. Seine Ideen haben eine Brücke zwischen Religion und Medizin, Glauben und Wissenschaft geschlagen, Osten und Westen sowie Geist und Körper miteinander verbunden. Dr. Herbert Benson bezeichnet dieses Konzept als »erinnertes Wohlbefinden«. Die Gedanken an befriedigende emotionale oder freudvolle Ereignisse der Vergangenheit erlauben es dem Körper, biochemische Substanzen freizusetzen, die wie ein Antidepressivum wirken.

Wenn ich bei einem Paar Spannungen wahrnehme, frage ich in der Regel:

»Wie haben Sie sich eigentlich kennengelernt? Wie hat Ihr Mann Sie erobert?«

Trotz der schlechten Stimmung und der Spannungen kommt es durch die Erinnerung an angenehme Ereignisse der Vergangenheit bei dem oder der Angesprochenen zumindest für einen Moment zu einer Änderung des emotionalen Tonfalls. Aus diesem Grund wird bei vielen Entspannungstechniken oder Methoden zum Abbau von Stress oder Traumata ein sogenannter »sicherer Ort« im Kopf etabliert – ein Gefühl, eine Erinnerung oder ein Bild, das für Frieden sorgt, wenn wir es uns vorstellen.

Dr. Benson sagt, dass es einem Menschen, der unter Kopf- oder Rückenschmerzen leidet, durch ein Placebo besser gehen kann. Der Grund dafür? Er erinnert sich an das Gefühl des Wohlbefindens, das er verspürt hat, als er ein Medikament eingenommen hat. Genau auf dieser Erwartungshaltung beruht der allgemein bekannte, fast magische Placeboeffekt.

Erinnerungen haben sogar eine größere Heilkraft als die positiven Erfahrungen selbst.

SUSUMU TONEGAWA. DIE WISSENSCHAFTLICHE KRAFT EINER ANGENEHMEN ERINNERUNG

Der japanische Molekularbiologe Susumu Tonegawa erhielt 1987 für die Entdeckung des genetischen Mechanismus hinter dem Entstehen des Variationsreichtums der Antikörper den Nobelpreis für Medizin – seine Entdeckung bedeutete einen großen Fortschritt im Bereich der immunologischen Forschung. 1990 wechselte er unvermittelt das Forschungsgebiet und konzentrierte sich darauf, die molekulare Grundlage des Lernens und der Erinnerung zu untersuchen. Zwei Jahre später entdeckte er ein Enzym, das er CaMKII nannte – Calcium-Calmodulin-abhängige Proteinkinase II –, das an der Übermittlung von Signalen zwischen den Zellen beteiligt ist und eine zentrale Rolle bei Lern- und Erinnerungsvorgängen spielt. Eine schlechte Regulation dieses Enzyms steht mit Alzheimer in Zusammenhang.

Eine von Tonegawa am Massachusetts Institute of Technology (MIT) geleitete Studie, die 2017 in der Zeitschrift *Nature* veröffentlicht wurde, legt dar, dass sich die Erinnerung an vergangene Erfolge positiv auf die Stimmung auswirkt, da das Belohnungs- und das Motivationssystem aktiviert werden.

Die Erinnerung an positive Erfahrungen aus der Vergangenheit ist ein starkes Gegenmittel bei Depressionen und anderen seelischen Beeinträchtigungen. Manch einen mag das nicht überraschen, doch es ist beruhigend zu wissen, dass diese Bestätigung des gesunden Menschenverstands nun auch eine neurowissenschaftlich belegte Grundlage hat.

An diesem Vorgang sind verschiedene Bereiche des Gehirns beteiligt: der Hippocampus (der Sitz des Gedächtnisses), die Amygdala (zuständig für die Analyse von Angst und die Speicherung sehr emotionaler Ereignisse) sowie der Nucleus accumbens (Belohnungssystem).

3. CORTISOL

Denken verändert unsere Innenwelt. Stellen Sie sich vor, Sie sitzen in einem Kino oder Theater und hören, wie jemand »Feuer!« ruft. Sofort sind Sie hellwach, suchen hektisch und voller Angst den nächsten Ausgang.

Was passiert in einem solchen Moment in unserem Körper? Der Organismus wird aufgeschreckt und schickt ein Signal an den Hypothalamus, der seinerseits andere Bereiche des Gehirns aktiviert. Während der Verstand die Gefahr noch gar nicht bewusst wahrgenommen hat, setzt eine unwillkürliche Antwort des Organismus in Form von Hormon- und Nervensignalen ein, die wir alle schon erlebt haben – in Form von Herzrasen, Schwitzen und einem Temperaturanstieg. Diese Information gelangt in den Thalamus und in die Großhirnrinde, in der die empfangene Information kognitiv verarbeitet und – soweit angesichts der Angst möglich – entschieden wird, wie auf die Gefahr reagiert werden soll.

Nachdem dann auch die Nebennieren, die sich auf den Nieren befinden, das Signal vom Hypothalamus empfangen haben, setzen sie eine Reihe von Hormonen frei, insbesondere Adrenalin und Cortisol.

Seinen Reisegefährten kennen

An dieser Stelle möchte ich Ihnen einen Reisegefährten vorstellen, der auf Ihrem Lebensweg eine entscheidende Rolle spielt. Nach der Lektüre der folgenden Seiten werden Sie erkennen, warum Ihnen passiert, was Ihnen passiert, und Sie werden bestimmte Momente in Ihrem Leben und das Verhalten vieler Menschen in Ihrem Umfeld verstehen. Schenken Sie diesem Kapitel also ganz besondere Aufmerksamkeit.

Cortisol an sich ist nichts Schlechtes. Ein Übermaß an Cortisol jedoch ist für den Organismus schädlich.

Setzen wir unsere Geschichte fort. Wir befinden uns also im Kino. Ohne Cortisol würden wir wahrscheinlich in aller Ruhe auf unserem Platz sitzen bleiben und das hektische Schauspiel der Schreie inmitten der Rauchschwaden genießen. Cortisol ist also überlebensnotwendig.

Und jetzt stellen Sie sich die Situation einmal ganz realistisch vor. Sie springen hyperventilierend mit Herzrasen und einem Gefühl der Angst auf und versuchen, den nächstgelegenen Ausgang zu finden. Um Sie herum sehen Sie lauter erschrockene Gesichter, und es fällt Ihnen schwer, einen klaren Gedanken zu fassen. Schließlich gelangen Sie auf die Straße – schwitzend und zitternd. Da sagt Ihnen jemand, Sie sollen sich keine Sorgen machen: Es werde gerade am Alarmsystem gearbeitet, und die Sirenen seien ohne Grund angegangen, es gebe gar kein Feuer. Im selben Augenblick werden die Türen wieder geöffnet, und zehn Minuten später kehren die Zuschauer auf ihre Plätze zurück. Obwohl jeder sich wieder in derselben Situation befindet wie zuvor, sind die physiologischen und mentalen Bedingungen völlig anders als vor dem Feueralarm.

Warum? Es wird mehrere Stunden dauern, bis die Wirkung des Cortisol-Ausstoßes verpufft und wieder ein normaler Wert erreicht ist. Sicher ist Ihnen folgende Situation schon einmal passiert: Sie fahren Auto. Ein entgegenkommender Fahrer verreißt das Lenkrad und steuert kurz direkt auf Sie zu; es kommt jedoch zu keinem Zusammenstoß, nichts passiert. Trotzdem nimmt Ihr Organismus die Bedrohung wahr, und Sie spüren einen Stich in der Brust. Obwohl gar nichts passiert ist! Ihr Körper hat Ihnen ein Warnsignal gegeben.

Welche Funktion erfüllt also das Cortisol?

- Cortisol beeinflusst tiefgreifend zahlreiche Systeme des Organismus. Ist der Cortisolspiegel erhöht, bereiten wir uns darauf vor, wegzulaufen; zur Unterstützung der Flucht oder Verteidigung fließt das Blut vom Darm in die Muskeln – das ist auch der Grund, warum wir im Angstzustand den Appetit verlieren. Die Sinne werden aktiviert (»Die Nerven liegen blank«), damit wir jeden Reiz wahrnehmen, der dabei hilft, die erahnte Bedrohung besser einzuordnen. Die Muskulatur erhält die notwendigen Signale (sowohl über die Nerven als auch biochemisch), um sich auf die Flucht vor der Gefahr oder den Kampf vorzubereiten. Das Cortisol trägt dazu bei, dass Sauerstoff, Glukose und Fettsäuren ihre jeweiligen Funktionen in den Muskeln ausführen können. Der beschleunigte Herzrhythmus sorgt dafür, dass das Herz schneller pumpt, sodass der Transport von Blut und Nährstoffen zu den Muskeln erleichtert wird, damit diese auf die eventuelle Gefahr reagieren können.

- Andererseits hemmt das Cortisol die Ausschüttung von Insulin und provoziert dadurch die Freisetzung von Glukose und Proteinen ins Blut. War das Cortisol eine Zeit lang außer Kontrolle, kann es deshalb wenig später zum gefürchteten Diabetes kommen.

- Cortisol trägt dazu bei, das osmotische System des Körpers zu regulieren, also den Wasser- und Mineralstoffhaushalt. Es ist entscheidend an der Regulierung des Blutdrucks beteiligt, wirkt sich auf die Knochen aus (Cortisol kann die Entstehung von Osteoporose begünstigen) und sogar auf die Muskeln (Wehen, Zerrungen, Krämpfe …).

- Cortisol hat eine entscheidende Funktion: Es beeinflusst tiefgreifend das Immunsystem, indem es (als Erstes) Entzündungen hemmt. Dieser Aspekt wird später eingehend beleuchtet, da er eine Voraussetzung ist, um die Entstehung einiger ernster Krankheiten zu verstehen. Angesichts von Stress dosiert der Organismus seine energetischen Ressourcen, und das Immunsystem benötigt eine große Menge Energie. Deshalb fühlt man sich auch erschöpft, wenn man krank ist: Ein großer Teil der Energie wird abgezweigt und für die Abwehrkräfte verwendet.

- Und schließlich verändert Cortisol das endokrine Niveau verschiedener Systeme:
  - Fortpflanzungssystem: Aus diesem Grund können Stress und Leid den Zyklus der Frau oder die Empfängnisfähigkeit verändern.
  - Wachstumssystem: Cortisol wirkt wachstumshemmend.
  - Schilddrüsensystem: Es können Veränderungen (sowohl in Form einer Über- als auch einer Unterfunktion) oder andere Krankheiten auftreten.

Hinzu kommt ein Faktor, der mit dem Wachstum des Körpers zu tun hat. Angesichts einer bevorstehenden Gefahr benötigt der Körper alle verfügbare Energie. Deshalb legt er alles lahm, was verzichtbar ist, oder blockiert es – auch das Wachstum. Der Mensch ist jedoch täglich auf eine zelluläre Regeneration angewiesen, da Tag für Tag Millionen von Zellen sterben. Ist dieses Wachstum durch Stress gestört, wird der Körper krank, da er die verlorenen Zellen nicht ersetzen kann.

Was passiert bei der Rückkehr an den Ort eines traumatischen Ereignisses?

Einige Zeit später kehren Sie an diesen Ort zurück. Sie nehmen auf dem Sitz Platz … und plötzlich sind Sie alarmiert, ohne dass Sie wüssten, warum. Sie stehen auf und suchen mit den Augen den Notausgang. Um sich sicherer zu fühlen, wechseln Sie sogar den Platz, um näher am Ausgang zu sitzen. Was da geschieht? Sie durchleben die Angst des letzten

Mals. Ihr Körper produziert dieselbe Menge an Cortisol wie damals, als tatsächlich der Feueralarm ausgelöst worden war.

Geist und Körper unterscheiden nicht zwischen Wirklichkeit und Einbildung.

Das Gehirn beeinflusst also tiefgreifend unser inneres Gleichgewicht. Wenn wir an Dinge denken, die uns Sorgen machen, haben diese Gedanken eine ähnliche Auswirkung wie die Situation selbst. Jedes Mal, wenn wir uns etwas Belastendes vorstellen, wird in unserem Organismus das Alarmsystem aktiviert und Cortisol freigesetzt – wie es auch angesichts einer realen Bedrohung erforderlich wäre.

Was geschieht, wenn man sich permanent sorgt?

Dauerhafte Sorge oder ein lang anhaltendes Gefühl von Gefahr – ob real oder eingebildet – können den Cortisolspiegel auf einen Wert anheben, der um 50 Prozent über dem empfohlenen Wert liegt. Diese Zahl ist entscheidend, um die Auswirkung von Stress zu verstehen. Der Körper wird nicht nur aufgrund einer echten Gefahr oder Bedrohung aktiv, sondern auch durch Sorgen und Ängste – und zwar auf dieselbe Weise! Etwa durch die Sorge, seinen Arbeitsplatz oder sein Vermögen zu verlieren, oder angesichts der empfundenen Gefahr, sein Ansehen, eine Freundschaft oder seine soziale Stellung innerhalb der Gesellschaft oder einer bestimmten Gruppe einzubüßen.

Der Cortisolspiegel verändert sich zyklisch: Nachts ist er am niedrigsten und steigt dann allmählich an, bis er um acht Uhr morgens seinen Höchststand erreicht hat und im Laufe des Vormittags langsam wieder absinkt. Die Freisetzung von Cortisol folgt normalerweise dem Rhythmus des Lichts: Beim Aufwachen wird der Großteil des Hormons ausgeschüttet, und das ist in gewisser Weise auch gut so, weil wir so morgens besser in die Gänge kommen; im Laufe des Tages nimmt der Wert dann ab und steigt bei Einbruch der Nacht wieder leicht an.

Ist der Cortisolspiegel chronisch erhöht, beginnt das Cortisol, toxisch zu wirken.

Stress ist einer der wichtigsten Faktoren, die zu Entzündungsreaktionen des Organismus führen. Über die drei Hauptsysteme des Körpers – das endokrine, das Immun- und das Nervensystem – löst Stress substanzielle Veränderungen in den am Entzündungsprozess beteiligten Systemen aus und beeinträchtigt so deren Funktionsfähigkeit.

- Im endokrinen System reagiert der Organismus, indem er die Freisetzung von Cortisol und Noradrenalin aktiviert. Wird das Blut mit Cortisol »vergiftet«, kommt es zu einer Veränderung der Entzündungsreaktion.

- Auch das Immunsystem ist von der Entzündungsreaktion betroffen. Die Abwehrzellen verfügen in ihrer Membran über bestimmte Rezeptoren für Cortisol; sie werden empfindlicher und verlieren die Kontrolle über die Entzündung.

- Das Nervensystem ist dafür zuständig, die Reaktion auf eine Bedrohung oder Gefahr auszuarbeiten und zu koordinieren. Über das periphere Nervensystem (das sympathische Nervensystem hat hier eine wichtige Funktion inne), das hierbei vom Hormonsystem unterstützt wird (Cortisol), versetzt das Gehirn den Körper in Alarmbereitschaft. Diese Signale ermöglichen die bereits erörterten körperlichen Veränderungen als Reaktion auf die Gefahr. Wird der Stress chronisch, werden die Adaptations- und

Reaktionsmechanismen überreizt, sodass es zu einer neurologischen Blockade und somit zur Entstehung verschiedener Krankheiten kommen kann.

Steht ein Mensch dauerhaft unter Stress, hat er zwei Probleme: Einerseits werden das Wachstum und die gesunde Erneuerung des Körpers gestoppt, andererseits kommt es zu einer Blockade des Immunsystems.

Das Nervensystem verstehen

Das vegetative Nervensystem wird aus der Gesamtheit der Neuronen gebildet, welche die unbewussten Körperfunktionen regulieren. Dieses System ist wiederum in das sympathische Nervensystem (Aktion) und das parasympathische Nervensystem (Ruhe) unterteilt – zwei vollkommen gegensätzliche Systeme.

Das sympathische Nervensystem

Das sympathische Nervensystem steht mit dem Überlebensinstinkt in Verbindung, also mit dem Verhalten, das in alarmierenden Situationen aktiviert wird. Es setzt Beschleunigungsmechanismen und eine verstärkte Herzkontraktion in Gang, stimuliert das Zusammenziehen der Kapillargefäße und das Schwitzen. Es erleichtert die willentliche Muskelkontraktion, führt zu einer Erweiterung der Bronchien, um für eine schnellere Sauerstoffaufnahme zu sorgen, und fördert die Verengung der Gefäße, indem es die Blutversorgung von den Eingeweiden zu den Muskeln und zum Herzen umleitet. Außerdem sorgt das sympathische Nervensystem für eine Erweiterung der Pupillen, damit die Umgebung besser wahrgenommen wird, und regt die Nebennieren zur Ausschüttung von Adrenalin und Cortisol an. All das ist hilfreich, damit wir wachsam bleiben, wenn wir uns unsicher fühlen oder unsere Unversehrtheit bedroht sehen. Im Falle einer nötigen Flucht sollte sich das Blut nicht im Verdauungssystem befinden, sondern in den Muskeln unserer Gliedmaßen – verdauen können wir schließlich immer noch, wenn wir uns in Sicherheit gebracht haben.

Das sympathische Nervensystem spielt also eine entscheidende Rolle bei der Stressreaktion angesichts einer unbekannten Situation, die wir nicht kontrollieren können oder mit der wir nicht vertraut sind. Doch eine permanente Aktivierung dieses Systems kann sich äußerst negativ auf die Gesundheit auswirken – unter anderem, weil sie die Regeneration des Gewebes blockiert, welche das parasympathische System unterstützt.

Das parasympathische Nervensystem

Das parasympathische Nervensystem aktiviert in erster Linie die Peristaltik und die Sekretionen des Verdauungs- und Harnsystems. Außerdem fördert es die Entspannung der Schließmuskeln für Stuhlgang und Blasenentleerung und löst ein Zusammenziehen der Bronchien sowie Absonderungen der Atmungsorgane aus. Es unterstützt die Gefäßerweiterung, um den Blutfluss zu den Eingeweiden zu leiten, wirkt sich positiv auf die sexuelle Erregung aus und ist für ein Absinken der Herzfrequenz und der Intensität der Herzkontraktion zuständig. Im Allgemeinen hängt das parasympathische Nervensystem mit der Pflege von Zellen und Gewebe zusammen, indem es deren Zerstörung verhindert oder reduziert, damit wir länger und unter besseren Bedingungen leben.

Die durch »toxisches Cortisol« bedingten Symptome

Das Leben ist heute deutlich »entzündlicher« als früher.

Chronischer Stress reduziert die Empfindlichkeit der Immunzellen gegenüber Cortisol. Das bedeutet: Das Abwehrsystem des Organismus wird deaktiviert und ist nicht mehr in der Lage, eine echte Bedrohung zu bekämpfen. Die Fähigkeit, eine Entzündung zu regulieren, wird vermindert, sodass der Körper sich gegen Gefahren nicht verteidigen kann. Durch Bedrohungssituationen, Angst oder Anspannung werden Substanzen aktiviert – z. B. Prostaglandine, Leukotriene und Zytokine –, die für das Gewebe äußerst schädlich sein können. Aus diesem Grund sind wir in solchen Situationen anfälliger für Infektionen. Wer ist noch nie wenige Tage nach Urlaubsbeginn krank geworden? Unser Körper ist geschwächt und gibt der Erkältung, der Blasenentzündung oder der Magen-Darm-Grippe nach …

Diese Veränderung des immunologischen Cortisolsystems reicht bis hin zu den Genen. Es ist bekannt, dass das »toxische Cortisol« sogar die tiefstgelegenen Schichten erreicht. Die neuen, aus dem Knochenmark stammenden Zellen sind dann von Beginn an unempfindlich gegenüber Cortisol – eine mögliche Ursache zahlreicher heutiger Krankheiten und Störungen. Hierzu wird aktuell weitreichend geforscht.

Schon die Vorstellung einer Bedrohung lässt die Produktion von entzündungsauslösenden Zytokinen ansteigen – das sind Proteine, die für verschiedene Zellen des Organismus sehr schädlich sein können. Hinzu kommt in der Regel eine Reduktion der Zellen des Immunsystems, sodass wir anfälliger für Infektionen werden.

Doch auch das Gegenteil ist der Fall! Fühlen wir uns durch andere nicht bedroht, sondern verstanden und arbeiten mit ihnen zusammen, wird der Vagusnerv aktiviert, der zum parasympathischen Nervensystem gehört.

Was geschieht nun, wenn der Cortisolspiegel durch Stress, Probleme, Ängste oder Anspannung dauerhaft erhöht ist? Permanent gestresste, in Alarmzustand versetzte oder verängstigte Menschen erleiden eine vermehrte Zellzerstörung und altern vorzeitig. Heute weiß man, dass viele Krankheiten nach Phasen von chronischem Stress ausbrechen beziehungsweise dann ein weiterer Schub aktiviert wird.

Der Cortisolspiegel steigt also in beängstigenden, bedrohlichen, traurigen oder frustrierenden Situationen an. Sind wir durch das Hormon

Cortisol »vergiftet«, überschwemmt dieses das Blut anstelle von Serotonin oder Dopamin – denjenigen Hormonen, die eine positive Auswirkung auf das körperliche und seelische Wohlbefinden haben.

Die charakteristischen Symptome treten auf drei Ebenen auf: auf körperlicher, psychischer und der Verhaltensebene.

Die körperliche Ebene

Auf körperlicher Ebene treten unter anderem die folgenden Symptome auf: Haarausfall, Lidzucken, übermäßiges Schwitzen an Händen und Füßen, trockene Haut, Kloßgefühl im Hals, Druckgefühl in der Brust, Beklemmung, Herzrasen, Parästhesie (das Einschlafen der Extremitäten), Verdauungsprobleme und -veränderungen, Reizdarm, Muskelschmerzen, Schilddrüsenprobleme, Migräne, Tics, Arthritis, Fibromyalgie …

Bei Frauen kommt es häufig zu Zyklusveränderungen, da die beteiligten Hormone sehr sensibel auf Stress reagieren.

Warum tut mir alles weh?

Prellungen, kleinere Blessuren, Stürze und Ähnliches gehören zum Alltag. Der Organismus reagiert auf solche Verletzungen, indem er die Selbstheilungsmechanismen in Gang setzt, zu denen auch die Entzündung gehört. Diese Antwort ist gut und gesund, da sie den Körper vor Infektionen und schlimmeren Krankheiten schützt, indem sie den entstandenen Schaden an Zellen und Gewebe repariert. Für Empfindungen wie Muskelsteifheit – die leicht zum Reißen von Fasern führt –, ständigen Schmerz, das Gefühl von Schwere und Enge oder Zuckungen, die wir alle schon erlebt haben, gibt es eine Erklärung, deren letzte Ursache nicht immer im Bewegungsapparat liegt. So können auch chronischer Stress oder ein Mangel an gesunder Bewegung oder Ernährung permanente Schmerzen verursachen. Dies ist auch einer der Gründe, warum nicht steoridale Entzündungshemmer (NSAIDs) wie Ibuprofen heutzutage vielfach missbräuchlich eingenommen werden.

Muskelschmerzen gehen nicht nur auf die durch den Adrenalin-Cortisol-Immunmechanismus ausgelöste Entzündung zurück, sondern auch auf die Aktivierung des sympathischen Nervensystems, die den Körper unwillkürlich eine defensive Haltung einnehmen lässt. Derartige Muskelprobleme können vor allem im Kieferbereich sehr ausgeprägt sein – man spricht dann von einer Craniomandibulären Dysfunktion oder CMD. Sie entstehen durch permanentes Aufeinanderpressen der Zähne (Bruxismus), wodurch es zu deren Abnutzung und zu einer Schädigung des Kiefergelenks kommt. Das Zähneknirschen ist insbesondere nachts ausgeprägt. Viele Menschen tragen heute aufgrund dieses Problems beim Schlafen eine speziell angepasste Aufbissschiene.

Die psychische Ebene

Auf psychischer Ebene kann es zu einer Veränderung der Schlafmuster kommen – darum wird es in einem gesonderten Abschnitt gehen –, zu Reizbarkeit, Niedergeschlagenheit, Genussunfähigkeit, Apathie und Willensschwäche. Im Zustand permanenter Wachsamkeit treten auch Konzentrations- und/oder Gedächtnislücken auf, und aus dauerhafter Ängstlichkeit kann sich eine Depression entwickeln. Viele Depressionen gehen auf lange Phasen der Alarmiertheit zurück.

Auch das Gedächtnis reagiert äußerst empfindlich auf den Cortisolspiegel. Der Hippocampus – das ist der Bereich des Gehirns, der für das Lernen und das Gedächtnis zuständig ist – wird durch einen veränderten Cortisolspiegel direkt beeinflusst. Bestimmt ist Ihnen das auch schon passiert: Sie haben sich auf eine Prüfung relativ gut vorbereitet, sind aber sehr nervös und haben prompt einen Blackout, wenn es darauf ankommt. Obwohl Sie gelernt haben! Die grobe Erklärung: Aufgrund eines angestiegenen Cortisolwerts ist der Hippocampus blockiert. Die vorausschauenden Nerven, die auf Gedanken wie »was ist, wenn ich durchfalle; bestimmt werde ich mich an nichts erinnern; sicher fragen sie mich etwas, was ich nicht weiß« reagieren, blockieren Hippocampus und Gedächtnis – und die eigentlich unbegründeten Ängste werden Wirklichkeit.

Die Verhaltensebene

Menschen mit einem hohen Cortisolspiegel neigen dazu, sich abzuschotten, und haben keine Lust auf Kontakt mit Freunden oder Verwandten. Es fällt ihnen schwer, ein Gespräch anzufangen, und sie vermeiden regelmäßige Tätigkeiten. Außerdem zeigen sie sich im sozialen Miteinander ausdruckslos und haben keine Lust, sich anderen gegenüber zu öffnen.

Physiologischer Stress (sogenannter Eustress) ist weder schlecht noch toxisch – ganz im Gegenteil. Er ist die natürliche Antwort des Organismus auf eine reale oder eingebildete Bedrohung und damit unerlässlich, um in Gefahrensituationen zu überleben. Diese Art von Stress ermöglicht uns, auf die bestmögliche Art und Weise auf eine Herausforderung zu reagieren. Schädlich wird es erst, wenn die Gefahr vorüber ist oder gar nicht wirklich existiert, Geist und Körper aber weiterhin das Gefühl einer Bedrohung oder Angst wahrnehmen.

Körper und Seele unterscheiden nicht zwischen Realität und Fiktion

Das Gehirn kann Wirklichkeit und Einbildung nicht voneinander unterscheiden; das ist ein weiteres Grundprinzip, das ich in diesem Buch vermitteln möchte. Sobald sich unser Geisteszustand bewusst oder unbewusst ändert, findet im Körper sowohl auf molekularer als auch auf zellulärer und genetischer Ebene eine Veränderung statt. Und wenn es zu einer körperlichen Veränderung kommt, wird das auch auf geistiger und emotionaler Ebene wahrgenommen. Deshalb habe ich in diesem Kapitel immer wieder betont, wie wichtig es ist, sich seine Gedanken bewusst zu machen. Unser Denken verändert unseren Organismus. Und der Geist passt sich nach und nach den täglich wahrgenommenen Faktoren, Umständen und Erlebnissen an.

Ein gestresstes Gehirn bekommen wir dann, wenn wir von toxischen Gedanken überflutet wurden.

Der Geist kontrolliert und beeinflusst unseren Körper enorm. Unsere Gedanken wirken direkt auf Geist und Organismus ein. Wenn Sie die Augen schließen, sich einen angenehmen Ort vorstellen und an jemanden denken, den Sie lieben, schüttet Ihr Körper augenblicklich Oxytocin und Dopamin aus. Vielleicht verspüren Sie sogar einen Schauer, bekommen Gänsehaut oder entwickeln eine ganze Reihe weiterer körperlicher Signale. Glücklich Verliebte – darüber sollte eigentlich ein eigenes Buch geschrieben werden! – verspüren ein ausgeprägtes emotionales, psychisches und körperliches (!) Wohlbefinden. Stellen Sie sich dagegen etwas vor, das Ihnen Angst macht – eine Prüfung, ein Treffen, ein möglicher Arbeitsplatzverlust, Geldmangel … –, werden automatisch Stresshormone produziert.

Ein einfaches Beispiel. Schließen Sie die Augen und denken Sie an eine Zitrone. Sie ist gelb, oval … Spüren Sie sie in der Hand, berühren Sie sie. Riechen Sie daran. Nehmen Sie sich ein Messer und halbieren Sie die Zitrone. Was fällt Ihnen auf? Ist Ihr Speichelfluss schon aktiv? Schneiden Sie eine Scheibe ab und führen Sie sie zum Mund, riechen Sie das Aroma und trauen Sie sich, hineinzubeißen. Dann öffnen Sie die Augen. Natürlich ist die Zitrone nicht wirklich da, aber Ihr Körper hat reagiert, als wäre sie es. Die Vorstellungskraft beeinflusst unseren Geist auf beeindruckende Weise.

Die Gedanken beeinflussen wiederum Gehirn und Körper stark. Wird das Gehirn permanent mit einem vergangenen Ereignis oder einem möglicherweise negativen zukünftigen Ereignis konfrontiert, versteht es, dass man sich ganz darauf konzentrieren möchte. Was passiert? Die Aufmerksamkeit richtet sich auf das gedachte Ereignis aus, und man bleibt in den toxischen Gedanken an Vergangenheit oder Zukunft gefangen; es gelingt dem Geist nicht, die Aufmerksamkeit auf etwas anderes zu lenken. Jedes Mal wenn wir an etwas Negatives, Beängstigendes oder Schädliches denken, erhält das Gehirn ein Signal, spezielle neuronale Schaltkreise zu erstellen, die uns an diesen Ideen festhalten lassen. Der Geist unterscheidet nicht zwischen Realität und Fiktion. Später werden wir konkrete Regeln kennenlernen, wie man die Gedanken umerziehen und den Strom der negativen Gedanken kontrollieren kann, der unseren Geist blockiert.

Ernährung, Entzündung und Cortisol

Man ist, was man isst, heißt es oft. Ich neige eher zu dem Spruch: Man ist, was man fühlt, denkt und liebt. Dabei ist mir natürlich bewusst, dass die Ernährung für die Gesundheit eine zentrale Rolle spielt. Es ist bekannt, dass gewisse Lebensmittel in Zusammenhang mit ernsten Erkrankungen wie Krebs stehen, sodass dieser Aspekt nicht vernachlässigt werden darf. In den letzten Jahren haben sich die Ernährungsgewohnheiten deutlich geändert. Angaben von Ernährungsspezialisten zufolge nehmen wir heute 30 Prozent mehr entzündungsfördernde Lebensmittel zu uns als noch vor ein paar Jahren.

Menschen mit einer chronischen Entzündung weisen bei bestimmten Vitaminen – D, E und C – sowie bei Omega-3-Fettsäuren einen niedrigeren Wert auf als empfohlen. Außerdem verändert die dauerhafte Entzündung die Darmschranke und fördert damit eine größere Durchlässigkeit für bestimmte Substanzen. Dadurch wird schließlich das Immunsystem geschädigt, was nach dem Verzehr bestimmter Lebensmittel zu Beschwerden und negativen Reaktionen führen kann.

Auch besteht ein wichtiger Zusammenhang zwischen entzündungsfördernder Nahrung und der Freisetzung von Insulin durch die Bauchspeicheldrüse. Zu den »üblichen Verdächtigen« gehören Alkohol – insbesondere in großen Mengen –, gesättigte Fette, zuckerhaltige Getränke und raffiniertes Mehl, wie es insbesondere bei industriell gefertigten Feinbackwaren verwendet wird.

Besondere Vorsicht ist bei entzündungsförderndem Fast Food geboten! Einer kürzlich veröffentlichten Harvard-Studie zufolge haben Frauen, die vermehrt entzündungsfördernde Produkte (Weißmehl, gesättigte Fette, Transfette, zuckerhaltige Getränke und rotes Fleisch) zu sich nehmen, ein um 41 Prozent erhöhtes Risiko, an einer Depression zu erkranken. Es empfiehlt sich, zu Lebensmitteln und Nährstoffen zurückzukehren, die einen entzündungshemmenden Effekt haben, wie zum Beispiel:

- Omega-3 (siehe dazu Kapitel 8)
- Bestimmte Gewürze wie beispielsweise Kurkuma, das stark entzündungshemmend wirkt
- Zitrusfrüchte
- Vitamin D. Immer mehr Studien sehen einen Zusammenhang zwischen Depressionen und einem niedrigen Vitamin-D-Spiegel. Psychiater messen inzwischen häufig den Vitamin-D-Spiegel Ihrer Patienten und beobachten nach der Behandlung mit Vitamin D eine Besserung der Depressionssymptome.
- Zwiebeln, Lauch, Petersilie, Lorbeer und Rosmarin. Tatsächlich hilft bei bestimmten Fuß- oder Knöchelverletzungen ein Fußbad mit Lorbeer- oder Rosmarinwasser, um die Entzündung zu lindern.

Welche Rolle spielt der Verdauungsapparat bei einer Entzündung?

Vor ein paar Jahren wurde mir vorgeschlagen, eine Studie über Probiotika, die Darmflora und den direkten Zusammenhang mit dem emotionalen oder seelischen Zustand durchzuführen. Ich sammelte eine Menge Informationen zum Thema, las Artikel und Publikationen darüber. Das ist ein spannender Bereich mit Zukunft, in den letzten Jahren sind zahlreiche einschlägige Studien erschienen.

Tatsächlich besteht eine wichtige Verbindung zwischen Gehirn und Darm. Der Magen-Darm-Trakt, der von der Speiseröhre bis zum

After reicht, ist mit mehr als hundert Millionen Nervenzellen ausgekleidet – das sind ebenso viele, wie das gesamte Zentralnervensystem umfasst mit Gehirn, Kleinhirn und Hirnstamm! Außerdem gibt es im Magen-Darm-Trakt über hundert Billionen Mikroorganismen. Bei der Verarbeitung der Nährstoffe und Nahrung kommt ihnen eine wichtige Funktion zu, und sie setzen im Darm eine große Anzahl an Molekülen frei. Diese können den Organismus grundlegend beeinflussen.

Diese Untersuchungen werden erst seit Kurzem durchgeführt und stecken in vielerlei Hinsicht noch in den Kinderschuhen. Doch die ersten Studien, die in diesem Zusammenhang veröffentlicht worden sind und sich auf Experimente mit Mäusen beziehen, zeigen, dass sich eine mangelhafte Darmflora enorm auf den gesamten Organismus und das Gehirn auswirkt. Besonderes Augenmerk liegt auf dem Zusammenhang zwischen Ursache und Wirkung bei bestimmten plötzlichen Veränderungen der Bakterienflora und einem gleichzeitigen Wandel der seelischen Verfassung oder des Verhaltens des Patienten.

Hierzu gibt es unterschiedliche Theorien. Eine 2015 veröffentlichte Studie (Kelly et al.) legt nahe, dass Störungen in der Durchlässigkeit des Darms die Ursache für eine Entzündung sein können, die bei psychischen Erkrankungen auftritt. Darüber hinaus wird vermutet, dass bestimmte Mikroorganismen Substanzen abgeben, die als Neurotransmitter im Gehirn agieren. Und schließlich existiert die Hypothese, dass sich einige der Substanzen, die durch diese Mikroorganismen im Verdauungstrakt produziert werden, direkt auf das Immun- oder Nervensystem auswirken.

Das Mikrobiom spielt eine entscheidende Rolle bei der Regulierung der Durchlässigkeit des Darms und bei der Entzündungskomponente einer Depression.

Ein Mangel an Serotonin – dem Hormon des Glücks und Wohlbefindens, des Appetits, der Libido und zahlreicher Funktionen des Geistes und des Körpers – ist für Angst- und Depressionszustände verantwortlich. Es wäre aber falsch, eine Depression auf den Serotoninspiegel im Gehirn zu reduzieren. Ungefähr 90 Prozent des Serotonins im Körper werden im Darm produziert, der Rest entsteht im Gehirn.

Die Untersuchungen über Probiotika und die Gemütsverfassung nehmen kontinuierlich zu. Im Dezember 2017 wurde in der Zeitschrift *Brain, Behavior and Immunity* eine Studie darüber veröffentlicht, wie Probiotika depressiven Tendenzen entgegenwirken. An der Universität Aarhus betonten die Wissenschaftler die Vorzüge von Probiotika nicht nur für die Darmgesundheit, sondern auch für den Seelenzustand.

Vor einigen Monaten kam eine von Dr. Nicola Lopizzo geleitete Studie heraus, in der die Alzheimer-Krankheit mit Entzündung und dem Mikrobiom in Zusammenhang gebracht wird. Darin wird die Beobachtung geschildert, dass die Erkrankten ein anderes Mikrobiom aufweisen als die gesunden Teilnehmer der Studie. Man geht heute davon aus, dass die Entzündung eine Schlüsselrolle bei Entstehung und Entwicklung der Alzheimer-Krankheit spielt. Und diese Entzündung kann vermutlich durch das Mikrobiom beeinflusst werden – ein spannendes Thema, das uns darin bestärkt, in dieser Richtung weiterzuforschen.

Kann die Depression als Entzündungserkrankung des Gehirns bezeichnet werden?

Wir wissen nun, dass es einen wichtigen Zusammenhang zwischen der Entzündung, insbesondere der chronischen Entzündung, und Krankheiten gibt. Doch was geschieht bei einer Depression? Welche Rolle spielt die Entzündung bei depressiven Episoden?

In den letzten Jahren gab es in der Welt der Wissenschaft interessanterweise verschiedene Versuche, diese Zusammenhänge zu erklären. Im Februar 2018 veröffentlichte das Team um Dr. Meyer in der angesehenen Zeitschrift *Lancet* den ersten wissenschaftlichen Beweis für die Rolle der Entzündung bei Depressionen. Nach der gründlichen Analyse von Bildern anhand der Positronen-Emissions-Tomographie (PET) wurde festgestellt, dass Menschen, die seit Jahren an Depressionen litten, Veränderungen im Gehirn und mehr Entzündungszellen aufwiesen; es konnte also eine überschießende Immunantwort nachgewiesen werden.

Außerdem wurde beobachtet, dass nach der Verabreichung bestimmter immunmodulierender Medikamente – wie beispielsweise Alpha-Interferon (INF-*α*) zur Behandlung von multipler Sklerose, dem malignen Melanom, Hepatitis C und anderen Krankheiten – viele der Patienten zusätzlich depressive Symptome aufwiesen.

Was geschieht, wenn Kinder Gewalt, Traumata, ernste Verletzungen oder Mobbing erleiden?

Neuere Studien (Cattaneo, 2015) legen nahe, dass Stress in der Kindheit – etwa Mobbing, Trennung der Eltern, körperlicher oder psychischer Missbrauch – Entzündungsprozesse auslöst, die zu einer größeren Anfälligkeit für psychische Erkrankungen, einer erhöhten Verletzbarkeit und sogar Depressionen im Erwachsenenalter führen können. Heute kann dies im Blut »gemessen« werden. Wir dürfen nicht vergessen, dass eines der Hauptprobleme bei der Diagnose und Behandlung von Depressionen das Fehlen von Markern ist, die eine individuellere und speziellere Herangehensweise ermöglichen würden. Einer der zuverlässigsten Parameter ist in dieser Hinsicht der Entzündungsparameter C-reaktives Protein (CRP) im Blut.

Ein erhöhter Wert des Entzündungsparameters C-reaktives Protein (CRP) im Blut geht mit Energiemangel, Schlaf- und Appetitstörungen einher.

Bei Patienten, die auf die bekannten Antidepressiva nicht ansprechen, sollten Alternativen in Betracht gezogen werden. Eine Lösung könnte darin bestehen, das Niveau der Entzündungsmarker zu messen (IL-6, TNF-*α* und CRP). Diese sind für die Diagnose und Verlaufskontrolle einer Depression bekanntermaßen zuverlässige Marker: Bei depressiven Menschen liegt der CRP-Spiegel um fast 50 Prozent über dem Normalwert.

Anhaltende, niedriggradige chronische Entzündungen haben einen entscheidenden Einfluss auf die Wahrscheinlichkeit, eine Depression oder Psychose zu entwickeln.

Im Oktober 2016 veröffentlichte Dr. Golam Khandaker vom Psychiatrischen Fachbereich der Universität Cambridge in der Zeitschrift *Molecular Psychiatry* einen Artikel, in dem die Auswirkungen von Entzündungshemmern auf Depressionen untersucht wurden. Es wurden Anti-Zytokin-Präparate (anti-inflammatorische Moleküle) eingesetzt, um entzündliche Autoimmunerkrankungen zu behandeln. Nach erfolgter Erhebung der Daten und der Analyse der Nebenwirkungen stellte man fest – wie überraschend! –, dass es zu einer Besserung der depressiven Symptome gekommen war.

Pharmakologische Behandlungen sind alles andere als unfehlbar: Ein Drittel der Patienten spricht nicht auf die verfügbaren Antidepressiva an. Angesichts dessen scheint die Entzündung bei vielen Menschen, die an Depressionen leiden, ein entscheidender Faktor zu sein. Vielleicht wird es in nicht allzu ferner Zukunft möglich sein, Patienten, die auf die herkömmliche Behandlung ihrer Depression nicht ansprechen, entzündungshemmende Medikamente[1] zu verschreiben. Wir sprechen hier von biologischen Entzündungshemmern ähnlich denen, die bei Autoimmunkrankheiten eingesetzt werden (monoklonale Anti-Zytokin-Antikörper).

1 Hier sind nicht die üblichen bekannten entzündungshemmenden Medikamente wie Ibuprofen gemeint, sondern ähnliche Präparate, welche auf die biochemischen Angriffsorte der entzündlichen Prozesse der Depression abzielen.

Ungefähr ein Drittel der Patienten spricht nicht auf die herkömmlichen Antidepressiva an und weist klare Entzündungszeichen auf.

Zusammenfassung:

- Eine Depression geht mit einer chronischen niedriggradigen Entzündung einher, die eine Aktivierung des Immunsystems auslöst (aufgrund von Zytokinen und anderen Substanzen).
- Eine Depression tritt häufig im Zusammenhang mit Entzündungskrankheiten, Herz-Kreislauf-Erkrankungen und Krebs auf.
- Das Verabreichen bestimmter immunmodulierender Medikamente ruft Depressionssymptome hervor.
- Diabetiker haben ein doppelt so hohes Risiko, an Depressionen zu erkranken.
- Man weiß heute, dass Stress, Tabakgenuss, Verdauungsstörungen und ein niedriger Vitamin-D-Spiegel mit einer Entzündungsreaktion einhergehen. Diese Entzündung begünstigt nicht nur den Beginn einer Depression, sondern ist ein Schlüsselfaktor bei der Behandlung und Regeneration.
- Die Entzündung ist ein entscheidender Prozess bei Depressionen. Das muss in mehrerlei Hinsicht berücksichtigt werden: als Marker für die Krankheit, aber auch bei der Reaktion auf die Behandlung. Während der Behandlung kann eine Verlaufskontrolle des Entzündungsniveaus hilfreich sein, um mögliche Resistenzen oder Reaktionen besser einordnen zu können.

- Die Untersuchung der Entzündung eröffnet uns eine neue Welt an Behandlungsmöglichkeiten von Patienten mit Depressionen, die nicht auf die konventionellen Behandlungen ansprechen.

- Dies ist ein Schlüssel zum Verständnis und zur Zuordnung von Symptomen und organischen Störungen, die zusammen auftreten (Herz-Kreislauf-Erkrankungen und Depressionen, chronische Angstzustände und Störungen des Hormonsystems usw.).

- Wenn wir krank werden, produzieren wir Substanzen, die dem Körper mitteilen, dass etwas nicht funktioniert: die berühmten Zytokine. Bei einer Depression steigen die Zytokin-Werte enorm an. Von anderen psychischen Krankheiten wie beispielsweise der bipolaren Störung ist bekannt, dass die Zytokin-Werte sich bei einer Besserung der Symptome stabilisieren.

4. FREI VON VERGANGENHEIT UND ZUKUNFT

Die Verletzungen der Vergangenheit überwinden und mit Freude in die Zukunft blicken

Als Psychiaterin definiere ich Glück in der Regel als die Fähigkeit, ein gesundes Leben in der Gegenwart leben zu können, weil die Verletzungen der Vergangenheit überwunden sind und man mit Freude in die Zukunft blickt. Depressive, neurotische und nachtragende Menschen sind häufig in der Vergangenheit verhaftet, wohingegen ängstliche und besorgte Menschen mit Zukunftsängsten leben. Depressionen und Angststörungen sind die beiden großen Krankheiten des 21. Jahrhunderts.

---

90 Prozent aller Dinge, die uns beunruhigen, treten nie ein, doch Körper und Geist durchleben sie, als wären sie real.

Ständig beschäftigen wir uns mit Problemen, die vermutlich gar nicht auftreten werden. Was ist, wenn ich die Prüfung nicht bestehe? Was ist, wenn ich entlassen werde? Was ist, wenn ich an der Universität nicht angenommen werde? Was ist, wenn ich dieses Projekt nicht gut umsetze? Was ist, wenn mein Stipendium nicht verlängert wird? Was ist, wenn sich mein Partner von mir trennt? Was ist, wenn meinem Kind etwas zustößt? Was ist, wenn ich krank werde? Was ist, wenn meine Eltern krank werden?

Dieses ständige »Was ist …?« hat einen großen Einfluss auf Körper und Seele. Wir sollten nie vergessen, dass wir ausschließlich in der Gegenwart handeln, fühlen und reagieren können. Umso wichtiger ist es, für unser Handeln im Jetzt, in diesem Augenblick, Verantwortung zu übernehmen, für unsere Fähigkeit, jetzt etwas zu tun.

Wenn Sie jemanden fragen, was ihm Sorgen bereitet, wird sich die Antwort sehr wahrscheinlich auf die Vergangenheit oder Zukunft beziehen. Wir haben schlicht vergessen, in der Gegenwart zu leben!

Ein Leben in der Vergangenheit

Die Vergangenheit ist eine wertvolle Informationsquelle, kann aber nicht die Zukunft vorherbestimmen. Wenn wir in der Vergangenheit gefangen bleiben und immer wieder zu dem zurückkehren, was bereits geschehen ist, kann das schlimme Folgen haben. Diese können von Empfindungen und Gemütszuständen wie Melancholie, Frustration, Schuld, Traurigkeit oder Groll bis hin zu einer ausgewachsenen Depression reichen.

All diese Gefühle haben eines gemeinsam: Sie verhindern, dass wir die Gegenwart genießen. Da wir in der Vergangenheit verhaftet sind, können wir im Leben nicht weiterkommen.

Schuld

Wenige Emotionen können so toxisch und destruktiv sein wie Schuldgefühle – das Gefühl, sich nicht richtig verhalten, die Erwartungen nicht erfüllt und andere Menschen (oder sich selbst!) enttäuscht zu haben.

Schuldgefühle können ganz unterschiedliche Ursachen haben: ein zu hoher Anspruch durch andere oder sich selbst, die Erziehung durch die Eltern, auferlegte Tabus, die Schule, die Beziehung zu Freunden, in der Kindheit oder Jugend unzureichend behandelte sexuelle Themen beziehungsweise falsche oder extreme religiöse Interpretationen. Im Hinblick auf Schuldgefühle kennen wir verschiedene Ausprägungen:

- Der Ursprung liegt in Ihnen selbst. Ihre Gedanken kreisen immer wieder um einen Fehler oder eine Enttäuschung. Sie fokussieren sich auf sich selbst, Ihre Grenzen oder Fehler und behandeln sich mit einer Geringschätzung und Härte, die es Ihnen unmöglich machen, weiterzukommen und das Positive zu sehen.

- Die Ursache kommt von außen. Ihr Umfeld erinnert Sie an Verfehlungen oder begegnet Ihnen mit erhobenem Zeigefinger. In der Kindheit können das Sätze sein wie »Du solltest dich schämen!« oder »Wenn du das machst, ist Papa sehr traurig …«; im Erwachsenenleben Ermahnungen wie »Du hättest eben Wirtschaftswissenschaften studieren sollen«, »Du hättest jemand anderen heiraten sollen«, »Du hättest dir einen anderen Job suchen sollen« oder »Du hättest mich besuchen sollen …«.

Vorsicht! Die inneren Stimmen können für Geist und Körper ebenso schädlich sein wie die von außen kommenden.

Schuld wirkt bedrückend und verhindert jedes Weiterkommen. Manchmal führen Schuldgefühle sogar zu ernsten psychischen Problemen. Zu mir in die Praxis kommen relativ häufig äußerst neurotische, deprimierte Menschen, die in einem Schuldkomplex gefangen sind, aus dem sie sich nicht mehr befreien können. Falls die Schuld eine reale Grundlage hat – manchmal begehen wir ja tatsächlich schwere Fehler –, sollte man versuchen, sein Fehlverhalten in der Vergangenheit als Impuls zu nutzen, um etwas zu verbessern, zu lernen und das Problem zu überwinden.

DER FALL CATALINA

Catalina hat im Alter von 31 Jahren geheiratet. Ihr ganzes Leben lang hat sie in einem multinationalen Unternehmen gearbeitet, ist durch ganz Spanien und Europa gereist. Sie mag ihre Arbeit und hat nie einen Mutterinstinkt verspürt.

Mit 33 Jahren wurde sie zum ersten Mal Mutter. Während der Elternzeit baute sie eine große Verbundenheit zu ihrem Sohn Eduardo auf. Sie war selbst überrascht, dass sie ständig Bücher über Babys, Stillen und Mutterschaft las. Catalina meldete sich auf mehreren Websites an, um sich umfassend zu informieren. Außerdem schloss sie sich Gruppen junger Mütter an, ging mit ihrem Sohn zur Babymassage und unterhielt sich oft mit anderen Müttern über die tägliche Entwicklung des kleinen Eduardo.

So vergingen vier Monate. Dann kam der Tag, an dem sie zur Arbeit zurückkehren sollte. Immer war sie im Beruf sehr engagiert gewesen, doch einige Tage vor dem Wiedereinstieg bekam sie ein beklemmendes Gefühl. Zurück am Arbeitsplatz dachte sie dauernd an zu Hause und installierte auf ihrem Mobiltelefon ein System, mit dem sie tagsüber verfolgen konnte, wie es ihrem Baby ging.

Wenn sie das Haus verließ, hatte sie »schreckliche Schuldgefühle«, weil sie ihr Kind verließ. Aus diesem Gedanken entwickelte sich ein Alarm- und Angstzustand, der es ihr unmöglich machte, sich auf ihre Arbeit zu konzentrieren. In ihrem Kopf gab es nur noch Raum für ihre Schuldgefühle, und ihr einziger Wunsch bestand darin, nach Hause zu gehen, ihren Sohn in den Arm zu nehmen und bei ihm zu sein. Ihr wurde klar, dass sie auf dem besten Weg war, eine ungesunde Mutter-Kind-Beziehung aufzubauen. Ein paar Monate später wollte sie sich wegen ihrer Angstzustände krankschreiben lassen.

Als sie zum ersten Mal in meine Praxis kam, stellte ich fest, dass sie aufgrund ihrer Schuldgefühle einen ängstlich-depressiven Zustand entwickelt hatte. Nie hätte sie sich vorstellen können, dass sie einen so ausgeprägten mütterlichen Instinkt verspüren würde – der eigentlich natürlich ist, aber bei ihr viele Jahre lang nicht die geringste Rolle gespielt hatte. Doch wenn sie jetzt nur daran dachte, zur Arbeit gehen zu müssen, überschlugen sich ihre toxischen Gedanken, und sie verurteilte sich dafür, dass sie ihr Kind allein ließ.

Wir begannen eine Therapie, um die Schwere von Catalinas Ängsten einschätzen zu können. Außerdem nahmen wir ihr Innenleben sowie die Blockaden und Angstgefühle unter die Lupe, die mit dieser Schuld zusammenhingen. Es wurde klar, dass sie auf eine Familie zurückgingen, in der die Mutter immer auf der Arbeit war – die Eltern lebten getrennt, der Vater wohnte weit weg. Catalina hatte nie eine besonders enge Beziehung zu ihrer Mutter gehabt.

»Meine Mutter verbrachte den Tag auf der Arbeit, während wir bei einer Nachbarin waren, wo wir die Hausaufgaben erledigten und mit deren Kindern spielten. Sie hat mir nur selten einen Kuss gegeben oder mir gesagt, dass sie mich liebt. Meine Mutter ist sehr kalt, übertrieben pragmatisch und urteilt sehr hart über mich, wenn ich etwas falsch mache«, erzählt sie.

Nach mehreren Monaten Therapie begann Catalina, die Gefühle der Verbundenheit zu akzeptieren, die in ihr bis dahin blockiert waren. Sie lernte, ihre Mutter und die Umstände ihrer Kindheit zu verstehen und sie zu lieben, wie sie ist. Heute arbeitet sie in Teilzeit und freut sich, dass sie ihr zweites Kind erwartet.

Wie man Schuldgefühle mindert

- Achten Sie darauf, welche Schuldgefühle Sie im Laufe des Tages vorrangig wahrnehmen, und notieren Sie diese. Beobachten Sie, welche Ereignisse in Ihrem Leben Sie am meisten beeinträchtigen. Akzeptieren Sie, dass Sie möglicherweise gelegentlich zu hart über sich urteilen.

- Erstellen Sie eine Liste mit Fehlern, Versäumnissen und Taten, mit denen Sie im Laufe Ihres Lebens Schuld auf sich geladen und die Sie in irgendeiner Weise geprägt haben. Ohne Übertreibung, ohne zu hart oder zu nachsichtig zu sein. Bewerten Sie die einzelnen Punkte auf Ihrer Liste von null bis fünf. Sie werden feststellen, dass Sie auf der Grundlage Ihrer Aufzeichnungen die Wahrnehmung Ihrer Schuld genau eingrenzen können.

- Beobachten Sie das Ereignis aus Ihrer Vergangenheit, das sie besonders quält, als säßen sie in einem Zug und sähen die Szene an sich vorbeiziehen. Machen Sie sich bewusst, dass es keine Möglichkeit mehr gibt, sie zu beeinflussen. Das Schuldgefühl hilft Ihnen nicht, es bringt Sie nicht weiter. Es nimmt Ihnen den Schmerz, die Angst oder Verzweiflung nicht. Es ist nicht konstruktiv. Das Schuldgefühl ist lediglich eine toxische Emotion, die Sie am Weiterkommen hindert, die verarbeitet und gelöscht werden muss.

- Kehren Sie nun mit der folgenden gewagten Frage in die Gegenwart zurück: Was entgeht mir in der Gegenwart, weil ich in der Schuld gefangen bin? Sie werden überrascht sein: Ganz bestimmt geschehen in Ihrer Umgebung positive Dinge, die Sie gar nicht wahrnehmen.

- Lernen Sie, sich zu lieben. Wer im Leben gut sein will, muss in erster Linie wissen, wie er gut zu sich selbst sein kann. Menschen, die sich in der Schuld einnisten, sind nicht in der Lage, ihre Stärken und Talente zu erkennen. Sie nehmen vielmehr wahr, dass ihnen aufgrund ihrer Einschränkungen oder Mängel alles misslingt – ihre Wahrnehmung ist verzerrt.

- Vorsicht vor der Opferrolle! Schuld ist ein abschüssiger Weg, der in vielen Fällen in einer Opferrolle endet – einem neurotischen und schädlichen Verhalten, das die Lebensanschauung und die Beziehung zu anderen behindert.

- Suchen Sie in sich selbst nach Dingen, die Sie größer machen. Es gibt diese Dinge – doch manchmal verhindern Ihre seelische Verfassung oder Ihre Verankerung in der Vergangenheit, dass Sie sie sehen können. Sicher verfügen Sie über Fähigkeiten, die ein Impuls für positives Wachstum sein können – auch wenn das anderen möglicherweise nicht gefällt! Darin besteht die größte Herausforderung: sich von der Meinung und dem Urteil anderer frei zu machen!

- Konzentrieren Sie sich auf Ihre Werte. Schuld lässt das Wertesystem ins Wanken geraten. Man weiß nicht mehr, was man glauben oder warum man etwas glauben soll. Was leitet Sie in Ihrem Leben? Denken Sie darüber nach, ob Sie nicht aufgrund von äußeren Faktoren oder Forderungen, die Sie sich im Laufe des Lebens aufgeladen haben, zu hart zu sich sind.

Depression

Die Depression ist die Krankheit unserer Zeit schlechthin. Tatsächlich wäre es richtiger, von Depressionen im Plural zu sprechen, da es zahlreiche verschiedene Arten gibt. Heute sind Depressionen eine der großen Epidemien der modernen Gesellschaft. Die WHO schätzte 2018, dass weltweit über 264 Millionen und allein in Deutschland 5,3 Millionen Menschen an einer Depression leiden.

Da es sich bei Depressionen um eine Krankheit handelt, gibt es Ursachen, Symptome, eine Prognose, Behandlungsmöglichkeiten und in manchen Fällen auch eine mögliche Prävention. Man unterscheidet zwischen endogenen und exogenen (reaktiven) Depressionen, mit gewissen Abstufungen, sogenannten Mischformen, die zwischen den beiden Ausprägungen liegen. Reaktive Depressionen gehen auf Ereignisse des Lebens zurück.

Heutzutage glaubt man, dass all das viel stärker ineinandergreift, als früher vermutet wurde. An einer Depression sind verschiedene neuronale Schaltkreise beteiligt; am besten untersucht sind dabei die der Monoamine (Serotonin, Dopamin und Noradrenalin). Allerdings gibt es keinen Hinweis darauf, dass einer dieser Schaltkreise mit einer Degeneration oder Störung einhergeht, die eindeutig für die Symptome verantwortlich wäre – wie es etwa bei Alzheimer, Parkinson oder anderen neurologischen Erkrankungen der Fall ist.

Die Depression ist die Krankheit der Traurigkeit. Sie kann mit unendlich vielen negativen Symptomen einhergehen: Leid, Niedergeschlagenheit, Apathie, Lustlosigkeit, Enttäuschung, fehlendem Lebenswillen, Willensschwäche, mangelnder Energie, Suizidgedanken, Schlaf-, Aufmerksamkeits- und Konzentrationsstörungen.

Manche Wissenschaftler vertreten eine neurobiologische Hypothese der Depression, die diese mit der Neuroplastizität in den für emotionale und kognitive Funktionen verantwortlichen Schaltkreisen in Verbindung bringt. Dann sprächen wir eher über eine Störung der Schaltkreise als über eine der Transmitter selbst.

Eine Depression raubt dem Betroffenen die Energie und jede Lust, irgendetwas zu tun. Die Symptome sind sehr vielfältig und betreffen den Körper (Kopfschmerzen, Engegefühl in der Brust oder diffuse Beschwerden überall im Körper), die Psyche (insbesondere Niedergeschlagenheit, häufig aber auch eine fehlende Zukunftsvision, da durch die Schuldgefühle alles schlecht erscheint), die Verhaltensweisen (Blockaden, Hemmungen, Vereinsamung), die kognitiven Fähigkeiten (Konzentrationsstörungen, düstere Vorstellungen und Gedanken, eine verzerrte und negative Wahrnehmung der Realität) sowie das Sozialverhalten (soziale Fähigkeiten lösen sich auf und gehen verloren, die zwischenmenschliche Kommunikation wird unbeholfen und zurückhaltend). Die Symptome einer Depression sind häufig unspezifisch und zeigen sich in Gestalt von somatischen Störungen. Einigen Studien zufolge kommen 60 Prozent der Patienten primär aufgrund von körperlichen Ursachen in die Praxis.

Wer noch nie eine echte klinische Depression hatte, hat keine Vorstellung von wirklicher Traurigkeit oder Freudlosigkeit. Das durch die Depression ausgelöste Leid kann so tief sein, dass als einziger Ausweg aus diesem Tunnel der Selbstmord gesehen wird. Niemand ist vor Depressionen gefeit. Es gibt zwar Risikofaktoren (etwa familiäre, genetische, sozioökonomische), doch die Praxen sind voll mit den unterschiedlichsten Menschen, die den finsteren Tunnel der Depression durchschreiten. Schriftsteller, Sportlerinnen, Musiker, Schauspielerinnen, Sänger, Politiker, Großunternehmer, Erfolgsmenschen … Es gibt eine ganze Reihe berühmter Persönlichkeiten, die zugeben, einmal an einer Depression gelitten zu haben oder in Behandlung gewesen zu sein.

BERÜHMTE PERSÖNLICHKEITEN, DIE AN DEPRESSIONEN LITTEN

Vincent van Gogh. Zu seinem und der Kunstgeschichte Unglück verschlechterte sich der Zustand des genialen Malers trotz Einweisung in eine psychiatrische Klinik so sehr, dass er sich schließlich das Leben nahm. Der niederländische Maler mit dem roten Haar und dem verletzten Ohr hatte das Gefühl, sein bewegtes Leben habe keinen Sinn mehr. Er hielt sich in beruflicher Hinsicht für einen Versager, und in der Tat verkaufte er zu seinen Lebzeiten nur sehr wenige Gemälde. Seine letzten Worte waren: »Die Traurigkeit wird für immer bleiben.«

Michelangelo – in den Augen vieler ist er der beste Bildhauer der Geschichte. Seine Depression hatte ihren Ursprung in einer gestörten Wahrnehmung des eigenen Körpers, was wir heute als Dysmorphophobie bezeichnen würden.

Erzählungen zufolge ging Michelangelo aus einer Auseinandersetzung mit einem seiner vielen missgünstigen Feinde, dem temperamentvollen Bildhauer Pietro Torrigiano, mit einer verunstalteten Nase hervor. Sein Widersacher war am Hofe von Lorenzo de Medici tätig, der Michelangelo sehr verehrte – und eines Tages brach Torrigiano ihm in einem Anfall von Eifersucht oder Neid die Nase. Das Ereignis löste bei Michelangelo ein Trauma aus, aufgrund dessen er sich abschottete und jahrelang jede Gesellschaft mied. Sein guter Freund, der Dichter Poliziano, war in dieser Phase seines Lebens für ihn eine hervorragende therapeutische Unterstützung.

Ernest Hemingway. Am Ende seines Lebens litt der Schriftsteller an einer schweren Depression; er verspürte eine tiefe Traurigkeit und Ernüchterung. In dem Versuch, seinen Zustand zu kurieren, erhielt er mehrere Sitzungen mit Elektroschocks – eine Behandlungsform, die damals noch wenig entwickelt war und bei den Patienten ernste Folgeschäden verursachen konnte. Hemingway verlor sein Gedächtnis, und seine kognitiven Fähigkeiten wurden stark in Mitleidenschaft gezogen. Als er im Jahr 1954 den Nobelpreis für sein Lebenswerk erhielt, sagte er:

»Auf dem höchsten Niveau zu schreiben, führt zu einem einsamen Leben. Die Schriftstellerorganisationen mögen die Einsamkeit des Autors lindern, aber ich bezweifle, dass sie sein Werk verbessern.«

Als Hemingway erfuhr, dass sich sein Vater 1928 das Leben genommen hatte, waren seine Worte:

»Möglicherweise werde ich das auch tun.«

Jahre später, 1961, erfüllte sich seine Prophezeiung.

Bei Kindern führen Depressionen zu anderen Verhaltensweisen und Symptomen. Sie zeigen sich eher im Äußeren, im Benehmen. Ein Kind im Alter von zehn bis zwölf Jahren hat hinsichtlich seiner Emotionen noch kein ausreichendes Vokabular und kann nicht verbal ausdrücken, was es fühlt. Um eine mögliche Depression bei Kindern zu erkennen, müssen wir deshalb wachsam sein und Verhaltensänderungen richtig interpretieren: Möglicherweise hört es auf zu spielen, spricht wenig, ist in sich gekehrt, langweilt sich, weint oft, konzentriert sich nicht und lässt in seinen schulischen Leistungen nach. Die Eltern solch stiller Kinder, die sich in Tagträumen verlieren, keine Freude haben oder eine Wesensänderung durchmachen, sollten in der Lage sein, sich in diese hineinzuversetzen.

Heute können Depressionen aller Arten glücklicherweise deutlich besser behandelt werden. Die Behandlung ist zwar langwierig, und fast jeder kennt wohl jemanden oder hat schon davon gehört, dass mancher Patient »sein Leben lang Medikamente nehmen muss«. Je früher die Symptome eingedämmt werden und die passende Behandlung gefunden wird, desto wahrscheinlicher ist eine Heilung. Viele Depressionen entstehen durch dauerhafte Angstzustände – dazu später mehr. Die Behandlung sollte sich also auf die grundsätzliche Gemütsverfassung, den Umgang mit Stress und Gefühlen sowie die Wesenszüge der Persönlichkeit konzentrieren.

Beispiel für eine Therapie

In meiner Praxis gehe ich gern schematisch vor. Ich versuche, ein einfaches Modell der Persönlichkeit des Patienten zu zeichnen, das sein Wesen, seinen Umgang mit Stress und seine psychischen Symptome darstellt, damit der Patient versteht, was mit ihm geschieht, und daran arbeiten kann. Sehen wir uns ein Beispiel an.

DER FALL ALEJANDRA

Alejandra kommt wegen einer Depression, Panikattacken und wiederkehrender Migräne in die Praxis. Sie nimmt seit fünf Jahren Medikamente, wodurch es ihr phasenweise für wenige Wochen besser geht. Als wir ihre Persönlichkeit analysieren, finden wir eine äußerst zurückhaltende, ausweichende und entscheidungsschwache Frau, die übertrieben schüchtern ist, zum Grübeln neigt und hochsensitiv ist. Wir arbeiten heraus, welche Situationen sie unter Stress setzen: die Beziehung zu anderen, öffentliches Arbeiten, der Kontakt zu ihrem Expartner, zu dem sie ein kompliziertes Verhältnis hat, sowie das nahende Monatsende, da sie dann immer finanzielle Probleme hat.

In diesem Fall ist es nicht damit getan, Medikamente gegen die Traurigkeit oder Panikattacken zu verschreiben. Vielmehr muss zusätzlich an der Ursache gearbeitet werden: an Alejandras ausweichender Persönlichkeit, an ihrem Umgang mit Stress. Für Alejandra sorgen die Arbeit vor Publikum und soziale Ereignisse für große Anspannung, daher muss auch an den Symptomen der Angst gearbeitet werden, die sie mit entsprechenden Kenntnissen und Entspannungstechniken in den Griff bekommen kann, sowie an der Depression – falls in diesem Fall überhaupt Medikamente nötig sind, was keineswegs immer gegeben ist.

Die Erfahrung in meiner Praxis hat gezeigt, dass der Patient mithilfe dieses Schemas deutlich besser versteht, was mit ihm passiert, und genau weiß, wie sein Innenleben funktioniert und welchen therapeutischen Sinn die verschriebenen Medikamente haben.

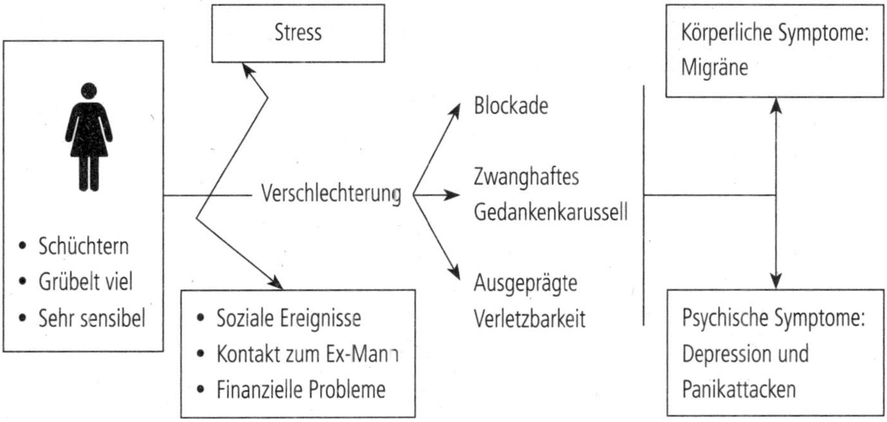

Vergebung

Vergebung ist ein Akt der Liebe, eine erhabene Haltung gegenüber anderen und dem Leben. Vergeben bedeutet, etwas Gutes zu geben, nachdem man eine Verletzung erlitten hat. Sie ist eine spezielle Form der Hingabe und stellt den Menschen auf eine höhere Stufe.

Ich bin nicht naiv, ich weiß natürlich, wie schwer es ist, bestimmte Verhaltensweisen zu verzeihen. Dabei ist es ein großer Unterschied, ob es sich um eine unbedeutende oder um eine wirklich schwerwiegende Verletzung handelt. Geringschätzung, ungerechtfertigte Aggression, Erniedrigung, Verrat, Untreue in der Partnerschaft oder harsche Kritik können so großes Leid auslösen, dass es sehr schwierig, wenn nicht fast unmöglich ist, darüber hinwegzukommen.

In Kambodscha hörte ich die schrecklichsten Geschichten meines Lebens. Ich notierte sie in Heften, und einmal kamen mir die Tränen, als ich sie später noch einmal las. Ich wollte den jungen Mädchen helfen, die als Prostituierte arbeiteten und so viel zu ertragen hatten, doch ich wusste keinen Ausweg für sie. Ich war stets der Meinung gewesen, dass Psychiater und Psychologen Menschen, die leiden, verletzt oder blockiert sind, bei der Suche nach einem Ausweg helfen können; aber in Kambodscha wusste ich einfach nicht, wie ich die »Therapie« angehen sollte.

Doch dann lernte ich Mey kennen, und sie zeigte mir eine Lösung auf.

Ich traf Mey an einem heißen, bleiernen Augusttag. Somaly[1] hatte mir von einem Haus in den kambodschanischen Bergen erzählt, in dem sehr junge Mädchen untergebracht waren. Was ich bei meiner Ankunft beobachtete, werde ich nie vergessen. Um keine Unterschiede hervorzuheben, waren alle Mädchen gleich gekleidet: Alle trugen ein Hemd und eine Hose im blumigen Hawaii-Stil. Somaly setzte sich in die Mitte des Raumes. Schnell eilten die Mädchen herbei, um sie zu umarmen, – ihre *maman* war gekommen. In manchen Blicken lag eine tiefe Traurigkeit, die Augen waren leer, verloren in einer schmerzhaften, grausamen Vergangenheit. Die Kleinsten im Alter von fünf oder sechs Jahren schwirrten und tanzten um sie herum. Andere saßen still und regungslos in der Ecke. Mit sanfter Stimme begann Somaly, ihnen in der Khmer-Sprache eine Geschichte zu erzählen. Nach und nach kamen auch die zurückhaltenderen Mädchen näher und setzten sich in den Kreis. Ihr Ausdruck veränderte sich, ihre Gesichter wirkten nun weniger angespannt und kalt.

Während ich die Szene beobachtete, kam ein fröhliches Mädchen mit einem pfiffigen Gesicht auf mich zu. Ich stellte mich mithilfe meiner rudimentären Khmer-Kenntnisse vor, die immerhin ausreichten, um ein

---

1 Somaly Mam ist eine kambodschanische Aktivistin, mit der ich in Kambodscha zusammengearbeitet habe. In Kapitel 5 erzähle ich, wie ich sie kennengelernt habe.

einfaches Gespräch zu beginnen. Sie hieß Mey, war 13 Jahre alt und erst seit wenigen Monaten in dem Zentrum. Als sie meine sprachlichen Probleme bemerkte, lächelte sie mich belustigt an und sagte ein paar Worte auf Englisch. Es war klar, dass es einfacher war, in ihrem Englisch zu kommunizieren als in meinem Khmer. Nach einem kurzen Gespräch fragte ich sie, ob sie glücklich sei.

»Jetzt ja«, antwortete sie nachdrücklich. »Ich möchte Journalistin werden und Geschichten für Kinder schreiben, die ihre Mütter ihnen vorlesen sollen. In den Geschichten soll es darum gehen, dass die Eltern ihre Kinder sehr lieben, für sie sorgen und sie nicht als Prostituierte verkaufen.«

Mey hatte das Thema Prostitution ohne Angst oder Zögern angesprochen. Mir lief ein kalter Schauer den Rücken herunter. Nach einigen Sekunden der Stille nahm ich meinen Mut zusammen und fragte:

»Hat man dich denn verkauft?«

»Ja, meine Großmutter. Ich werde das nie verstehen.«

Schweigen … Dann hob sie den Blick und fuhr fort:

»Ich habe keine Eltern. Meine Erinnerungen beginnen bei meiner Großmutter, bei der ich aufgewachsen bin. Vor einem Jahr bin ich in das Haus eines ausländischen Großunternehmers gebracht worden. Dort waren schon viele andere Mädchen, manche haben gekocht, andere geputzt … Eines Tages rief er mich in sein Zimmer, zog mich aus und machte schreckliche Dinge mit mir, von denen ich überhaupt nicht wusste, dass es sie gibt. Ich habe nur geschrien, aber niemand konnte mich hören …«

Ich umarmte sie, um sie angesichts dieser Erinnerungen zu trösten, aber Mey zeigte keinerlei Schmerz. Sie schien sich aus großer Entfernung zu erinnern. Sie fuhr fort:

»Das Ganze hat sich mehrmals wiederholt, bis mir klar wurde, dass ich das nicht mehr ertragen konnte. Ich beschloss, wegzulaufen, kletterte eines Nachts über den Zaun und floh. Ich wusste nicht, wohin ich gehen sollte, es gab ja keinen Ort, an den ich hätte zurückkehren können. Dann fiel mir ein, dass ich vor einiger Zeit einen Herrn aus

Indien kennengelernt hatte, der Reis in unser Viertel brachte, als wir nichts zu essen hatten. Er war ein guter Mann. Ich ging zu dem Haus, in dem er lebte. Er war Missionar. Ich hatte vorher noch nie von Christen gehört. Er erzählte mir von seinem Gott und wie er an einem Kreuz gestorben war. Ich hatte Religionsunterricht in der Schule gehabt, aber seine Geschichte interessierte mich. Also fragte ich: ›Wie hat er das ertragen?‹ Der Missionar antwortete: ›Er hat ihnen vergeben.‹ Ich begann, morgens die kleine Kapelle in der Nähe aufzusuchen, und sprach mit dem Mann an seinem Holzkreuz. Ich bat ihn, er möge mir helfen zu verzeihen, um mich von Angst und Wut zu befreien. Eines Tages saß ich auf dem Boden und wurde mir bewusst, dass ich keinen Hass und keinen Zorn mehr verspürte. Ich hatte dem Ausländer vergeben. Seit diesem Tag hat sich mein Leben verändert.«

Bewegt begann ich, einen Ausweg aus all diesem Schmerz zu erkennen. Mey erzählte weiter:

»Der Missionar holte Informationen ein, um herauszufinden, wohin ich mich am besten wenden sollte. Schließlich entschieden wir uns für eine Anzeige bei der Polizei, und er brachte mich aufs Revier. Einige Tage später lernte ich Somaly kennen. Jetzt bin ich glücklich. Ich habe eine Mutter und viele Schwestern. Es ist entscheidend, einen so großen Schmerz durch Vergebung zu überwinden. Einen anderen Weg, um Frieden zu finden, gibt es nicht. Ich versuche das auch mit meinen Schwestern – den *sisters*, wie sie sich hier untereinander nennen. Ich liebe sie, ich höre ihnen zu … Ich bin wirklich ein Glückskind. Ja, ich bin sehr glücklich.«

Ich unterhielt mich lange und ausführlich mit Mey. Ich fand es beeindruckend, wie die Kraft der Vergebung ihre tiefen Wunden geheilt hatte. Im Laufe der folgenden Wochen versuchte ich, das »Modell der Vergebung« zu untersuchen, das sie mir aufgezeigt hatte.

Diese Geschichte hat mich nachhaltig geprägt. Ich forschte, las alles, was ich über die Kraft der Vergebung finden konnte, und stellte als Basis für den Prozess den Grundsatz »Verstehen heißt lindern« auf. Das bedeutet: Wenn Sie die Gründe verstehen, warum jemand Sie verletzt – seine Biografie, seine Wesensart, seinen Neid, seine inneren Konflikte … –, können Sie allein dadurch Ihr Leid lindern.

Mey, die wütend auf ihre Großmutter war, weil diese sie verkauft hatte, sagte mir:

»Sie war so verzweifelt, weil sie absolut nichts hatte, dass sie nach einer einfachen Lösung gesucht hat, wie meine Schwestern etwas zu essen bekommen konnten, das war nicht böse gemeint.«

Es gibt natürlich böse Menschen, doch die meisten, die Sie verletzen, haben ihre Gründe, auch wenn sie diese vielleicht nicht einmal selbst kennen. Suchen Sie danach, forschen Sie – Sie werden überrascht sein, welchen Trost Ihnen das bietet.

Leid kann wirklich schmerzhaft und aufwühlend sein – also gilt es zu kämpfen, um die Verletzung zu überwinden. Wer im Hass verhaftet und nicht in der Lage ist, erlittene Kränkungen oder Demütigungen hinter sich zu lassen, kann leicht nachtragend, verbittert oder neurotisch werden. Um das zu vermeiden, tut es dem Opfer schon aus ganz »egoistischen« Gründen gut zu verzeihen – selbst wenn sich für den Menschen, der das Trauma ausgelöst hat, keine Rechtfertigung finden lässt.

Dieselben Dramen und Traumata, welche die einen völlig niederschmettern, sind für andere eine Quelle der Kraft und Regeneration – weil sie sie liebesfähiger machen.

Aus all dem lässt sich ableiten, wie toxisch die ständige schädliche Wiederholung eines Gefühls oder Gedankens ist. Einer der Grundpfeiler aller Religionen und ethischen Systeme ist daher auch die Vergebung. Im Buddhismus etwa gibt es Meisterlektionen über die Notwendigkeit des Menschen zu verzeihen. Auch im Judentum ist das Konzept der Vergebung wesentlich und ähnelt stark dem der Christen. Um dieses Thema näher zu beleuchten, möchte ich eine beeindruckende Geschichte erzählen.

Und wenn man es einfach nicht verstehen kann, auch wenn man sich noch so viel Mühe gibt?

Der österreichische Jude und Architekt Simon Wiesenthal war während des Zweiten Weltkriegs in fünf Konzentrationslagern interniert und wurde von den Amerikanern 1945 aus Mauthausen befreit. Als er sich erholt hatte, nahm er bekanntermaßen seine unerbittliche weltweite Nazijagd in Angriff. Es gelang ihm, mehr als 1000 Nazis vor Gericht zu bringen. In seinem Buch *Die Sonnenblume: Über die Möglichkeiten und Grenzen von Vergebung*[2] erzählt er seine persönliche Geschichte unter dem Aspekt des großen Dilemmas der Vergebung.

Hier die das Buch – und sein Leben! – prägende Anekdote: Eines Tages bat ihn eine Krankenschwester im Konzentrationslager, ihr zu folgen. Er wurde in einen Raum gebracht, in dem Karl Seidl, ein 21-jähriger SS-Mann, im Sterben lag und ihm gegenüber eine besondere Bitte äußerte. Karl war tödlich verwundet worden und litt Höllenqualen. Er war fast komplett einbandagiert und konnte kaum sprechen, hatte aber dennoch die Krankenschwester gebeten, ihr einen Juden zu bringen, mit dem er sprechen wollte, bevor er starb. Die folgenden Stunden verbrachte Simon an der Seite des jungen Mannes, der ihm sein Leben erzählte. Es war ihm ein Bedürfnis zu erläutern, wer er war, über seine Kindheit zu berichten und zu erklären, wie es dazu gekommen war, dass er in der Jugendorganisation der SS Gräueltaten verübte. Während er Simons Hand hielt, erzählte er ihm, dass eine der schlimmsten Brutalitäten darin bestanden hatte, jüdische Familien erbarmungslos zu schlagen und anzugreifen, bis er sie in einem Haus in Dnipropetrowsk (in der heutigen Ukraine) verbrannte. Seidl berichtet weiter und betonte besonders die Aspekte, die ihm den größten Schmerz verursachten – wie zum Beispiel der Blick eines kleinen Kindes, auf das er schoss, während es aus einem Fenster zu springen versuchte. Während der Stunden, die er bei ihm blieb, sagte Simon selbst kein einziges Wort.

---

2 Ich empfehle die Lektüre zur weiteren Ergründung der Themen Leid und Vergebung in extrem schwierigen Situationen.

Karls letzte Worte waren:

»... ich liege hier mit meiner Schuld... In den letzten Stunden meines Lebens sind Sie bei mir. Ich weiß nicht, wer Sie sind, ich weiß nur, dass Sie Jude sind. Und das genügt. ... Ich weiß, was ich Ihnen erzählt habe, ist furchtbar. In den langen Nächten, in denen ich auf den Tod warten musste, hatte ich immer wieder das Bedürfnis, mit einem Juden darüber zu sprechen ... und ihn um Vergebung zu bitten. ... Ich weiß, was ich verlange, ist fast zu viel für Sie. Aber ohne Antwort kann ich nicht in Frieden sterben.«[3]

Simon hielt die Situation nicht länger aus und verließ den Raum. In seinem Buch vertieft er die Frage: »Hätte ich ihm vergeben müssen? War mein Schweigen am Bett dieses sterbenden, reumütigen Nazis richtig oder falsch? Das ist eine zutiefst moralische Frage und eine Herausforderung für das Gewissen. [...] Im Zentrum dieser Geschichte steht die Frage nach der Vergebung. Vergessen kann nur die Zeit uns bringen, aber Vergebung ist ein Willensakt, und nur der Leidende selbst kann die Entscheidung treffen.«

Die beschriebene Situation stellte Simon vor ein großes moralisches Dilemma im Hinblick auf Schuld, die Fähigkeit zu verzeihen und Reue. Im zweiten Teil des Buches befragte er 53 Denker, Intellektuelle, Politiker, religiöse Führer (Juden, Christen, Buddhisten) sowie Überlebende der Genozide in Bosnien, Kambodscha, Tibet und China, um zu erfahren, was sie an seiner Stelle getan hätten. 28 antworteten, dass sie nicht fähig wären zu vergeben, 16 meinten, es wäre möglich, neun hatten keine eindeutige Meinung. Unter denen, die sich für die Vergebung aussprachen, waren die meisten Christen und Buddhisten. Der Dalai Lama sprach sich auf der Grundlage des Dramas in Tibet für die Vergebung aus, allerdings ohne zu vergessen, damit sich ähnliche Gräueltaten nie wiederholen könnten.

3 Simon Wiesenthal: *Die Sonnenblume: Über die Möglichkeiten und Grenzen von Vergebung*, Europa Verlag, 1973

Wiesenthals Buch kommt bei diesem Thema zu keiner Lösung, denn schlussendlich handelt es sich um eine Gewissensfrage. Es ist zweifellos ein Klassiker zu den Themen Vergebung und Versöhnung, die aus verschiedenen sowohl religiösen als auch persönlichen Blickwinkeln beleuchtet werden.

Vergebung bedeutet nicht, dass man akzeptiert oder nachvollziehbar findet, was der andere getan hat. Manchmal ist das Verbrechen so fürchterlich und unmenschlich, dass das Verhalten des Betreffenden schlicht nicht zu verstehen ist, was ja Erleichterung brächte. Trotzdem ist auch in diesen Fällen die Vergebung notwendig, denn der damit verbundene Schmerz verdient es nicht, sich im Geist festzusetzen. Diese Verletzung, dieses Gift, dieses immer wieder neue Durchleben kann zu einer Verbitterung führen, die man nicht mehr loslassen kann. Vergeben dagegen lindert den Schmerz, verhindert das wiederholte Durchleben und öffnet dem Opfer auf diese Weise die Türen in die Zukunft, die ansonsten unweigerlich verschlossen wären. Dabei ist die Fähigkeit der Vergebung exklusiv dem Opfer vorbehalten und nicht von der Reue des Täters abhängig. Verzeihen befreit von Last und hilft weiterzumachen, auch wenn der Vorfall schrecklich ist und der Täter keine Reue zeigt. Meiner klinischen Erfahrung nach lohnt es sich immer zu vergeben. Vergebung ist ein sicherer Weg, um sich vom Schmerz zu befreien. Und dennoch ist Vergebung manchmal nicht möglich.

Vergebung heißt, zurück in die Vergangenheit zu gehen und wohlbehalten wiederzukommen.

Wenn wir nicht verzeihen, wenn wir nicht in der Lage sind, uns zu befreien, kann es sein, dass wir in Groll, Hass und Vergeltung verankert bleiben. Vergeltung bedeutet, dass ich dem anderen dieselbe Verletzung beibringen möchte, die er mir angetan hat: Ich will, dass er leidet und ihm etwas Negatives zustößt. Komme ich über meinen Groll nicht hinweg, bleibe ich verletzt und kann weder vergessen noch das Geschehene überwinden. Wenn das geschieht, sind wir nicht in der Lage, zurück zu Frieden und Gleichgewicht zu finden.

Doch wie gelingt es zu vergeben?

- Akzeptieren, was passiert ist. Die Wirklichkeit nicht leugnen.

- Versuchen, das Geschehene aus einer anderen Perspektive heraus zu verstehen. Manchmal sind wir die Hauptfiguren in einem Geschehen, das wir in keiner Weise beeinflussen können. Das Leben bringt Ungerechtigkeiten und Komplikationen mit sich, die sich unserer Kontrolle entziehen.

- Versuchen, das innere Bild der Szene loszuwerden – zum Beispiel durch Techniken wie EMDR (Eye Movement Desensibilization and Reprocessing). Darunter versteht man die Desensibilisierung und Verarbeitung durch Augenbewegungen – eine Methode, die 1987 von Francine Shapiro entwickelt wurde. Es handelt sich um einen psychotherapeutischen Ansatz, der genutzt wird, um Störungen durch posttraumatischen Stress zu verarbeiten. EMDR integriert Elemente unterschiedlicher psychologischer Herangehensweisen. Mithilfe von Augenbewegungen, Geräuschen und taktilen Reizen wird mit bilateraler Stimulation gearbeitet, durch die jeweils eine Gehirnhälfte angeregt wird. Dazu gibt es verschiedene wissenschaftliche Studien. EMDR eignet sich für Patienten mit ernsten Traumata (Todesfälle, Attentate, psychischer oder körperlicher Missbrauch) oder anderen schwerwiegenden Problemen, die den Betroffenen aus irgendeinem Grund blockieren. Ich habe diese Methode in Kambodscha mit großem Erfolg angewendet.

- Das Selbstwertgefühl heben. Menschen mit großer innerer Stärke haben auch die Fähigkeit zu vergeben, sie können Wut, Rachedurst und Selbstmitleid überwinden. Wer in der Lage ist, eine schlimme Erfahrung zu überwinden und zu vergeben, strahlt eine Selbstsicherheit aus, die auf ein gesundes Selbstwertgefühl zurückgeht.

- Optimistisch sein. Manchmal braucht es Zeit, doch allein das Wissen, dass man am Schmerz wachsen kann, und die Hoffnung, ihn zu überwinden, können Balsam für die Wunden sein.

- Sich nicht von Schuldgefühlen kleinkriegen lassen. Man sollte unbedingt vermeiden, in die Opferrolle abzurutschen! Manche Menschen schotten sich infolge eines schlimmen Ereignisses vollkommen ab und weigern sich, aus der Isolation herauszukommen. Der Rückgriff auf vergangene Ereignisse, um uns immer wieder selbst zu rechtfertigen, führt jedoch in eine Sackgasse und behindert uns auf unserem Lebensweg.

- Nach vorne schauen.

- Vergebung lernen wir am besten, wenn ein anderer uns schon einmal vergeben musste. Es ist eine wohltuende Übung, die jüngere Vergangenheit des eigenen Lebens nach Situationen zu durchforsten, in denen andere uns vergeben haben.

- Den anderen als des Mitgefühls würdig ansehen. Papst Johannes Paul II. sagte einmal: »Es gibt keine Gerechtigkeit ohne Vergebung, es gibt keine Vergebung ohne Barmherzigkeit.« Wir sollten versuchen, das Negative durch starke Gefühle wie Mitgefühl oder Barmherzigkeit zu ersetzen.

Was ist Mitgefühl?

Empathie bedeutet zu fühlen, was der andere fühlt, und sich in ihn hineinzuversetzen. Mitgefühl, also das »mit dem anderen Fühlen«, erhebt den oder die Mitfühlende. Sie versteht nicht nur den Schmerz des anderen, sondern verbindet sich auch mit dessen Leid und versucht, alle ihr zur Verfügung stehenden persönlichen Möglichkeiten einzusetzen, um ihm durch die Situation hindurch zu helfen.

Von ganzem Herzen empfundenes Mitgefühl hat eindrückliche Auswirkungen auf Geist und Körper und die Beziehung zu anderen. Es hilft, sich von Zorn und Hass zu befreien, und sorgt für Frieden und Ausgeglichenheit. Offensichtlich ist die Fähigkeit, sich in andere einzufühlen, bei jedem Menschen unterschiedlich ausgeprägt, doch man kann und sollte daran arbeiten – denn es hilft unseren persönlichen und professionellen Beziehungen.

Heutzutage haben viele Menschen Angst, den Schmerz anderer zu fühlen und sich fremdem Leid zu nähern, da es uns die Stimmung vermiesen könnte:

- Wir fühlen uns verletzlich. Die Emotionen anderer intensiv zu spüren, kann alte Wunden des eigenen Lebens wieder aufreißen.

- Wir können nicht helfen, fühlen uns dadurch frustriert und nutzlos.

- Es macht uns Angst, zu viel zu fühlen und Probleme zu nahe an uns heranzulassen. Das kommt gelegentlich während einer Therapie oder bei hochsensiblen Menschen vor; der Schmerz, von dem wir erfahren, ist so groß, dass er uns extrem aufgewühlt. Aus diesem Grund ist es sehr wichtig, sich gut zu kennen und zu wissen, bis zu welchem Punkt wir uns anderen »ausliefern« können.

Angst vor der Zukunft. Sorgen und Angststörungen

DER FALL JOHN

Der 35-jährige John arbeitete am 11. September 2001 in den Zwillingstürmen des World Trade Centers und befand sich im »zweiten Turm«. Er rannte die Treppen hinab, schaffte es, das Gebäude zu verlassen und war mehrere Stunden unter den Trümmern verschüttet. Als ihm bewusst wurde, dass er einen Terroranschlag überlebt hatte, suchte er in den Trümmern nach weiteren Überlebenden. Er spürte den Tod ganz nah, während er verzweifelt rufend zwischen den Leichen nach Spuren von Leben Ausschau hielt.

Mehrere seiner Kollegen starben an diesem Tag. Noch Monate später war er nicht in der Lage, sich im Dunkeln aufzuhalten, und hatte wiederkehrende Albträume, aus denen er schweißbedeckt und schreiend erwachte. Jahrelang konnte er kein Flugzeug besteigen. Es geschah leicht, dass sein Geist blockierte, und sein Körper verspannte sich schon bei leisen Geräuschen, Bildern des Ereignisses und Erinnerungen an jenen Tag. Erst mithilfe einer jahrelangen Therapie konnte John seine Beklemmungen, sein Trauma und seine schreckliche Angst überwinden.

Aber fangen wir am Anfang an: Angst begleitet uns von Geburt an. Das war schon immer so. Ohne Angst wären wir gänzlich unvernünftige und unvorsichtige Wesen. Die Art, wie wir mit dem Gefühl der Angst umgehen, prägt unsere Entwicklung. Ursprünglich ein Verteidigungsmechanismus, kann die Angst zu unserem größten Feind werden und unsere Wahrnehmung des Lebens massiv stören. Titus Livius schrieb dazu: »Die Angst ist stets bereit, die Dinge schlimmer zu sehen, als sie sind.«

Der Ängstliche nimmt seine Umgebung als etwas Feindliches wahr, das ihn beeinflusst und verletzlich gegenüber allem macht. Dabei sollten wir nicht vergessen, dass jede große Herausforderung auch eine Komponente der Unsicherheit in sich birgt – schließlich nimmt nichts Großes seinen Anfang, ohne dass ein wenig Angst im Spiel ist.

Es geht nicht darum, die Angst zu beseitigen, sondern zu wissen, dass sie existiert, und zu lernen, richtig mit ihr umzugehen.

Für unser inneres Gleichgewicht und unser Überleben ist Angst ein entscheidendes Gefühl. Vor manchen Dingen *muss* man Angst haben, damit man sich nicht Hals über Kopf in jedes beliebige Abenteuer stürzt. Jeder Mensch hat Ängste – auch die Mutigsten und Erfolgreichsten. Der Unterschied besteht darin, dass »Sieger« mit ihren Ängsten umgehen können.

Wenn sich die Angst dagegen verfestigt, hat sie äußerst schädliche Auswirkungen auf den Organismus. Wer eine Angst- oder Panikattacke erleidet, erlebt Furchtbares. Auch wenn man genau weiß, dass man nicht an einem Herzinfarkt sterben wird, kann der Geist das in solchen Momenten nicht klar unterscheiden. Charakteristisch für solche Beklemmungszustände ist eine vage, diffuse Angst, manchmal ohne eindeutigen Ursprung, die sich zu tiefgreifender Furcht und einer emotionalen Blockade entwickelt.

Mut ist nicht das Fehlen von Angst, sondern die Fähigkeit, sich trotzdem weiterzuentwickeln und voranzukommen.

Der Umgang mit Emotionen ist für unser persönliches Gleichgewicht von grundlegender Bedeutung. Angst kann so intensiv werden, dass sie in einem regelrechten »Putsch« die Kontrolle über den Geist übernimmt und zunehmend das Verhalten bestimmt. Der oder die Betroffene ist dann extrem verletzlich, jeder noch so kleine Reiz kann eine unverhältnismäßige Reaktion auslösen, die den Organismus chemisch und physiologisch verändert. In diesem Ökosystem entstehen dann Beklemmungen und eine krankhafte Angst, die alles blockiert und ein normales Leben verhindert.

Wie reagiert das Gehirn auf Angst? Was genau passiert bei Beklemmungen?

Das Zentrum der Angst sitzt in der Amygdala (dem Mandelkern), einem physiologisch gesehen kleinen Bereich, der für unser Leben und Verhalten jedoch eine entscheidende Bedeutung hat. Jüngsten Studien zufolge ist er bei Schwangeren vom Ende der Schwangerschaft an aktiv. Die Amygdala hat eine ausgeprägte Fähigkeit, emotionale Erinnerungen zu speichern, und reagiert in Abhängigkeit von den auftretenden Gefühlen. Sie verarbeitet auf Emotionen bezogene Informationen und warnt Gehirn und Organismus vor Gefahr beziehungsweise teilt ihnen mit, wenn etwas nicht stimmt, wodurch eine Angstreaktion ausgelöst wird. Der Hippocampus – wichtig für das Gedächtnis und das Lernen – verschlüsselt wiederum bedrohliche oder traumatisierende Ereignisse in Erinnerungen.

EIN ECHTER FALL AUS MEINEM LEBEN

Vor der Beschäftigung mit der Psychologie habe ich Medizin studiert. In der Prüfungsphase fanden sich viele von uns häufig abends in der Bibliothek der »Universidad Autónoma« in Madrid ein, da sie nachts nicht abgeschlossen wurde und man dort gut lernen konnte. Am 13. Juni hatte ich eine Prüfung in Medizinischer Physik. Ich erinnere mich noch so genau an das Datum, weil ich nachmittags meinen Namenstag feiern wollte.

Ich hatte mich am Vorabend mit zwei Freunden, die Ingenieurwesen studierten, in der Bibliothek verabredet, damit sie mir ein paar Begriffe erklärten, die ich nicht so gut verstanden hatte. Um etwa Viertel vor eins in der Nacht verließ ich die Bibliothek und fuhr mit dem Auto zurück ins Zentrum von Madrid.

Ich war nicht besonders schnell auf einer gut beleuchteten, zweispurigen Straße unterwegs. Plötzlich nahm ich in einer Kurve ein Auto wahr, das in der Gegenrichtung direkt auf mich zukam. Die Scheinwerfer des Wagens, die nur noch wenige Meter entfernt waren, haben sich mir ins Gedächtnis eingebrannt. Ich riss das Lenkrad herum und konnte dem Fahrzeug gerade noch ausweichen. Mein Herz raste, und ich zitterte am ganzen Körper. Kurz danach hielt ich auf dem Standstreifen an und brach in Tränen aus. Da hörte ich auf einmal einen schrecklichen Knall. Ich blickte zurück, konnte aber nichts sehen.

Voller Angst kam ich nach Hause und weckte meine Eltern. Ich konnte nicht aufhören zu weinen und dankte Gott dafür, dass ich noch lebte, war aber nicht in der Lage, mich zu entspannen. In der Hoffnung, das Gefühl der Panik loszuwerden, schaltete ich das Radio ein. Nach einigen Minuten hörte ich: »Unfall auf der Schnellstraße Colmenar. Ein Geisterfahrer ist mit zwei Autos zusammengestoßen. Es gibt vier Tote.« Diese Nacht hat mich nachhaltig geprägt.

Ich schlief keine Minute. Die Prüfung am nächsten Morgen war ein echtes Desaster. Am Nachmittag besuchte ich Freunde und Verwandte. Ich war fassungslos. Selbst Monate später litt ich noch unter Herzrasen, Zittern und Beklemmungen, wenn ich ein Auto bremsen oder mit aufheulendem Motor losfahren hörte. Es dauerte Monate, bis ich diese Symptome überwunden hatte. In all diesen Wochen nahm ich bewusst immer denselben Weg wie in jener Nacht: Ich wollte auf keinen Fall, dass ich eine Blockade entwickelte, mich nicht mehr in ein Auto setzen könnte oder bestimmte Straßen mied. Heute habe ich dieses Ereignis vollständig überwunden. Es hat mir sehr geholfen, durch Angst oder Beklemmungen ausgelöste Blockaden zu verstehen.

Ein weiteres Beispiel, um diesen Kreislauf zu verdeutlichen.

DER FALL BLANCA

Eines Nachts ging Blanca in eine Tiefgarage, um ihr Auto zu holen. Normalerweise fuhr sie mit dem Bus, doch an diesem Tag hatte sie vor der Arbeit verschiedene Besorgungen gemacht und den Wagen in einem nahegelegenen Parkhaus abgestellt. Als sie ankam, stellte sie fest, dass die Tiefgarage nur schlecht beleuchtet, menschenleer und von keinem Sicherheitsdienst bewacht war. Blanca war sehr müde, da sie einen anstrengenden, konfliktreichen Tag hinter sich hatte, sie fühlte sich erschöpft und kraftlos.

Sie eilte zum Kassenautomaten, um zu zahlen, als sie ein Geräusch hörte. Ein »zwielichtig aussehender« Typ kam auf sie zu. Da fiel ihr eine Szene ein, die sich Jahre zuvor ereignet hatte, als sie in Brasilien gearbeitet hatte und nachts ausgeraubt worden war. Ihr Herz klopfte laut, sie begann zu schwitzen, und es gelang ihr nicht, einen klaren Gedanken zu fassen. Sie wünschte sich nur noch, schon im Auto zu sitzen. Es war sonst niemand in der Nähe, und die Angst kroch ihr in die Glieder.

Was war in Blancas Gehirn passiert? Die Amygdala hatte sie in Alarmbereitschaft versetzt, weil eine Tiefgarage nachts – in ihrer Erinnerung – ein riskanter Ort war und der sich nähernde Mann ihr gefährlich vorkam. In ihrem Gedächtnis (im Hippocampus) sind negative Erfahrungen aus Brasilien gespeichert. Zu diesen »gesammelten« Ideen fügt sie weitere hinzu: »Hier werde ich nicht mehr parken«, »Nächstes Mal lasse ich das Auto über Nacht stehen« oder »Wenn ich mein Auto noch einmal holen muss, komme ich in Begleitung«. Erinnerungen, Beklemmungen, körperliche Aktivierung – Hippocampus und Amygdala sind bei der Verarbeitung von Erinnerungen und Angst-Ereignissen von entscheidender Bedeutung.

Die meisten Umstände, die in unserem Geist Angst auslösen, sind erlernt und werden genau so, wie wir sie erleben, aufgenommen – entweder direkt oder durch andere. Das Gehirn hat sie also als »angsteinflößend« abgespeichert. Nehmen wir dann etwas Ähnliches wie das vergangene Ereignis wahr, wird das gesamte Alarmsystem aktiviert. Solche angsteinflößenden Situationen können sowohl auf traumatische Geschehnisse zurückgehen als auch auf Ereignisse, die nicht verarbeitet sind oder denen man sich nicht richtig gestellt hat.

Ist das Alarmsystem hyperaktiv, stuft das Gehirn die gesamte Wirklichkeit als bedrohlich ein. Dann haben wir es entweder mit einer generalisierten Angststörung zu tun, die einen umfassenden Ansatz erfordert, aber im Allgemeinen eine gute Prognose hat, oder mit einer posttraumatischen Belastungsstörung. Eine solche Störung tritt auf, wenn ein schreckliches Ereignis prägende Spuren oder Auswirkungen hinterlassen hat. Einfachste Reize erinnern den Körper dann an den Tag des Traumas, lassen ihn die Szene noch einmal erleben und unverhältnismäßig stark reagieren.

Emotional aufgeladene Erinnerungen

Manche Ereignisse oder Erinnerungen sind in besonderem Maße emotional aufgeladen. Durchlebt man diese erneut, werden die neuronalen Verbindungen so stark aktiviert, dass der gesamte Organismus betroffen ist: Zittern, Herzrasen, Schwitzen, erhöhte Atemfrequenz … Und dadurch wiederum steigen auch der Cortisol- und der Adrenalinspiegel an.

Ist bei einem Menschen die Amygdala beeinträchtigt oder geschädigt, hat das ernste Auswirkungen auf die Wahrnehmung von Risiken oder Gefahrensituationen.

DER FALL GUILLERMO

Guillermo ist seit drei Jahren mit Laura verheiratet. Sie haben sich auf einem Medizinerkongress in Atlanta kennengelernt. Er arbeitet in einem Labor, sie ist Kardiologin. Tagungen besuchte sie fast immer zusammen mit ihrem damaligen Partner – einem Arzt, der in demselben Krankenhaus arbeitet –, doch zu diesem Termin hatte er sie nicht begleiten können.

Guillermo hatte schon ein paarmal beruflich mit Laura zu tun gehabt. Er fand sie attraktiv und verbrachte gern Zeit mit ihr. Ihm war bewusst, dass sie einen Partner hatte (den er aus beruflichen Gründen sogar schon einmal aufgesucht hatte), also hielt er sich zurück. Während des Kongresses nahm er bei Laura jedoch eine Veränderung wahr: Sie war liebenswürdiger, zugänglicher und versuchte, mehr Zeit mit ihm zu verbringen. Guillermo wurde nervös und wusste nicht, wie er sich verhalten sollte. Eines Nachts, nachdem sie im Anschluss an das Abendessen ein paar Gläser zusammen getrunken hatten, landeten die beiden zusammen in ihrem Zimmer.

Guillermo war verwirrt und wollte wissen, was Laura fühlte, was mit ihrem Partner geschehen sollte … Zu viele Fragen. Er war leidenschaftlich, ungeduldig und musste sein emotionales Dilemma lösen. Laura erklärte ihm, dass die Beziehung zu ihrem Partner nicht mehr funktioniere und sie sie nach ihrer Rückkehr beenden werde. So geschah es dann auch. Wenige Monate später machten Guillermo und Laura ihre Beziehung öffentlich. Da er jedoch sehr eifersüchtig war, ertrug er es nicht, dass sie allein zu Kongressen fuhr. Schon wenn jemand nur auf sie zuging oder sie zu einem Geschäftsessen einladen wollte, reagierte er explosiv und unverhältnismäßig. Dieses Verhalten ließ sich nur schwer kontrollieren. Seine Entschuldigung dafür war immer:

»Mit mir ist es ja auch passiert, es könnte also bei jemand anderem genauso wieder passieren …«

Guillermo litt unter einer »Amygdala-Entführung«.

Die von Daniel Goleman in seinem Buch über emotionale Intelligenz beschriebene »Amygdala-Entführung« *(amygdala hijack)* bezieht sich auf abrupt auftretende, übertriebene emotionale Reaktionen.

Infolge eines Reizes kommt es zu einer exzessiven, explosiven Reaktion des Körpers. Dabei handelt es sich um keine psychische Störung, sondern um eine Blockade, die durch einen emotional extrem aufgeladenen Vorfall in der Vergangenheit ausgelöst wird.

Dieser vergangene Vorfall wird durch ein aktuelles Ereignis indirekt wiederbelebt und erneut durchlebt, sodass der Betroffene nicht mehr in der Lage ist, Entscheidungen zu treffen oder klar zu denken. Ein Mensch, der auf diese Weise reagiert, wird komplett von seinen Emotionen gesteuert.

Jeder kennt – meist besonders temperamentvolle – Menschen, die das durchgemacht haben. Ein kleiner Auslöser kann sich wie ein Frontalzusammenstoß auswirken. Dann heißt es, dass sie »die Kontrolle verlieren«, »ausrasten« oder »Hitzköpfe« sind … Die Lösung? Man muss lernen, mit seinen Emotionen umzugehen, und daran arbeiten, den Ursprung solcher plötzlichen Reaktionen zu verstehen.

Man könnte den Ablauf einer »Amygdala-Entführung« wie folgt schematisch zusammenfassen:

Reiz → unvermittelte, heftige und unverhältnismäßige Reaktion → Versagen im Umgang mit der Realität → durch die Emotion ausgelöste Lähmung, Blockade oder Aggressivität bzw. Blindheit → Reue oder Vergebung (im besten Fall).

Wie stellt man sich einer »Amygdala-Entführung«?

Wir haben nun gesehen, wie die Reaktionskette abläuft. Suchen wir also nach einer Lösung. Stellen wir uns vor, wir seien »Elektrotechniker des Geistes«: Am praktischsten wäre es, einen »Kurzschluss« zu erzeugen. Und das geht folgendermaßen:

1. Analyse

Welcher Reiz fungiert für Sie als Auslöser? Eine gute Selbstkenntnis ist in solchen Fällen besonders wichtig. Nähern Sie sich dem Thema nach und nach an, und haben Sie keine Angst. Ist es eine bestimmte Person, ein Gesichtsausdruck, eine Situation, die Wahrnehmung von etwas Bedrohlichem ...? Auch der Anblick von Blut, das Gespräch über ein konfliktgeladenes Thema, ein plötzlich auftauchender Gedanke, das Verhalten eines Menschen in Ihrer Umgebung oder dass etwas, worauf Sie sich gefreut haben, nicht stattfindet, können Auslöser sein ... Welchen Ursprung Ihre Reaktion auch immer hat: Sie müssen ihn kennen.

2. Was passiert im Körper?

Eine »Amygdala-Entführung« geht immer mit körperlichen Symptomen einher. Versuchen Sie, sich darauf zu konzentrieren, wie es Ihrem Körper direkt davor geht (also wie Sie sich in den Momenten vor der emotionalen Explosion körperlich fühlen) und welche körperlichen Signale Sie währenddessen wahrnehmen (Herzklopfen, Bluthochdruck, Temperaturanstieg ...).

3. Konzentration auf jemanden, den man bewundert

Wie reagiert diese Person in ähnlichen Situationen? Wie verhält sie sich im schlimmsten Fall angesichts von Frust oder Ärger? Ein Vorbild zu haben, an dem man sich in schwierigen Momenten orientieren kann, ist eine große Hilfe.

4. Die explosive Reaktionskette kurzschließen!

Das ist allerdings kompliziert. Manchmal liegen unseren Reaktionen sehr komplexe Systeme zugrunde, die uns daran hindern, die Kontrolle zu übernehmen. Sich dessen bewusst zu sein, ist schon ein Fortschritt.

Wenn es Ihnen gelingt, das bevorstehende Reaktionsmuster wahrzunehmen und für einen Moment zu stoppen, und wenn es nur für ein paar Sekunden ist, sind Sie auf der sicheren Seite. Versuchen Sie, in diesem Moment tief durchzuatmen und eine positive Botschaft an Ihren Verstand zu senden – ein »Du schaffst das!« oder ein »Komm schon!«. Der Verstand benötigt etwa ein bis zwei Minuten, um einen emotional toxischen Zustand aufzulösen: Jeder Sieg, und sollte er auch noch so klein sein, bringt Sie Ihrem Ziel also näher.

5. Um Entschuldigung bitten

In Momenten des Kontrollverlusts reagiert man schlecht und sagt Dinge, die man nicht wirklich denkt. Den meisten Menschen tun ihre Reaktionen und Kommentare nach solchen Vorfällen leid. Bringen Sie die nötige Demut auf, um sich zu entschuldigen, und versuchen Sie, den möglichen Schaden wiedergutzumachen. Verzeihen Sie sich auch selbst, um nicht in Schuldgefühlen steckenzubleiben – vielleicht empfinden Sie Ihre Reaktion ja als weitere Niederlage. Überwinden Sie die Sache. Nehmen Sie sich vor, es beim nächsten Mal zu schaffen, und suchen Sie sich Hilfsmittel dafür.

DER FALL GUSTAVO

Gustavo kommt zu mir in die Praxis, weil er zwei Tage zuvor auf dem Rückflug von einem Treffen in London direkt nach Betreten des Flugzeugs ein Druckgefühl in der Brust und Atemnot wahrnahm sowie das Gefühl, die Kontrolle über sich zu verlieren. Er versuchte, im Flugzeug Entspannungsübungen zu machen, während eine Stewardess ihm einen Lindenblütentee anbot und versuchte, ihn zu beruhigen.

An Bord zu bleiben, kam ihm unerträglich vor, und er verspürte den unbedingten Drang, um jeden Preis das Flugzeug zu verlassen. Trotz allem hielt er unter Qualen den zweistündigen Flug aus. Nach der Landung war ihm schwindelig, und er fühlte sich benommen. Gustavo suchte den Notdienst auf und erhielt die Erklärung, dass er eine Panikattacke erlitten habe, einen Psychiater aufsuchen und Medikamente nehmen solle.

In meiner Praxis erzählt er mir, dass er sich nicht erklären könne, was mit ihm geschehen war. Zwar steht er unter Stress, doch was ihm dort im Flugzeug passiert ist, hat er noch nie zuvor erlebt. Er beschreibt den Vorfall als den schlimmsten Moment seines Lebens. Seit einem Jahr ist er fast täglich auf Geschäftsreise. Zwischen Reisen und Terminen hat er kaum Zeit für seine Freundin. Aufgrund des Jetlags schläft er wenig, sodass er von Tag zu Tag nervöser und reizbarer wird. Gustavo fokussiert sich auf das Ereignis im Flugzeug und will nicht, dass ihm so etwas noch einmal passiert. Ich erkläre ihm, dass er zu großem Stress ausgesetzt ist und dass der permanente Alarmzustand zu einer Veränderung seines Überlebenssystems geführt hat. Sein Cortisolspiegel ist angestiegen, damit er die fordernden Situationen seines Arbeitsalltags besser bewältigen kann.

Gustavo spricht von ständiger Unruhe und ersten Gedächtnislücken. Gelegentlich nimmt er wahr, dass ihm die Finger oder Hände einschlafen, dass er Herzrasen oder Atemnot hat. Ich erläutere, dass er eine Krise durchlebt, im Flugzeug eine Panikattacke hatte und dass sich sein Gehirn in einem verwundbaren Zustand befindet. Aus diesem Grund könnte es sein, dass er einen weiteren Anfall erleidet, wenn er weitermacht wie bisher. Ich betone, dass er lernen muss, seinen hektischen Aktionismus herunterzufahren. Ein erster Schritt in dieser Hinsicht wäre es, die erholsame Wirkung des Schlafs zu nutzen. Es muss ihm gelingen, seine ungezügelte Hirnaktivität auszuschalten, da er sich in einem Teufelskreis befindet, der jederzeit wieder zu Ausfallerscheinungen führen kann.

Außerdem gebe ich ihm Regeln an die Hand, mit deren Hilfe er einen Anfall im Flugzeug verhindern kann. Bevor er an Bord geht, soll er versuchen, sich mithilfe von positiven kognitiven Botschaften und Atemtechniken zu entspannen. Darüber hinaus sollte er für den Notfall ein Medikament bei sich haben, das quasi sofort wirkt – für den Fall, dass er erneut eine Panikattacke erleidet.

Bei vielen Menschen reicht schon die Gewissheit, ein Medikament in der Tasche zu haben. Allein durch dieses Wissen gelingt es ihnen, den Panikanfall zu überwinden, ohne es einnehmen zu müssen; sie zögern die Einnahme in der Überzeugung hinaus, dass das Medikament ihnen zur Not hilft – was dazu führt, dass sie es schaffen, solche Attacken ohne pharmazeutische Hilfe in den Griff zu bekommen. Außerdem schreibe ich Gustavo ein weiteres Medikament auf, damit sich die in seinem Gehirn angesammelte Spannung nach und nach auflösen kann.

In der Psychotherapie arbeiten wir tiefergehend am Ursprung seiner Ängste: Er ist ständig in Alarmbereitschaft und hat keine Zeit, sich zu entspannen. Gustavo gesteht sich keine Fehler zu, gönnt sich keine Ruhe und ernährt sich schlecht, sodass sein Gehirn kollabiert und ihn mit einer Panikattacke ausbremst. Manchmal bezeichne ich einen Panikanfall als »Fieber des Geistes«. So wie körperliches Fieber ein Hinweis darauf ist, dass etwas im Körper nicht richtig funktioniert, ist eine Angst- oder Panikattacke ein Anzeichen, dass etwas im Kopf nicht rund läuft und schlussendlich zu einem Kollaps führt. In der Therapie bringe ich Gustavo bei, wie er sich entspannt, die Dinge mit mehr Ruhe angeht, kürzertritt, seinem Chef klarmacht, dass er bei seinen Aufgaben Unterstützung benötigt, und wie er einen Teil seiner Verantwortlichkeiten delegiert. Bei alledem geht es darum, die übermäßige Arbeitsbelastung zu reduzieren.

Wer sich permanent im Alarmzustand befindet, erzeugt ein negativeres Bild der Realität. Er reagiert auf das, was in seinem Inneren geschieht, als handele es sich um eine echte Bedrohung. Und das Gehirn reagiert entsprechend wie auf eine reale Gefahr.

Nach und nach beginnt Gustavo, sich besser zu fühlen. Zunächst besteht die Flugangst weiter, aber wir konzentrieren uns nicht darauf, denn sie steht nicht im Mittelpunkt: Dieses Ziel wird auf die Zeit verschoben, in der sein Gesamtzustand sich wesentlich verbessert hat. Mit der Zeit beginnt er, wieder ein- bis anderthalbstündige Kurzstreckenflüge zu unternehmen, auf die er sich mit positiven kognitiven Botschaften vorbereitet; außerdem hat er das Notfallmedikament bei sich und beherrscht Entspannungsübungen sowie Techniken, um seinen Atem zu kontrollieren. Mit diesen Hilfsmitteln und der Sicherheit, die ihm das Notfallmedikament gibt, das er innerhalb eines Jahres nur zweimal nehmen musste, fühlt Gustavo sich deutlich besser. Inzwischen hat er keine größeren Probleme mehr, wenn er in ein Flugzeug steigt, und sein Körper kommt allmählich wieder zur Ruhe.

Die Kontrolle der Atmung[4] – mit geschlossenen Augen wird die Aufmerksamkeit auf jede einzelne Wahrnehmung des Körpers gelenkt – ist eine der wirkungsvollsten Methoden, um das parasympathische Nervensystem anzuregen. Wie bereits erläutert, reguliert dieses das innere Gleichgewicht (Homöostase), aktiviert die Organe, die den Körper im Ruhezustand am Laufen halten – Speicheldrüsen, Magen, Bauchspeicheldrüse und Blase –, und blockiert jene, die den Organismus auf Notsituationen oder Anspannung vorbereiten – Iris, Herz und Lunge. Gelingt es, die Aufmerksamkeit auf die Atmung zu fokussieren, in der Gegenwart, im Hier und Jetzt zu bleiben, jeden Gedanken, der in die Vergangenheit führt, beiseitezuschieben und die Konzentration auf die Zukunft zu lenken, gelingt es nach und nach, sich mit jedem Atemzug zu entspannen und Gelassenheit und verlorenes Vertrauen zurückzugewinnen.

Einige einfache Ansätze, um sich seinen Ängsten und Sorgen zu stellen:

- Lernen Sie, sie anzunehmen. Machen Sie sich Ihre Sorgen und Ängste bewusst. Verstecken und leugnen Sie sie nicht. Jedes unterdrückte Gefühl kommt durch die Hintertür zurück und kann der Auslöser für Verletzungen, körperliches und psychisches Leid sein.

4 Dabei beobachtet man achtsam die bedächtigen und gleichmäßigen Bewegungen des Ein- und Ausatmens, das Heben und Senken von Bauch und Brustkorb und wie die Luft durch die Nase ein- und ausströmt. Kapitel 6 widmet sich diesem Thema ausführlicher.

- Angst überwindet man, indem man sie fühlt und einen Schritt nach vorne macht. Angst wird durch Veränderung besiegt.

- Haben Sie keine Angst davor, zum Ursprung zurückzukehren, um die Anfänge und Ursachen Ihrer Unsicherheiten unter die Lupe zu nehmen. Nehmen Sie sich dabei aber vor »unmöglichen Therapien« in Acht, die im Endeffekt mehr schaden als helfen.

- Versuchen Sie, Ihre Ängste zu verstehen, dann können Sie sich ihnen besser stellen und sie überwinden. Was wir verstehen, das können wir auch bekämpfen, und die Angst nimmt ab.

- Angst wird es immer geben. Lernen Sie, optimistisch zu sein und den Ausgang aus dem Gedankenkarussell zu finden, das Sie blockiert. Vergessen Sie nicht, dass Angst ein großer Lügner ist und die Wirklichkeit verschleiert, sodass sie immer schlimmer aussieht, als sie eigentlich ist.

- Vertrauen Sie sich selbst. Wie man sich selbst sieht, hat einen Einfluss darauf, wie das Gehirn funktioniert. Selbstvertrauen und die Begeisterung, selbst gesteckte Ziele zu erreichen, aktivieren die Kreativität sowie die Fähigkeit, Probleme zu lösen und das Leben mit mehr Freude wahrzunehmen.

- Arbeiten Sie an Ihrer Aufmerksamkeit. Kapitel 5 widmet sich diesem Thema mithilfe des »aufsteigenden retikulären Aktivierungssystems« (ARAS) ausführlicher. Ängste und Sorgen werden chronisch, wenn man seine Aufmerksamkeit nicht richtig fokussieren kann.

- Erziehen Sie Ihre innere Stimme. Sie sollte Ihnen Mut geben, statt Sie runterzuziehen oder negativ zu beeinflussen! Meiden Sie toxische Gedanken, die erneut zu einer Panikattacke führen oder Ängste vergrößern könnten.

- Achten Sie auf Ihre Ernährung. Unterzuckerung kann zu tiefgreifenden Veränderungen führen und Angst auslösen. Verzichten Sie auf Koffein und Alkohol.

- Ruhen Sie sich aus. Schlafmangel macht uns anfälliger für Ängste und lässt uns die Realität bedrohlicher wahrnehmen, als sie ist.

Wir werden, was wir denken.[5] Angst lässt sich nicht vermeiden, das dadurch hervorgerufene Leid aber schon. Ängste wird man los, indem man lernt, das Leben zu genießen, mit Freude in die Zukunft zu schauen und ausgeglichen und mitfühlend in der Gegenwart zu leben.

---

5 Und was wir lieben. Doch in diesem Kapitel geht es um die Gedanken.

5. IN DER GEGENWART LEBEN

Glück ist nicht, was uns tatsächlich passiert, sondern unsere Interpretation dessen, was passiert. Es geht um die Art und Weise, wie wir die Realität aufnehmen. Diese Aufnahme der Realität steuern zu können, ist entscheidend für unser Glück. Deshalb geht es in diesem Kapitel um die Fähigkeit, eine Entscheidung zu treffen, sich zwischen Glück und Unglück zu entscheiden. Von Anfang an haben wir uns in diesem Buch mit dem Schmerz, dem Leid, Traumata und tiefen Verletzungen beschäftigt. Wir werden die reale Welt nicht ausblenden – es wird später auch um Toleranz und Frustration gehen –, sondern lernen, im Rahmen des Möglichen zu genießen … trotz aller Widrigkeiten.

Unsere Realität hängt davon ab, wie wir uns entscheiden, sie wahrzunehmen.

Ich verstehe, wenn diese Botschaft Sie überrascht und Ihnen Einwände und Blockaden in den Sinn kommen wie: »Ich habe ja schon alles versucht«, »Mein Leben ist wirklich hart«, »Das hängt von den Umständen ab«, »Ich hatte eine schreckliche Kindheit« oder »Das ist leichter gesagt als getan«. Wenn Sie sich aber weigern, sich an den guten Dingen in Ihrem Leben zu orientieren – wie wenig es auch sein mag –, dann geben Sie sich im wichtigsten Kampf Ihres Lebens geschlagen.

Glück ist nicht die Summe aller Freuden, Vergnügungen und positiven Gefühle. Glück ist viel mehr als das. Glück hängt auch davon ab, ob es gelungen ist, Verletzungen und Schwierigkeiten zu überwinden und sich weiterzuentwickeln. Glück bedeutet, kontinuierlich eine gewisse Freude am Leben zu haben, trotz Schmerzen und Leid – die in größerem oder kleinerem Maße ja unvermeidbar sind.

Wenn wir das Leid permanent ausblenden oder blockieren, verliert unser Geist die Fähigkeit, sich damit auseinanderzusetzen und es zu überwinden. Das bedeutet nicht, dass wir mitten in den »giftigen Schlamm« eintauchen und versuchen sollen, uns jeder einzelnen Schlacht zu stellen, die sich dort ergeben könnte, sondern zu lernen, auch mit den schlechten Momenten umzugehen. Ich kenne viele Menschen, die gar nicht wissen, wie sie sich mit Konflikten oder negativen Gefühlen auseinandersetzen können, und die daher unbewusst und automatisch alles Negative von sich schieben. Das aber birgt ein Risiko, denn durch das permanente Vermeiden des Negativen blendet man einen Teil des Lebens aus und schottet sich häufig auch vom Leid der Menschen in seinem Umfeld ab. Erinnern Sie sich: Im vorangegangenen Kapitel ging es um die Bedeutung des Mitgefühls und der gesunden Kontaktaufnahme mit dem Leid anderer, um ihnen bei ihrer Weiterentwicklung zu helfen.

Nicht wenige Menschen machen den Fehler, übermäßiges Glück oder einen utopischen Zustand der Freude und des dauerhaften Vergnügens anzustreben. Das aber führt zu Frustration und permanenter Unzufriedenheit. Ist Glück denn wirklich das große Ziel des Menschen? So scheint es, doch vergessen wir nicht, dass Glück zwei Ausprägungen hat: Da gibt es einmal das momentane, genussvolle Glück – eine Speise, ein Treffen mit Freunden, eine Reise … Und einmal das strukturelle Glück, das auf den Grundpfeilern des Lebens beruht – Familie, Partnerschaft, Arbeit, Kultur, Freunde … Das Vergnügen als Glück des Augenblicks hat etwas Flüchtiges, während das strukturelle Glück mit einem ausgeglichenen Leben zu tun hat.

Ich möchte Ihnen ein paar Ideen durch praktische Beispiele vermitteln. Wahrscheinlich haben Sie über einige schon gelesen oder sogar selbst Erfahrungen damit gemacht.

Ich habe die gesammelte Bildung, die mir mein Vater hat zukommen lassen, – immerhin habe ich über 30 Jahre an seiner Seite gelernt! – mit der Lektüre zahlreicher Bücher[1], Artikel, Studien und insbesondere der Beobachtung des Innenlebens vieler Menschen kombiniert, die ich in den schlimmsten Momenten ihres Lebens und während der Überwindung ihrer Schwierigkeiten begleitet habe. Möge das, was Sie über dieses Thema lesen, nützlich für Sie sein oder Ihnen dabei helfen, die Menschen in Ihrer Umgebung zu unterstützen.

Die Realität Ihres Lebens hängt davon ab, wie Sie auf bestimmte Umstände reagieren – also von Ihrem Verhalten angesichts äußerer Reize. Hier folgt eine weitere wichtige Idee.

Jeder Emotion geht ein Gedanke voraus.

Der Verstand ist dafür verantwortlich, Emotionen hervorzubringen. Das Gefühl ist die körperliche Reaktion auf diese Emotion. Ohne Gehirn gibt es keine Emotion. Durch Verletzungen des Gehirns, Schlaganfälle oder Missbildungen können Bereiche des Gehirns derart in Mitleidenschaft gezogen werden, dass das zu einem »Nicht-Fühlen« führt. Ein Mensch kann beispielsweise das Gefühl in den Gliedmaßen verlieren – und sich verbrennen, weil er nicht reagiert! –, falls der entsprechende Bereich des Gehirns deaktiviert oder verletzt ist.

Seit Jahren erforscht man bei Menschen, die infolge eines Schlaganfalls nicht mehr sprechen können, welche Bereiche im Gehirn mit dieser Funktion verbunden sind. Das war der Ausgangspunkt der Hirnkartierung. Heute verfügen wir über Hilfsmittel, um in Echtzeit herauszufinden, wie das Gehirn funktioniert, sodass wir direkt beobachten können, wie bestimmte Gebiete reagieren oder sich verändern, wenn eine bestimmte Aktivität ausgeführt oder ein Reiz wahrgenommen wird.

1 Viele davon finden Sie in der Bibliografie am Ende dieses Buchs.

Eine dieser Techniken ist die funktionelle Magnetresonanztomographie. Sie wird sowohl bei klinischen Behandlungen als auch in der Forschung eingesetzt und ermöglicht es, unter verschiedenen Bedingungen Veränderungen in der Verteilung des Blutflusses festzustellen. Auf dieser Grundlage können wir Gehirn und Nervensystem deutlich eingehender und umfassender erforschen, ohne invasivere Methoden anwenden zu müssen (wie die »Öffnung« des Gehirns oder eine Autopsie). Dank dieser Technik des fortgeschrittenen Neuroimaging können wir heute beobachten, wie das Gehirn durch bestimmte Gedanken, Motivationen oder Angst- und Depressionszustände aktiviert wird.

Eine grundlegende Entdeckung

Jeder Gedanke führt zu einer Veränderung des Geistes und des Körpers. Dieses Konzept betone ich im Laufe des Buches immer wieder und ich rate Ihnen, es zu verinnerlichen. Wenn Sie beispielsweise zu den Menschen gehören, die permanent leiden, leicht die Kontrolle über sich verlieren oder sich selbst besser kennenlernen wollen, wird es Ihnen sehr helfen.

Von Kindesbeinen an haben wir eine Vorstellung von uns selbst, die wir entweder von anderen übernommen oder uns selbst auferlegt haben: »Ich bin impulsiv«, »So war ich schon immer«, »Meine Mutter war auch so«, »Ich bin eher der nervöse Typ«, »Ich hasse große Menschenmengen«, »Ich habe Flugangst«. Solche Aussagen wirken wie mentale Barrieren, die uns daran hindern, uns in diesen Bereichen frei zu entfalten. Sie haben eine beinahe blockierende Wirkung, wie ein vom Himmel gefälltes, unanzweifelbares Urteil.

Jede Emotion, die uns schadet, geht auf einen – mehr oder weniger bewussten – Gedanken zurück. Und Gedanken können wir lenken oder »umerziehen«. Wer glücklich sein und in Frieden leben möchte, muss also an seiner Denkweise arbeiten. Dabei können sehr überraschende Ergebnisse herauskommen.

Wenn wir unsere Denkweise ändern, ändert sich auch unsere Wirklichkeit!

Überprüfen Sie eingehend die Vorstellungen, die Sie von sich selbst haben oder die Ihnen in den düstersten Momenten der Traurigkeit oder Angst in den Sinn kommen. Zu dieser toxischen Emotion kommt es nämlich nur, weil Ihnen »etwas« einfällt, und dieses »Etwas« vereinnahmt Sie dann und fügt Ihnen Schaden zu.

Diesen Vorstellungen auf die Spur zu kommen, ist nicht leicht, da wir es mit regelrechten Automatismen zu tun haben: Reaktionen, die sich bei bestimmten Reizen oder Gedanken schon immer eingestellt haben und daher inzwischen unwillkürlich stattfinden. Sich von solchen seit langem angewöhnten Verhaltensweisen zu befreien, fällt schwer. Um toxische Gedanken zu verändern, ist es nötig, sein Glaubenssystem – die Art und Weise, wie Informationen verarbeitet werden – auf einschränkende oder blockierende Gedanken hin zu untersuchen.

Dabei muss ein Glaubenssystem nichts Schlechtes sein – oft ist es sogar sehr positiv. Wenn man sich beispielsweise jedes Mal, wenn die Sonne scheint, freut und denkt, dass man heute mehr leisten wird, da die Sonne den Organismus mit Energie versorgt, ist das System hilfreich; führt das Glaubenssystem aber dazu, dass ein bedeckter Himmel oder Regenwolken die Erwartung auslösen, dass dieser Tag schrecklich werden wird, stellt es eine Blockade dar. Das kann bei äußeren Anlässen ebenso passieren wie bei Ideen oder Gefühlen. Wenn Ihnen bei einem Abendessen mit Freunden etwas nicht passt oder Sie sich unwohl fühlen, dann gibt es dort wahrscheinlich irgendetwas, was Sie unbewusst an eine negative Erfahrung aus der Vergangenheit erinnert – das können die Speisen sein, eine beteiligte Person, die Sitzordnung am Tisch, ein Geruch …

Wir können den Verstand erziehen und unsere Emotionen regulieren. Nehmen wir zum Beispiel das Radfahren. Steigt man zum ersten Mal auf ein Fahrrad, verwendet man normalerweise Stützräder, um nicht umzufallen. Je mehr man seine Angst verliert, desto eher traut man sich, schneller zu werden, Abhänge hinunterzufahren oder sogar eine Hand vom Lenker zu lösen. Eines Tages werden die Stützräder abmontiert, und man kämpft darum, das Gleichgewicht zu halten. Zunächst denkt man, dass man das nicht kann, dass man umfallen wird – und vielleicht passiert das ja auch –, aber plötzlich hat man es geschafft. Und auch nach Monaten oder Jahren steigt man ohne Weiteres auf ein Fahrrad – ohne Stützräder zu brauchen, denn der »Verstand« und der Gleichgewichtssinn »wissen« schon, wie es geht.

Bei der Erziehung der Gedanken verhält es sich ganz ähnlich. Der Vorgang ist natürlich komplexer, aber tatsächlich hat das Training des Verstands eine bemerkenswerte Auswirkung auf die Wahrnehmung der Realität. Denkt man jedes Mal beim Rad-, Auto- oder Skifahren nur daran, wie man einmal gestürzt ist, einen Unfall gebaut oder sich wehgetan hat, wird man diese Aktivitäten schließlich meiden, da man eine Abneigung dagegen entwickelt. Der Gedanke wird zur einschränkenden (!) Gewissheit – wenn man ihn nämlich derart zementiert, dass er zu einer Entschuldigung dafür wird, etwas nicht zu tun. Der Geist hat im Laufe des Lebens mehrere solcher Automatismen entwickelt, die zu unnötigen Blockaden angesichts bestimmter Herausforderungen führen.

Deshalb sprechen wir hier auch von einer Entscheidung! Übernehmen Sie die Verantwortung für sich, schieben Sie die Schuld nicht auf äußere Umstände, auf toxische Menschen in Ihrem Umfeld, auf die sozialen oder finanziellen Umstände!

Geben Sie die Opferrolle auf und beginnen Sie, die Hauptrolle in Ihrem Leben zu spielen.

Das nachfolgende Schema kann Ihnen helfen, Ihre gegenwärtige Art, zu handeln und zu fühlen, zu verstehen.

Schematische Darstellung der Wirklichkeit

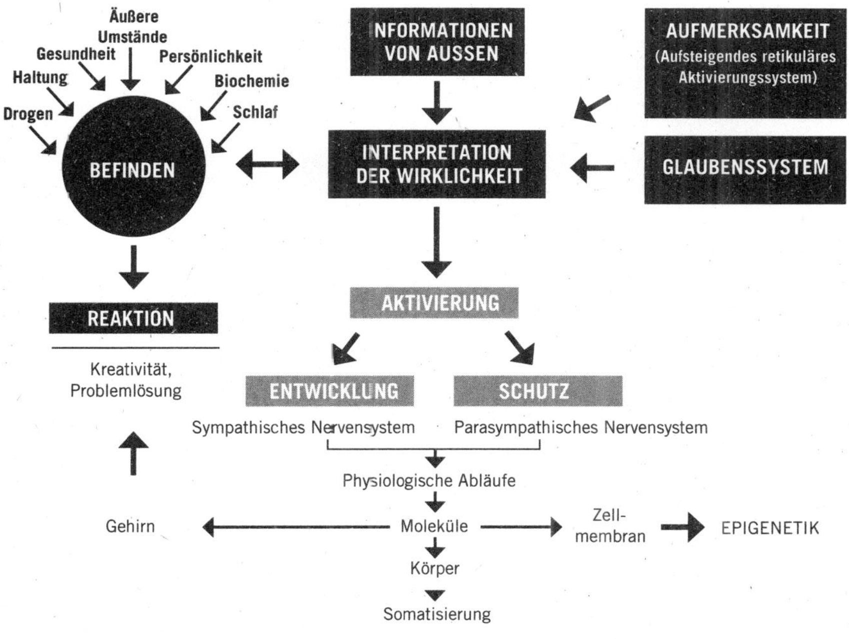

Nachdem wir von außen ein Signal empfangen haben, reagieren wir und interpretieren die Realität in Abhängigkeit von drei Faktoren:

- unser Glaubenssystem
- unser Befinden
- unsere Aufmerksamkeit und Wahrnehmung der Wirklichkeit

Nach dieser Interpretation reagiert der Körper im Alarm- oder Schutzmodus – sympathisches oder parasympathisches Nervensystem – mit entsprechenden Auswirkungen auf Verstand und Organismus.

Sehen wir uns diese Punkte einmal genauer an.

Wir beginnen mit dem Glaubenssystem.

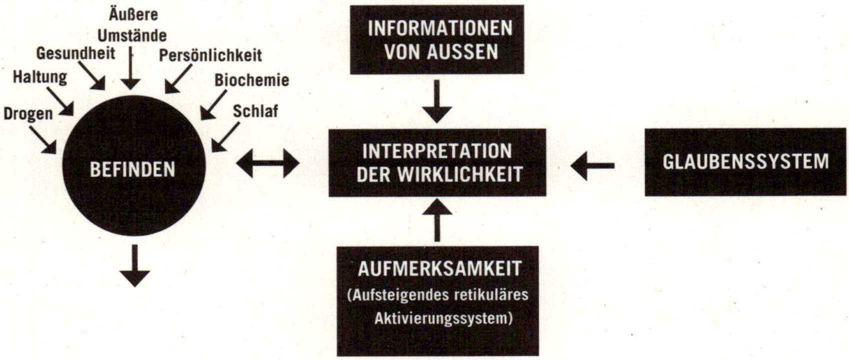

Das Glaubenssystem

Unser Glaubenssystem basiert auf den selbst festgelegten Vorstellungen über die Art, wie wir das Leben, die Welt, das Umfeld und uns selbst sehen – ob man nun allein darauf gekommen ist oder weil man von Kindesbeinen an oder auch erst als Erwachsener immer wieder gehört hat: »So bin ich eben«, »Ich war schon immer ein Morgenmuffel«, »Ich finde Menschen anstrengend«, »Ich habe Angst vorm Fliegen«, »Sport tut mir nicht gut« …

Diese Überzeugungen sind Meinungen, die wir über verschiedene Aspekte des Lebens haben. Sie sind eng mit unserer Interpretation der Welt verbunden und können uns bewusst sein oder auch nicht (weil sie einfach schon immer da waren). Dieses Glaubenssystem schließt auch die Werte ein, die unsere Art zu fühlen, zu handeln und zu reagieren beeinflussen. Überzeugungen bilden sich im Laufe des Lebens heraus und äußern sich in der persönlichen Sichtweise auf das Leben. Manchmal rauchen und trinken Jugendliche schon in sehr jungen Jahren, weil sie sich dann »erwachsener« fühlen. Menschen fangen auch aus anderen Gründen zu trinken an, sehr häufig liegt jedoch eine Unsicherheit in Verbindung mit der Tatsache, dass sie sich dadurch gesellschaftlich stärker akzeptiert fühlen, zugrunde. Jugendlichen ist sehr wohl bewusst, dass Alkohol schlecht für die Gesundheit ist und ihnen schadet, aber das unbewusste Bild, das sie von sich in Verbindung mit Alkohol und Tabak haben, setzt sich gegen die vom Verstand erfassten Risiken durch.

Warum ist es so wichtig, über diese Dinge nachzudenken?

Unser Glaubenssystem beeinflusst unser Leben in großem Maße. Es liefert uns automatisch Argumente, um auf die eine oder andere Weise zu handeln. Wir sprechen hier von fest in unserem Geist verwurzelten Urteilen, die wir nie infrage stellen und die entscheidend sind, da wir auf ihrer Grundlage unsere Interpretation der Wirklichkeit und unsere Reaktionen aufbauen. Diese Überzeugungen sind universell: Wir pflegen sie im Hinblick auf die Welt im Allgemeinen, auf andere Menschen, auf uns selbst, Konzepte, Ideologien …

Wenn die Dinge sich nie so entwickeln, wie wir es hoffen, wenn wir unter allem leiden, was uns umgibt, oder wenn wir uns vollkommen fehl am Platz fühlen, dann sollten wir als Erstes analysieren, wie unser System aufgebaut ist und unser Weltbild aussieht. Möglicherweise finden wir in uns überraschende Überzeugungen, die unser inneres Wachstum behindern. Haben Sie keine Angst davor zu hinterfragen, was Sie begrenzt – vielleicht verbessern Sie auf diese Weise ja Ihre Fähigkeit, die Realität wahrzunehmen, und können sich dann besser auf *Mein bestes Ich* (MBI)[2] konzentrieren.

---

2 In Kapitel 9 gebe ich Ihnen ein paar Ideen an die Hand, wie Sie Mein bestes Ich (MBI) hervorholen können.

Einige dieser Überzeugungen beeinträchtigen ernsthaft unsere Fähigkeit, Ziele zu erreichen oder auf gesunde Weise Herausforderungen anzunehmen, da sie den Verstand mit Gefühlen wie Unsicherheit und Angst blockieren.

Machen wir weiter …

Das Befinden

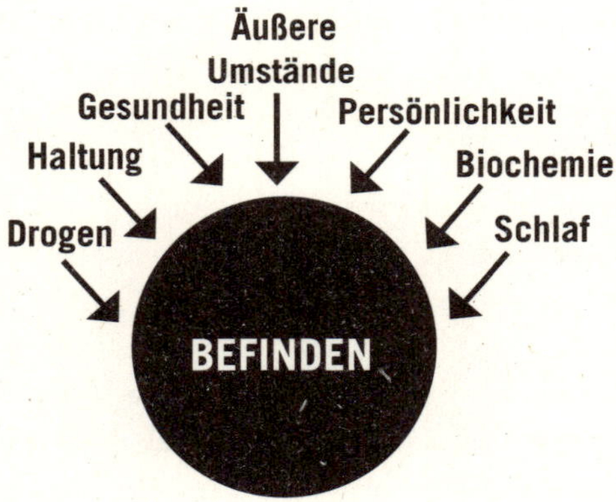

Glück hängt also nicht von der Wirklichkeit selbst ab, sondern davon, wie man diese Wirklichkeit interpretiert. Hier spielt das eigene Befinden, die Stimmungslage, eine enorme Rolle. Ein alltägliches Beispiel: Sie sind glücklich, weil Ihre Lieblingsmannschaft in der Champions League gewonnen hat. Wenn Sie am nächsten Tag auf Ihren Chef treffen, der Fan derselben Mannschaft ist und mit dem Sie sich nicht gut verstehen, werden Sie ihn wahrscheinlich weniger kritisch beurteilen und in der Lage sein, ein freundliches Gespräch mit ihm zu führen. Verliert Ihre Mannschaft jedoch, und Ihr Bruder, der für die gegnerische, siegreiche Mannschaft schwärmt, ruft Sie an, um die Niederlage zu kommentieren, gehen Sie vielleicht nicht einmal ans Telefon, schalten es ab und gehen ohne Abendessen ins Bett.

Unser Befinden wird von ganz verschiedenen Aspekten beeinflusst und verändert. Dieses Thema könnte ein eigenes Buch füllen, soll hier aber nicht allzu viel Raum einnehmen. Deshalb werde ich die entscheidenden Aspekte nur kurz vorstellen.

1. Konsum von Drogen und Alkohol

Der Konsum dieser Substanzen schädigt die geistige Gesundheit ernsthaft. Eine der Hauptauswirkungen ist eine starke Veränderung in der Wahrnehmung von Empfindungen und Reizen. Jeder kennt Menschen, die nach dem Genuss von Alkohol empfindlicher und verletzbarer werden, sodass man verstärkt darauf achten muss, wie man reagiert und was man sagt. Der häufige Konsum oder die Abhängigkeit von Drogen oder Alkohol verändert tiefgreifend die psychische Verfassung und die Interpretation der Realität.

2. Biochemie oder Genetik

Manche Menschen sind aufgrund von genetischen Faktoren oder früheren ernsten Erkrankungen (wie einer bipolaren Störung, wiederkehrenden Depressionen oder generalisierten Angststörungen) anfälliger für Depressionen oder einen Burn-out. Auch Hormone können die Stimmung beeinflussen und bei Frauen beispielsweise zu einer erhöhten Verletzbarkeit führen (prämenstruelles Syndrom, Wochenbett …). Leiden in einer Familie mehrere Menschen an Depressionen, ist die Wahrscheinlichkeit höher, dass auch andere Familienmitglieder psychisch labil sind oder sensibel auf Ereignisse in ihrer Umgebung reagieren.

3. Körperliche Gesundheit und äußere Umstände

Wenn wir beruflich eine schwierige Phase durchleben oder gesundheitlich ernste Probleme haben, beeinflusst das unsere Wahrnehmung der Wirklichkeit, weil wir sensibler und verletzbarer sind. Werden wir mit einer Krankheit, einer schwierigen Zeit oder einer Extremsituation konfrontiert, hilft es, sich bewusst zu machen, dass wir nicht völlig »objektiv« sind, um mit der Realität und den Menschen in unserer Umgebung nachsichtiger umzugehen.

4. Persönlichkeitstyp

In diesem Abschnitt geht es um ernste Persönlichkeitsstörungen (wie z. B. Borderline, ängstlich-vermeidende oder schizoide Persönlichkeitsstörungen) sowie um markante Persönlichkeitsmerkmale, welche die seelische Verfassung stark beeinflussen. So leiden beispielsweise Jugendliche mit einer Borderline-Störung (die sich etwa in Impulsivität, emotionaler Instabilität, ausgeprägter Angst vor dem Verlassenwerden, Selbstverstümmelung oder einer niedrigen Frustrationstoleranz äußern kann) unter einem intensiven emotionalen Auf und Ab, interpretieren die Wirklichkeit sehr radikal und nehmen ihr Umfeld permanent als Bedrohung war. All dies führt dazu, dass sie weit davon entfernt sind, rational zu handeln: Ihre Reaktionen werden häufig von Aggressivität und Wut gesteuert. Um ein inneres Gleichgewicht erlangen und erhalten zu können, ist eine tiefgreifende Arbeit an ihrer Persönlichkeit erforderlich, die von einer medikamentösen Behandlung bis zur Einzel- oder Gruppen-Psychotherapie reicht. Ein anderer zum Leiden neigender Persönlichkeitstyp sind die sogenannten hochsensiblen Personen (HSP). Sie sind zwar nicht in den »Diagnostischen und statistischen Leitfaden psychischer Störungen« (DSM-5) eingruppiert, dennoch existiert Hochsensibilität und sie hat schwerwiegende Auswirkungen auf die Betroffenen.

DER FALL ERNESTO

Ernesto kommt aufgrund von Ängsten in meine Praxis. Zum ersten Mal traten diese Ängste während seines Studiums in der Prüfungszeit auf, inzwischen aber leidet er in ganz verschiedenen Situationen darunter. Hinzu kommt, dass er sich selbst als »depressiven« Menschen bezeichnet. Er beschreibt es folgendermaßen:

»Ich befinde mich an einem Ort, werde ohne ersichtlichen Grund nervös, habe an nichts mehr Freude und muss dann gehen.«

Ernesto hat zwei kleine Kinder und besitzt mehrere Geschäfte für Herrenbekleidung, ein Familienunternehmen, in dem er und seine Frau arbeiten. Seiner eigenen Aussage zufolge hat er einen Hang zur Traurigkeit. Seine Stimmung schwankt oft ohne erkennbaren Anlass. Nach der ersten Sitzung bitte ich ihn, seine schlimmsten Momente zu notieren, um die Gründe zu analysieren, die im Alltag ein Stimmungstief auslösen. Als er wieder in meine Praxis kommt, erzählt er:

»Sie werden mich für schlimmer halten, als ich bin.«

Ich lächle. Diesen Satz bekomme ich in meiner Praxis oft zu hören, wenn sich Patienten schämen, von einer Manie oder einem seltsamen Gedanken zu sprechen. Er erklärt mir, er habe nach vielen Jahren festgestellt, dass ihn die Dekoration mancher Orte und die Art, wie Menschen sich kleiden, tiefgreifend beeinflussen. Äußerst detailreich erzählt er, wie er eines Tages im Haus seiner Schwiegereltern sah, dass an einer Wand die Farbe abblätterte – und sofort hatte er das Gefühl, er müsse gehen, »ich konnte das einfach nicht ertragen«. Wenn Orte nicht gepflegt seien, strahlen sie »etwas Negatives aus und blockieren mich«. Genauso ergehe es ihm bei der Art, sich zu kleiden, bei Geräuschen und Gerüchen.

»Für mich ist es wichtig, dass auf Details geachtet und dafür gesorgt wird, dass alles gepflegt ist, sonst möchte ich lieber nicht dort sein. Ich kann die Zeit dann nicht genießen.«

Wenn er mit seiner Frau abends zum Essen ausgeht und ihm ihre Schuhe oder ihr Kleid nicht gefallen, ist er nicht in der Lage, liebevoll zu sein; er wird dann barsch und möchte so schnell wie möglich wieder nach Hause.

Ernesto erzählt auch, dass er durch schrille Geräusche oder unharmonische Reize leicht erschrickt. Er ist sehr empfindlich und leidet unter der sogenannten Hochsensibilität.

Hochsensibilität

Machen Sie sich um andere Menschen mehr Sorgen als normal? Sind Sie ständig auf der Suche nach Ruhe und Gelassenheit? Fühlen Sie sich an chaotischen Orten unwohl? Nehmen Sie die Wirklichkeit intuitiv intensiver wahr als andere Menschen?

Das sind einige der Merkmale hochsensibler oder hochsensitiver Personen (HSP). Diese Menschen haben ein empfindlicheres Nervensystem und nehmen Veränderungen und Einzelheiten in ihrer Umgebung intensiver wahr. Zu viele Reize belasten sie. Wahrscheinlich hat es diesen Persönlichkeitstyp schon immer gegeben, doch er ist erst in jüngster Zeit bekannt und Gegenstand von Untersuchungen geworden. Möglicherweise gibt es heute auch mehr Fälle, da unsere Gesellschaft so vielen Reizen ausgesetzt ist wie nie zuvor – das erhöht die Wahrscheinlichkeit, dass die Sinne bestimmter Menschen leichter übersättigt sind.

Hochsensible Menschen sind besonders intuitiv; eine geringe Kontrolle ihrer Emotionen oder ein mangelndes Bewusstsein ihrer Disposition kann sie jedoch belasten und zu einer Blockade führen.

Einige charakteristische Merkmale der Hochsensitivität:

- Hochsensible Menschen fühlen mit einer erhöhten Intensität.
- Sie nehmen die Realität sehr genau und intuitiver wahr. Typisch ist ihre ausgeprägte Beobachtungsgabe: Sie bemerken Einzelheiten

eines Raums, von Kleidung, Kunst, dem Wetter oder dem Befinden anderer Menschen.

- Angesichts zu vieler Reize sind sie leichter müde und erschöpft.
- Sie sind sehr empathisch, gut in der Lage, sich in andere hineinzuversetzen, und machen sich um andere viele Sorgen. Außerdem sind sie leicht gerührt oder erregt.
- Viele Hochsensible sind schüchtern.
- Sie neigen dazu, sich mit anderen zu vergleichen, und sind angesichts von Herausforderungen und unbekannten Situationen vorsichtiger. HSP brauchen viel Sicherheit, bevor sie eine Entscheidung treffen oder ein Projekt in Angriff nehmen; deshalb holen sie vorab viele Informationen ein und entscheiden erst nach einer sorgfältigen Analyse.
- Informationen verarbeiten sie häufig sehr detailliert und eingehend. Sie sind Perfektionisten, da sie Einzelheiten viel Wert beimessen.
- Sie legen großen Wert auf Bildung und handeln besonnen.
- Auf Kritik reagieren sie sensibel. Es fällt ihnen schwer zu akzeptieren, dass man ihnen negative Dinge sagt.
- Sie nehmen Untertöne, Nuancen, Geräusche, Gerüche, Temperaturen usw. sehr intensiv wahr.
- Hochsensibilität kommt bei Männern und Frauen vor, scheint bei Frauen aber häufiger zu sein. In den letzten Jahren haben die Symptome allerdings auch bei Männern zugenommen, die häufiger als Frauen nicht wissen, wie sie damit umgehen sollen.
- Manche HSP entwickeln eher Ängste oder Depressionen als andere Menschen, da sie verletzlicher gegenüber der Innen- und Außenwelt sind.

Hochsensible Menschen sollten lernen, sich anzupassen, und herausfinden, welche Orte, welcher Typ Mensch und welche Umgebungen sie am stärksten einschränken oder blockieren. Bei hochsensiblen Kindern ist es wichtig zu ergründen, wie man am besten mit ihnen umgeht – ohne sie übermäßig zu beschützen, aber mit Verständnis für ihre heftigen Reaktionen angesichts bestimmter Umstände.

5. Schlaf

Dieser Abschnitt ist besonders wichtig. Schließlich verbringen wir ein Drittel unseres Lebens in Morpheus' Armen – zumindest sollten wir das. Da Schlaf so wichtig ist, müssen wir uns gut um ihn kümmern.

Betreten wir also die Welt der Nacht und des Schlafs. Jeder weiß, wie es ist, eine schlaflose Nacht zu verbringen, nicht einschlafen zu können oder ständig aufzuwachen. So oder so ist man am nächsten Morgen wie gerädert. Fehlt aber die Erholung, funktioniert der Verstand nicht richtig. Es kommt zu Gedächtnislücken und Lernschwierigkeiten, mangelnder Aufmerksamkeit, Konzentrationsproblemen und Einschränkungen der kognitiven Fähigkeiten. Fehlende oder zu wenig Erholung macht uns dünnhäutig und reizbar, sodass wir nicht angemessen auf Reize von außen reagieren können.

Schlafmangel beeinträchtigt sogar das Immunsystem: Das parasympathische Nervensystem, das für Ruhe, Erholung und die Produktion der Lymphozyten zuständig ist, wird geschwächt und tiefgreifend verändert.

Albträume, häufiges Aufwachen, leichter Schlaf oder das Gefühl unzureichender Erholung gehören zu den Hauptursachen für Besuche beim Hausarzt, Neurologen oder Psychiater. In bestimmten Lebensabschnitten ist eine Medikation erforderlich, eine dauerhafte Einnahme kann jedoch das Gehirn schädigen. Es gibt inzwischen erste Langzeitstudien zu den Konsequenzen des Missbrauchs von Schlafmitteln. Benzodiazepine – Alprazolam, Lorazepam, Diazepam und andere – wirken zwar schlaffördernd, jeweils mit einem speziellen Wirkmechanismus, doch auf lange Sicht treten ein Gewöhnungseffekt, Missbrauch und Abhängigkeit ein. In den meisten Fällen ist der Entzug problematisch.

EIN KURIOSUM: WARUM MACHT KAFFEE EIGENTLICH WACH?

Seltsam, aber sehr interessant. Jede Aktivität – arbeiten, lernen, Sport treiben, gehen … – erfordert Energie. Diese Energie des Körpers bezeichnet man als ATP – Adenosintriphosphat. Mit diesen Molekülen, die in erster Linie aus der Nahrung stammen, wird jede einzelne Zelle versorgt. Beim Sport, Arbeiten, Lernen, Denken nutzen wir dieses ATP, das der Körper nach und nach aufbraucht.

Jedes Mal wenn wir ein ATP-Molekül einsetzen, spaltet es sich in ein Phosphat- und ein Adenosin-Molekül auf. Das Adenosin ist wichtig für unsere Erholung, da es den Schlaf anstößt. Das Gehirn verfügt über empfindliche Rezeptoren, die auf Adenosin spezialisiert sind. Ist der Adenosinspiegel hoch, fühlen wir uns schläfrig und der Schlaf wird tiefer. Der Körper ist ausgesprochen schlau und nutzt dieses System, um ein Gefühl von Müdigkeit zu erzeugen und nach Anstrengungen, Sport, Lerneinheiten usw. Schlaf herbeizuführen. Für unsere Erholung sind zwar auch andere Moleküle verantwortlich, ein hoher Adenosinspiegel aber hat große Auswirkung auf den Schlaf und unterstützt uns beim Ausruhen.

Welche Rolle spielt nun der Kaffee? Hier kommt das berühmte Koffein ins Spiel: das »Anti-Schlaf-Molekül« schlechthin. Der deutsche Chemiker Friedlieb Ferdinand Runge entdeckte es 1819.

Koffein weist eine große Ähnlichkeit zu Adenosin auf und ist ein sogenannter nicht selektiver Antagonist an den Adenosin-Rezeptoren. Das bedeutet: Durch den Konsum von Koffein werden die Rezeptoren im Gehirn blockiert, die eigentlich auf das Adenosin reagieren. Dadurch erhält das Gehirn kein Müdigkeitssignal mehr und kann längere Zeit wach bleiben, arbeiten oder irgendetwas anderes tun.

Dem Schlaf kommt auch deshalb eine grundlegende Bedeutung zu, weil er wichtig ist, um bestimmte Bereiche des Gehirns wie den Hippocampus zu erneuern, der entscheidend für das Gedächtnis sowie das Lernen ist und auf verschiedenen Ebenen das Angstniveau reguliert. Während der Nacht wird das Gedächtnis konsolidiert, und am Tage Erlerntes wird verarbeitet. Aus diesem Grund fallen Prüfungen bei Studenten, die schlecht schlafen, weniger gut aus. Vorsicht also bei übermäßigem nächtlichem Lernen mithilfe von Koffein! Auch wenn man die Prüfung besteht – das Gehirn konnte den Lernstoff in der Nacht nicht festigen und hat sich nur dank des Kurzzeitgedächtnisses aus der Affäre gezogen.

Im Schlaf werden auch Emotionen gespeichert – positive ebenso wie negative. Aus diesem Grund ist es so wichtig, mit frohen oder positiven Gedanken ins Bett zu gehen.

Wenig Schlaf hat schädliche Auswirkungen auf Körper und Geist. Im Allgemeinen braucht der Mensch vier oder fünf Schlafzyklen, von denen jeder ungefähr 90 Minuten dauert.

Ein Beispiel, das sicher jeder kennt: Mitten in der Nacht wachen Sie auf und haben das Gefühl, ganz munter zu sein. Nachdem Sie wieder eingeschlafen sind, weckt Sie morgens der Wecker, und Sie fühlen sich völlig erschöpft und müde. Das hängt mit den Schlafzyklen zusammen.

Man unterscheidet fünf Phasen: Die erste und zweite Phase kennzeichnet leichter Schlaf, die dritte und vierte Phase tiefer Schlaf, die fünfte ist die sogenannte REM-Phase (Rapid Eye Movement), in der man träumt. Wie bereits erwähnt, dauert jeder Zyklus etwa 90 Minuten, wobei auf die Phasen eins bis vier in der Regel 70 oder 75 Minuten entfallen und auf Phase fünf 20 Minuten. In der Schlafforschung heißt es übrigens, dass es weniger auf die Anzahl der im Bett verbrachten Stunden ankommt als vielmehr auf die absolvierten Schlafzyklen.

Falls Ihre Schlafphasen regelmäßig sind, kann Folgendes hilfreich sein: Legen Sie die Uhrzeit zum Aufstehen nach dem 90-Minuten-Takt fest (die ungefähre Dauer eines Schlafzyklus), also nach anderthalb Stunden, drei, viereinhalb, sechs oder siebeneinhalb Stunden. Der

Zeitpunkt hängt davon ab, ob Sie beispielsweise früh raus müssen, eine Fahrt vor sich oder wenig Zeit haben … oder gerade den richtigen Umgang mit Ihrem Schlaf lernen. Ein Beispiel: Wenn Sie um Mitternacht ins Bett gehen und den Wecker auf halb acht stellen, werden Sie leichter aufwachen und sogar feststellen, dass Ihr Gehirn aktiver und frischer ist, als wenn Sie den Wecker auf acht Uhr stellen. Dann schlafen Sie zwar länger, doch es wird Ihnen seltsamerweise schwerer fallen, aus dem Bett zu kommen: Ihr Wecker reißt Sie aus einer Tiefschlafphase heraus.

Jeder Mensch ist anders, zudem werden die Schlafzyklen von Faktoren wie Bewegung, Stress, Medikamenten oder Alkohol beeinflusst. Jeder kennt jemanden, der keine fünf Stunden schläft und trotzdem bestens funktioniert und uneingeschränkt arbeitsfähig ist. Aus diesem Grund sollten die eigenen Schlafzyklen individuell untersucht werden, um die Zeitplanung entsprechend anpassen zu können.

Schlafhygiene: Fünf Ratschläge für guten Schlaf

1. Keine technischen Geräte vor dem Einschlafen

Vorsicht vor Bildschirmen, Videospielen, sozialen Netzwerken etc. vor dem Schlafengehen. Mehrere Studien weisen auf die schädliche Wirkung des Bildschirmlichts (Smartphone, Tablet, PC & Co.) vor dem Schlafengehen hin. Einer 2014 im *British Medical Journal* veröffentlichten Untersuchung zufolge, die mit 9846 Jugendlichen zwischen 16 und 19 Jahren durchgeführt wurde, verändert der spätabendliche Einsatz eines Bildschirms das normale Schlafmuster. Je länger ein solches Gerät vor dem Zubettgehen verwendet wird, desto höher ist das Risiko, schlecht zu schlafen. Das Problem geht auf die sogenannte Sleep Onset Latency (SOL) oder Schlaflatenz zurück, also auf die Zeit, die bis zum Einschlafen vergeht. Das blaue Licht des Bildschirms behindert die Ausschüttung des Schlafhormons Melatonin – Studien zufolge fällt die Produktion um bis zu 22 Prozent geringer aus. Manche Geräte verfügen daher bereits über einen Nachtmodus, bei dem das Bildschirmlicht gefiltert wird und die Melatoninproduktion wesentlich geringer beeinträchtigt.

2. Vorsicht mit emotionalen Reizen

Ein beunruhigendes Gespräch, ein Abendessen, das mit einem Konflikt endet, eine hitzige Diskussion mit dem Partner ... All das sind Faktoren, welche die nächtliche Erholung beeinträchtigen. Ob es ein Film ist, der Sie sehr bewegt, oder verstörende Nachrichten – überlegen Sie sich gut, was Sie vor dem Zubettgehen als Letztes sehen oder hören wollen.

Jeder Mensch schläft anders. Während die einen während eines Actionfilms wegdösen, kommen die anderen aufgrund von kaum wahrnehmbaren Reizen nicht zur Ruhe. Wichtig ist, sich selbst zu kennen und zu akzeptieren, dass es Phasen im Leben gibt, in denen man dünnhäutiger ist. Achten Sie darauf, welche Emotionen Ihren Schlaf stören, damit Ihrer Erholung nichts im Wege steht.

3. Auf die letzten Gedanken vor dem Schlafen achten

Wenn Sie im Bett liegen, sollten Sie möglichst nicht über die Dinge nachdenken, die Sie beschäftigen, oder sich ausmalen, was am nächsten Tag alles Negatives geschehen könnte. Konzentrieren Sie sich auf die angenehmen, positiven Erlebnisse des Tages, die Sie lächeln lassen. Wie schlecht der Tag auch gewesen sein mag: Es gibt immer auch etwas Positives, an dem man sich festhalten kann.

4. Eine gesunde Routine entwickeln

Schlafhygiene basiert auf der gesunden Vorbereitung des Gehirns auf die Schlafphasen. Eltern von Neugeborenen wird empfohlen, ein »Ritual« einzuführen, bevor die Kinder für die Nacht ins Bett gelegt werden, damit das Gehirn des Babys auf den Schlaf konditioniert wird. Bei Erwachsenen verhält es sich ganz ähnlich. Eine Dusche, eine ruhige Lektüre, Tee trinken, meditieren oder beten, Musik hören oder eine Serie anschauen – all das kann beim Abschalten helfen und den Geist als »Ritual« auf den Schlaf vorbereiten.

ZWEI FEINDLICHE FREUNDE

Vorsicht auch mit übermäßigem nächtlichem Sport. Manchen Menschen hilft Sport zwar, Cortisol freizusetzen und sich besser zu erholen, andere werden dadurch aber erst richtig wach und können nicht schlafen.

Auch üppiges Essen und Alkohol am Abend stören die Erholung. Dasselbe kann außerdem für Koffein, schwarzen Tee und aufregende Aktivitäten vor dem Schlafengehen gelten.

5. Ohne Licht schlafen

Dieser Tipp wird Sie vielleicht überraschen. Schließlich schlafen viele Menschen im Sommer bei offenem Fenster und wachen mit den ersten Sonnenstrahlen auf. Das ist auch kein Problem – sofern es Ihnen nichts ausmacht, früh aufzustehen. Mir geht es eher um Lichtquellen im Raum – von der Standby-Leuchte des Fernsehers über Benachrichtigungen auf dem Smartphone bis zum Lämpchen im Flur … Wie klein und kaum wahrnehmbar diese Lichtquellen auch sein mögen: Sie wirken sich negativ auf die Melatoninproduktion aus.

6. Die seelische Verfassung hängt von der Einstellung ab

Wie wir auf eine bestimmte Situation reagieren, hängt stark von unserer Einstellung zu dieser Situation ab. Welche Haltung ich zu einem Vorstellungsgespräch, einem Rendezvous, einer Prüfung habe, beeinflusst entscheidend das Ergebnis. Manche Menschen gehen gern vom »Schlimmsten« aus, um nicht enttäuscht zu werden. Auf diese Weise wird man zwar positiv überrascht, wenn etwas Unerwartetes eintritt; ist man aber von vornherein positiv eingestellt, wird das Gehirn auf beeindruckende Weise aktiviert. Unter Einstellung verstehe ich die Haltung, die man dem Leben gegenüber einzunehmen beschließt. Und da es sich um eine Entscheidung handelt, kann man stets daran arbeiten und sie verbessern.

Unsere Einstellung beeinflusst auch in besonderem Maße die Stimmung. Natürlich gibt es depressive Zustände, die sich zumindest für den Moment durch nichts beeinflussen lassen. Wir wissen aber, dass leidende oder kranke Menschen, wenn auch unter Mühen, nach und nach eine Besserung erfahren, wenn sie eine möglichst positive Einstellung aufbringen.

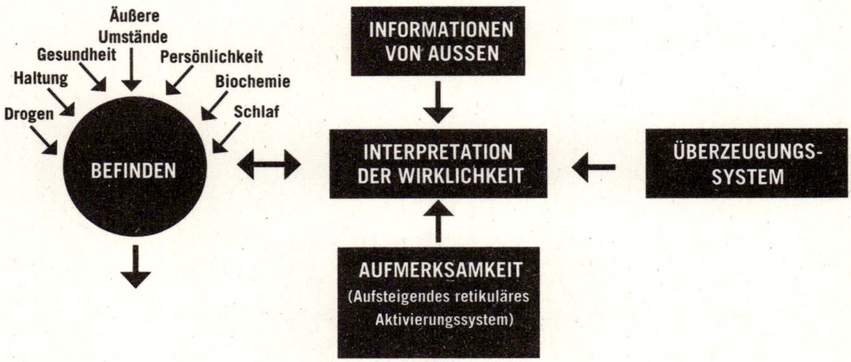

Die Aufmerksamkeit und das aufsteigende retikuläre Aktivierungssystem (ARAS)

Die wahre Entdeckungsreise besteht nicht darin, Neuland zu finden, sondern das Alte mit anderen Augen zu sehen.

Marcel Proust

»Aufsteigendes retikuläres Aktivierungssystem« ist zwar ein unschöner Name, er bezeichnet aber einen ausgesprochen interessanten, inspirierenden Bereich des Gehirns.

JENER TAG HAT MEIN LEBEN VERÄNDERT. SOMALY MAM

Ich hatte mein Medizinstudium abgeschlossen und wollte als Assistenzärztin mein Fachgebiet wählen. Wenige Tage bevor ich beim Gesundheitsministerium die Zulassung für Psychiatrie in Madrid beantragen wollte, sprach ich mit einer befreundeten Kommilitonin. Sie machte mir einen verrückten, aber faszinierenden Vorschlag: Ich sollte auf den Studienplatz verzichten – ich könnte die Prüfung schließlich auch ein Jahr später ablegen – und stattdessen nach Kambodscha gehen, um in einer Nichtregierungsorganisation zu arbeiten, für die sie mit ihrer Familie schon seit einiger Zeit tätig war. Ich war begeistert. Kurz bevor meine Nummer aufgerufen wurde, stand ich auf und ging. Ich rief meine Eltern an, die sprachlos waren und meine Entscheidung nicht fassen konnten. Die nächsten Tage verbrachte ich damit, meine Reise zu planen.

Von der Geschichte und Lebensweise in Kambodscha wusste ich wenig. Also suchte ich eine auf Reisebücher spezialisierte Buchhandlung auf und kaufte mehrere Bände über die buddhistische Kultur, die Geschichte Kambodschas und südostasiatische Traditionen. Ein Buch weckte meine besondere Aufmerksamkeit: *Das Schweigen der Unschuld* von Somaly Mam. Ich las auf der Rückseite ihre Kurzbiografie: Sie war an ein Prostitutions- und Bordellnetz in Kambodscha verkauft worden und arbeitete dort über zehn Jahre, bis sie sich in einen Kunden verliebte und davon loskam.

Sie gründete daraufhin eine der wichtigsten Nichtregierungsorganisationen der Welt in den Bereichen Menschenhandel und Kampf gegen sexuellen Missbrauch und Prostitution. Die Widmung richtet sich an die spanische Königin Sofia: »Für Königin Sofia, wegen ihrer unablässigen Achtsamkeit gegenüber anderen. Sie hat mir die Kraft gegeben, meinen Kampf weiterzuführen.«

Ich kaufte das Buch, in dem es um Vergewaltigung und Aggression in einer Welt der moralischen Leere geht. Es waren die härtesten Seiten, die ich in meinem Leben gelesen habe. Danach wollte ich diese Kämpferin, die all das überlebt hatte, unbedingt persönlich kennenlernen. Zwischen den Zeilen spürte ich, dass es Somaly nicht vollständig gelungen war, einige der Traumata und Wunden ihrer Vergangenheit zu überwinden. Als sie beschreibt, wie sie ein anderes Mädchen befreite, enthüllt sie dabei einen Schmerz, der noch nicht geheilt war.

Ich versuchte, sie aufzuspüren, und suchte im Internet nach ihrer Homepage und der Organisation. Ich schrieb ihr mehrere E-Mails. Nie erhielt ich eine Antwort. Ich wusste, dass sie durch mehrere Länder Europas und die USA gereist war, um Missstände anzuprangern. Da ich beschlossen hatte, ihr zu helfen, musste ich sie einfach treffen. Also setzte ich alle Hebel in Bewegung, um ihr irgendwann »zufällig« zu begegnen. Der erste Schritt war klar: Ich musste nach Kambodscha fliegen.

Meine Reise sollte von Madrid über London und Bangkok nach Phnom Penh führen. In London verzögerte ein Sturm die Landung, sodass ich meinen Flug nach Thailand verpasste. Ich verbrachte die Nacht in einem Flughafenhotel und konnte am nächsten Morgen einen Platz im Flieger einer anderen Fluggesellschaft ergattern. Am Flugsteig wurde ich darüber informiert, dass mein Gepäck am Flughafen verloren gegangen war. Man erklärte mir, dass ich zwei Möglichkeiten hätte: warten, ob es wieder auftauchte, oder am Zielort eine Reklamation aufgeben. Ich ging an Bord, entschlossen, in Kambodscha zu helfen – der Verlust meiner Koffer sollte dem nicht im Weg stehen.

Nach meiner Ankunft in Bangkok hatte ich sechs Stunden Wartezeit bis zum nächsten Flug nach Phnom Penh. Dort meldete ich mein Gepäck als vermisst. Neben mir stand eine Kambodschanerin, die ebenfalls eine Reklamation aufgab. Ich sah sie mir genauer an: Sie ähnelte Somaly – der Autorin des Buches! –, aber ich hatte ja noch nie ein »kambodschanisches Gesicht« gesehen … Für alle Fälle holte ich das Buch heraus und legte es auf die Theke.

»Sie haben mein Buch«, sagte sie auf Englisch zu mir.

Ich konnte es nicht glauben: Sie war es tatsächlich! Ein Schauer lief mir über den Rücken. Was für ein Glück! Da ich nicht gut geschlafen hatte und die Emotionen sich überschlugen, war ich nervös … Ich erklärte ihr, dass ich nach Kambodscha gekommen sei, um sie zu suchen, und eine Idee hätte, wie ich ihr in ihrem Projekt mit den Mädchen helfen könnte. Aber Somaly traute mir nicht.[3] Sie drehte sich zu einem ihrer Leibwächter um. Das war ein aufregender Augenblick in meinem Leben, und ich war dabei, ihn zu verspielen.

»Es gibt jemanden, der Sie sehr mögen«, fügte ich hinzu.

»Wen?«, fragte sie mich.

»Königin Sofia«, antwortete ich, und sie sah mich lange an.

»Kennen Sie sie?«

»Wir alle kennen sie!«

Schließlich lächelte sie mich an und sagte:

»Das ist meine Telefonnummer. Rufen Sie mich morgen an!«

Nach dieser schicksalhaften Begegnung lernte ich Somaly als echte Kämpferin kennen, die sich dafür einsetzte, anderen Frauen zu helfen. An ihrer Seite begab ich mich in die Welt der Prostitution und Bordelle, kümmerte mich um die Prävention von HIV und anderer sexuell übertragbarer Krankheiten, um Therapien mit vergewaltigten Mädchen und missbrauchten Jugendlichen … Ich lernte sogar Königin Sofia persönlich kennen und traf sie mehrfach, da sie daran interessiert war, mit Somaly zusammenzuarbeiten.

3 Die Mafia und verschiedene andere Organisationen haben Somaly intensiv durchleuchtet und verfolgt. In den letzten Jahren sind mehrere Artikel und Interviews erschienen, in denen ihr Leben und ihre Arbeit kritisiert werden. Ich beschreibe hier objektiv, was ich erlebt habe, erzähle von den Erfahrungen in ihrer Organisation, den Therapien, an denen ich beteiligt war, und meiner persönlichen Beziehung zu ihr.

So kam ich mit einer schrecklichen Welt in Kontakt, einer Welt voller Schmerz, körperlichem und vor allem psychischem Leid. Ich kümmerte mich um Frauen mit schweren Traumata, erlebte aber dafür die Befriedigung, helfen zu können, in dieser Unterwelt nützlich und eine professionelle und persönliche Hilfe für Menschen zu sein, die nichts haben. Eine solche Erfahrung bereichert den Gebenden viel mehr als den Unterstützten. Anderen zu helfen trägt dazu bei, dass man besser zu schätzen weiß, was man hat, und jene, die leiden, nie vergisst. Und all das aufgrund eines zufälligen Treffens auf einem Flughafen, als ich Nachforschungen wegen meiner Koffer anstellte … War das Schicksal? Diesem Augenblick verdanke ich, dass mein Leben sich änderte. Wie gut, dass ich den Flug verpasste … und meine Koffer verlor!

Das aufsteigende retikuläre Aktivierungssystem (ARAS)

Unser Verstand nimmt ununterbrochen mehrere Millionen Bits Informationen auf. Er beachtet aber nur jene, die uns interessieren oder Teil unserer Hoffnungen und Träume sind. Wir sind einer Vielzahl von Reizen ausgesetzt; die Aufgabe des ARAS ist es, all diese Informationen zu priorisieren und jene herauszufiltern, die für unsere Ziele, Sorgen oder auch für unser Überleben wichtig sind. Würde unser Gehirn alle Reize aufnehmen und verarbeiten, würde uns das vollkommen erschöpfen.

Einer schwangeren Frau fällt sehr wahrscheinlich plötzlich auf, wie viele Kinderwagen es in ihrem Viertel gibt. In Wirklichkeit ist die Geburtenrate gar nicht gestiegen. Ihr Gehirn ist lediglich »sensibilisierter« in dieser Hinsicht. Haben wir an etwas Bestimmtem Interesse, strengt das Gehirn sich an, um aus den eingehenden Reizen passende Informationen herauszufiltern. Wer eine Wohnung zur Miete sucht, wird plötzlich überall entsprechende Aushänge sehen. Interessieren wir uns für ein bestimmtes Automodell, nehmen wir es auf einmal an jeder Ampel wahr … Wahrscheinlich waren viele der Aushänge oder Autos schon lange da, nur hatte man bisher nicht die Absicht oder Kapazität, sie wahrzunehmen. Der Kopf war mit anderen Dingen beschäftigt.

Wenn man etwas unbedingt will, kann man es auch visualisieren.

Das bedeutet nicht, dass etwas direkt am nächsten Tag geschehen wird, nur weil man es sich wünscht. Es geht darum, dem Gehirn Ziele und Vorstellungen zu vermitteln, damit wir dann auch offen sind, wenn etwas Entsprechendes in unserem Umfeld geschieht. Das Problem ist, dass viele Menschen nicht wissen, wonach sie sich eigentlich sehnen, und sich einfach treiben lassen. Die meisten Menschen, die nichts Interessantes erleben, wissen einfach nicht, was sie sich wünschen.

Im Großen visualisieren, denken und träumen – im Kleinen handeln.

Setzen Sie Ihre Fantasie in gesunder Weise ein. Wenn Sie sich etwas – mehr oder weniger Realistisches – wirklich wünschen und es sich genau vorstellen, können Sie es auch erreichen. Lassen Sie Ihr Herz fliegen, stellen Sie einen Aktionsplan auf und ziehen Sie ihn durch. Der Plan ist entscheidend: Ohne Plan oder kurzfristige Ziele werden die großen Ziele nicht erreicht. Um es mit Bernard Shaw zu sagen: Solange man in der Lage ist, ein Fundament darunter zu errichten, kann man ruhig Luftschlösser bauen. Nutzen Sie Ihre Vorstellungskraft, träumen Sie. Aus neurobiologischer Sicht geschehen beeindruckende Dinge im Gehirn, wenn man sich etwas mit aller Kraft und Fantasie ausmalt. Es kommt tatsächlich zu einer Veränderung im Gehirn, weil ein emotionaler Zustand ausgelöst wird, der in der Lage ist, die normale Vorgehensweise der Neuronen zu modifizieren.

Man zieht an, was einem im Leben geschieht.

Konzentrieren Sie sich auf das, was Sie sich wirklich wünschen, und nutzen Sie Ihre Begeisterung, um sich ein großes – oder kleines! – Projekt vorzustellen, das Ihnen sehr am Herzen liegt. Dann werden Sie merken, dass sich in Ihrem Inneren etwas tut. Sie gewinnen an Sicherheit, Selbstvertrauen, Freude … Und was noch überraschender ist: Ihr Gehirn verändert sich. Vorfreude und Träumereien über mehrere Tage hinweg setzen einen Prozess der Neurogenese in Gang: Stammzellen strömen zum Hippocampus (Bereich des Gedächtnisses und des Lernens) und verwandeln sich in Neuronen. Es sind nur wenige Arten der Bildung neuer Nervenzellen bekannt, doch Begeisterung und Wunschdenken gehören dazu!

> *Wenn er es sich vornimmt, kann jeder*
> *Mensch sein eigenes Gehirn gestalten.*
>
> Santiago Ramón y Cajal

Gehirn und Körper verändern sich, wenn sie erkennen, dass etwas Gutes geschehen kann. Dabei geht es nicht darum, sich in etwas hineinzusteigern, um ein bestimmtes Ziel zu erreichen – das Leben führt Sie nicht unbedingt immer in die gewünschte Richtung –, sondern darum, einen Geisteszustand zu erreichen, der darauf ausgerichtet ist, *Mein bestes Ich* (MBI)[4] hervorzubringen. Vergessen Sie jedoch nicht: Wenn Sie sich verbissen auf ein ganz bestimmtes, konkretes Ziel versteifen und keinerlei interessanten Alternativen zulassen, kann das den gegenteiligen Effekt haben. Manchmal muss man Abstand nehmen, sein Blickfeld erweitern und vielleicht auch sein Ziel anpassen. Wir erhalten im Leben ständig »Signale« (oder welche Bezeichnung auch immer man dafür findet), um einen passenden Weg zu finden und schließlich unser bestes Ich zu entwickeln.

4 In Kapitel 9 wird auf MBI näher eingegangen.

RATSCHLÄGE ZUR STEIGERUNG DES AUFSTEIGENDEN RETIKULÄREN AKTIVIERUNGSSYSTEMS (ARAS)

- Setzen Sie sich jeden Morgen ein Ziel für den Tag – noch im Bett, nach dem Aufstehen oder beim Kaffee. Das kann etwas Unbedeutendes sein (mit jemandem sprechen, ein Telefonat erledigen …) oder eine größere Herausforderung, auf die Sie sich freuen (wodurch Ihr Gehirn in einen optimalen emotionalen Zustand versetzt wird).
- Stellen Sie sich vor, wie Sie die Herausforderung meistern, mit Vorfreude, Ruhe und Zuversicht. Fühlen Sie es, freuen Sie sich und genießen Sie es. Nur einige Augenblicke lang. Achten Sie dabei darauf, dass die Fantasie Ihnen keinen Streich spielt und Sie sich nicht in Träumereien verlieren.
- Überlegen Sie sich einen ersten Schritt und erstellen Sie einen kurzen Plan.

Nur Mut! Es fehlt nicht mehr viel bis zu Ihrem Ziel. Sie haben Ihr ARAS bereits aktiviert, die Umsetzung wird also deutlich leichter.

Öffnen Sie Ihren Geist – das ist von entscheidender Bedeutung. Wenn wir nicht aufmerksam sind – und unser ARAS nicht aktivieren! –, können wir die sich bietenden Möglichkeiten leicht übersehen. Sind wir dagegen aufnahmefähig, optimistisch und aufgeschlossen, sind wir in der Lage zu verstehen, was geschieht, und unseren Erlebnissen einen Sinn zu geben.

Unser Problem ist, dass wir in der heutigen Welt nicht mehr darauf achten, was uns passiert, dass wir von nichts mehr überrascht sind! Die heutige Gesellschaft muss wieder dazu zurückkehren, die Wirklichkeit eingehend und mit Neugier zu betrachten; wenn man etwas aufmerksam beobachtet, wird es innerhalb kurzer Zeit auch interessant. Man muss nur innehalten und in der Lage sein, die Stille zu hören. Stille ist nicht das Fehlen von Geräuschen, sondern die Fähigkeit, sich von äußerem Lärm abzuschotten und den Blick in Ruhe nach innen zu richten.

Wer zusammen mit einem Kind die Straße entlangläuft, merkt, was alles dessen Aufmerksamkeit weckt. Von meinem Haus bis zur Kita meines kleinen Sohns sind es keine 500 Meter. Wenn ich ihn hinbringe, brauche ich fast eine halbe Stunde – für den Rückweg benötige ich keine fünf Minuten. Der Grund? Es gibt jede Menge »Ablenker«, die seine Aufmerksamkeit wecken: Polizeiautos, die Müllabfuhr, Motorradfahrer, Flugzeuge, bunte Lichter, Schaufenster, laute Musik aus einem Auto, unbekannte Menschen, die er grüßt …

Lernen, wieder die Wirklichkeit zu sehen

Sehen können heißt lieben können.

Enrique Rojas

Beobachten Sie die Sie umgebende Realität und erfreuen Sie sich an ihr: Sie werden feststellen, dass sie immer auf die eine oder andere Weise schön ist. Sich etwas aufmerksam anzusehen, weckt das Interesse und die Faszination für das Leben. Wir müssen lernen, die Wirklichkeit mit neuen Augen zu betrachten, mit Zärtlichkeit statt Strenge. Man muss dafür nur innehalten und staunen.

Blicken Sie mit Staunen auf Ihre Arbeit, Ihre Familie, Ihre Kinder, Ihr Haus. Möglicherweise fällt Ihnen irgendein Detail auf, an das Sie sich ungewollt gewöhnt haben, oder Sie entdecken positive Aspekte neu, die Sie gar nicht beachtet haben. In Beziehungen ist das besonders wichtig: Sehen Sie sich Ihren Mann oder Ihre Frau an, als wäre es das erste Mal. Konzentrieren Sie sich auf den Gesichtsausdruck, die Körpersprache, den Blick, wie er oder sie andere Menschen und Sie selbst behandelt … Gewöhnen Sie sich niemals an den Menschen, in den Sie sich verliebt haben. Damit die Routine nicht überhandnimmt, braucht es Aufmerksamkeit.

Begegnen Sie der Realität dagegen mit Gleichgültigkeit oder Langeweile und halten alles für selbstverständlich, ohne die Nuancen wahrzunehmen, kommen Sie wahrscheinlich immer an derselben Stelle nicht weiter und bleiben im Negativen oder in Schwierigkeiten stecken, für die es keine einfache Lösung gibt.

DER FALL EMILIA

Emilia war seit 20 Jahren mit ihrem Mann zusammen. Die beiden hatten drei halbwüchsige Kinder im Alter von 19, 17 und 16 Jahren. Ihre Beziehung lief gut, sie respektierten und liebten einander. Es gab Höhen und Tiefen wie in jeder Partnerschaft, aber insgesamt war die Ehe stabil.

Wegen seiner Arbeit reiste Juan ab einem gewissen Zeitpunkt häufig in die Vereinigten Staaten. Er verbrachte viel Zeit in New York, Miami und Los Angeles. Emilia machte ihm Vorwürfe, denn sie hatte sich an eine solide Partnerschaft gewöhnt und merkte, dass ihre Beziehung sich abkühlte. Und in der Tat erklärte Juan ihr nach der Rückkehr von einer Reise, dass er sich in jemanden verliebt habe. Emilia versuchte, ihn umzustimmen, ihn zu überzeugen und schleppte ihn zu mehreren Therapeuten, aber Juan hatte seine Entscheidung bereits getroffen. Die andere Frau war jung, 27 Jahre, und sie erwarteten ein gemeinsames Kind. Emilia merkte, dass es ihr nicht möglich war, ihm zu verzeihen, obwohl sie es wollte.

Die ersten vier Jahre waren für sie die Hölle. Sie litt, weinte und durchlebte eine schwere Depression. Nachdem sie medikamentös behandelt worden war, ging es ihr besser, und die Medikamente wurden nach und nach abgesetzt.

Als sie in meine Praxis kommt, sind acht Jahre seit der Trennung vergangen. Emilia wird von ihrer ältesten, nun 27-jährigen Tochter begleitet, die als Assistenzärztin in Madrid arbeitet. Diese berichtet mir, dass ihre Mutter nie wieder die Alte geworden sei und an nichts mehr Freude habe, obwohl so viele Jahre vergangen sind. Für jeden habe sie stets einen negativen

Kommentar übrig, urteile hart und begegne allem mit Geringschätzung. Sie streite ab, traurig oder deprimiert zu sein, und mache nur den Mund auf, um andere zu kritisieren oder abzuurteilen. Ihre Mutter konzentriere sich auf die unbedeutendsten Details, alles in ihrer Umgebung sei verbesserungswürdig. In wenigen Monaten werde sie Großmutter, und ihre Kinder seien besorgt über ihre Haltung.

Als ich mit Emilia spreche, sehe ich mich einer Frau gegenüber, die »auf das Leben wütend« ist. Vom ersten Augenblick an beklagt sie sich über das Wetter, den Verkehr in Madrid und darüber, dass ihre Kinder so fordernd seien. Im Laufe des einstündigen Gesprächs gelingt es mir nicht, ihr ein positives Wort über irgendetwas oder jemanden zu entlocken. Ich frage sie nach ihrem Haus am Strand – laut der Tochter ein wunderschöner, angenehmer Ort –, und sie antwortet, dass sich dort viel Staub ansammelt und sie es nicht mehr genießt, im Sommer dort zu sein.

Als ich sie nach ihrer schwangeren Tochter frage, sagt Emilia:

»Sie soll nicht darauf zählen, dass ich ihr helfe, wenn das Kind da ist. Ich habe ihr schon gesagt, dass sie zu jung sei, um Mutter zu werden.«

Die Tochter, die sie in meine Praxis begleitet hat, erzählt mir, dass ihre Mutter damals wirklich deprimiert gewesen sei – sie weinte viel und verbrachte ganze Tage im Bett –, doch dass in ihrem Verhalten jetzt die permanenten Klagen dominieren.

Ich erkläre Emilia, wie wichtig es ist, ihre Wirklichkeit wieder mit anderen Augen zu sehen. Überrascht sieht sie mich an. Ohne zu zögern behauptet sie:

»Ich bin doch vollkommen objektiv.«

Ich betone, dass das Glück von der eigenen Interpretation der Realität abhängig sei. Dann lege ich ihr die Struktur ihrer Persönlichkeit, ihres Glücks und ihrer Überzeugungen dar und erkläre, dass sie sich eine Rolle ausgesucht hat, in der immer und überall Kritik und Urteile dominieren. Sie ist nicht in der Lage, die guten Dinge zu sehen oder ihre Umgebung mit Staunen, Mitgefühl und Einfühlungsvermögen wahrzunehmen.

Wir begannen eine Therapie, die zehn Monate dauerte. Ich half Emilia, die Wunden der Vergangenheit zu überwinden, die Gegenwart nicht allzu sehr zu hassen und mit Freude in die Zukunft zu sehen. Es war nicht leicht, doch heute ist ihr bewusst, dass ihr Problem auf ihrer eigenen Interpretation der Wirklichkeit beruhte. Ihre Wahrnehmung war »verseucht«, wie sie selbst es beschrieb.

Der Optimist sieht seinem Gegenüber in die Augen und spricht von Herz zu Herz; der Pessimist schaut zu Boden, zieht die Schultern hoch und vergisst, mit dem Herzen zu kommunizieren.

Bündeln Sie Ihre Aufmerksamkeit. Versuchen Sie, sich zu konzentrieren.

Der spanische Philosoph par excellence, José Ortega y Gasset, war einer der wichtigsten Denker der letzten Jahrzehnte. Eine seiner berühmten Äußerungen war: »Ich bin ich und meine Lebensumstände.« Aufgrund der vielen Ideen, die er im Kopf hatte, fiel es ihm ziemlich schwer, sich zu konzentrieren. Um die für seine Schriften nötige Geisteshaltung zu erreichen, musste er sich in einen Zustand der »Versunkenheit« versetzen, mit deren Hilfe er sich von der Außenwelt abschottete. Fast im Dunkeln wanderte er durch seinen riesigen, leeren Flur. Gelang es ihm, seine Gedanken zu ordnen, setzte er sich in sein Büro, um sie niederzuschreiben. Dort hing ein schwarzes Tuch auf Augenhöhe an der Wand. So blieb er inspiriert, wie auf seinem Flur.

Welche Technik wenden Sie an, wenn Sie sich wirklich konzentrieren müssen?

Heben Sie den Blick, legen Sie Ihr Mobiltelefon zur Seite, und betrachten Sie die Realität mit neuen Augen, einem zuversichtlichen Herzen und in der Hoffnung, dass etwas Sie in Staunen versetzen wird!

Heutzutage ist das aufsteigende retikuläre Aktivierungssystem (ARAS) bei vielen Menschen blockiert. Einer der wichtigsten Gründe dafür ist der Bildschirm. Wer dauernd auf sein Handy oder in den Rechner blickt, für den ist es ziemlich schwierig, den »guten Dingen« Aufmerksamkeit zu schenken, die um ihn herum passieren. Dabei ist das Beherrschen der Aufmerksamkeit entscheidend. Wir müssen wieder lernen, die Reize, die ohne Unterlass auf unsere Sinne einstürzen, umzuleiten und unsere Aufmerksamkeit auf das zu lenken, was es wirklich wert ist.

Neuronale Plastizität und Aufmerksamkeit

Die Neuroplastizität sorgt für die »Neuverkabelung« der neuronalen Verbindungen – von der Einrichtung neuer Verbindungen zwischen den Zellen bis hin zu Anpassungen des Gehirns an Veränderungen, neue Umstände und Herausforderungen.

Verschiedene Faktoren wie Stress, Krankheiten, Genetik, Entzündungen, Traumata oder Unfälle beeinträchtigen diese Fähigkeit. So verknüpfen sich etwa auch bei der Aktivierung des ARAS bestimmte Nervenzellen, was es uns leichter macht, angesichts einer Vielzahl von Reizen das Wichtigste und Notwendige herauszufiltern.

Indem wir unsere Aufmerksamkeit auf bestimmte Dinge lenken, modellieren wir unser Gehirn in Echtzeit.

Die Neuronen in unserem Kopf arbeiten entsprechend der Art und Weise, wie wir unsere Aufmerksamkeit bündeln. Wenn Sie nicht in der Lage sind, den Fokus Ihrer Aufmerksamkeit zu kontrollieren und sich zu konzentrieren, sind Ihre Entscheidungsprozesse weniger effizient. Die gute Nachricht: Wir können schädliche mentale Automatismen

»umprogrammieren«, um die Aufmerksamkeit wieder auf das zu lenken, was wir wirklich in den Fokus nehmen wollen. Aufmerksamkeit ist ein Willensakt und kann deshalb geschult werden.

Nur wer seine Aufmerksamkeit beherrscht, hat auch Kontrolle über seinen Willen.

Beginnen Sie nun damit, …

- Ihre Aufmerksamkeit zu trainieren. Versuchen Sie, sich auf positive Dinge in Ihrem Umfeld zu konzentrieren.

- den Augenblick zu genießen. Ich spreche bewusst von »genießen«, denn manchmal gewöhnen wir uns so sehr an Gefühle (die ja von den Sinnen ausgehen), dass wir ihnen gar keine Aufmerksamkeit mehr schenken. Kosten Sie es aus, wenn Sie eine Orange, eine Banane oder ein Stück Schinken essen. Geben Sie sich Mühe, den Geruch, die Konsistenz und den Geschmack wahrzunehmen. Trauen Sie sich, in einem Park die Augen zu schließen und sich ganz auf Ihr Gehör und Ihren Geruchssinn zu konzentrieren. Und wenn Musik nicht nur im Hintergrund läuft, sollten Sie ihr auch richtig zuhören.

- sich zu entscheiden. Nehmen Sie die Zügel Ihres Lebens in die Hand. Beobachten Sie etwas Wertvolles, objektiv Gutes in Ihrer Umgebung, und zählen Sie eine Minute lang dessen positive Aspekte auf. Sie werden überrascht sein. Versuchen Sie dasselbe mit bestimmten Menschen, Ereignissen und Umständen. Es gibt so viel Gutes, das man gar nicht wahrnimmt, da dieser Bereich des Verstands blockiert ist. Vergessen Sie nicht, dass Geist und Körper eng miteinander verbunden sind.

- sich vor Augen zu führen, dass Medikamente helfen können, aber nie die einzige Lösung Ihrer Probleme sind. Medikamente geben den Anstoß zur Besserung; aber damit es zu keinem Rückfall kommt, müssen Sie an Ihrem Verstand arbeiten.

6. EMOTIONEN UND IHRE AUSWIRKUNGEN AUF DIE GESUNDHEIT

Was sind Emotionen?

Emotionen sind mehr oder weniger intensive Gemütsbewegungen – die Antwort des Körpers auf Lebensumstände, alltägliche Ereignisse oder die subjektive Wahrnehmung. Sie zeigen unsere Wesensart und bringen zum Ausdruck, wie wir uns fühlen.

Dieselben Tatsachen können ganz verschiedene Emotionen auslösen; sie verleihen den Ereignissen in unserem Leben Farbe und Würze. Doch Emotionen sind auch mit der körperlichen und geistigen Gesundheit verbunden. Wenn ich beispielsweise »Mir geht es gut« sage, fühle ich Frieden und Wohlbefinden; mit der Aussage »Ich bin wohlauf« verbessere ich meine Gesundheit; und andersherum nehme ich bei der Bemerkung »Ich fühle mich allein« Einsamkeit wahr.

Die Positive Psychologie

Der Begriff »Positive Psychologie« geht auf das Jahr 1998 zurück und wurde vor allem von dem US-amerikanischen Psychologen Martin Seligman weiterentwickelt und bekanntgemacht. Diesem Konzept nach kann man auf zwei Arten auf Ereignisse reagieren: mit positiven oder negativen Emotionen. Je nachdem, was im Vordergrund steht, fühlen wir uns »gut« oder »schlecht«.. Wir werden uns das noch genauer ansehen. Historisch gesehen sind negative Emotionen viel umfangreicher untersucht worden als positive: Schmerz, Beklemmung, Angst, Wut, Einsamkeit … Erst seit einigen Jahren konzentriert sich die Wissenschaft verstärkt auf positive Emotionen, insbesondere seit dem Auftauchen des Konzepts der Positiven Psychologie.

Ein weiterer interessanter Wissenschaftler ist Richard J. Davidson, Doktor der Neuropsychologie sowie Gründer und Leiter des Center for Investigating Healthy Minds an der University of Wisconsin-Madison. Dort untersucht er positive Emotionen, Verhaltensweisen und Eigenschaften wie Freundlichkeit, Zuneigung, Mitgefühl und Liebe. Er begann seine Untersuchungen im Jahr 1992 nach seinem Treffen mit dem Dalai Lama, der ihm folgende Frage gestellt hatte:

»Habt ihr denn nie daran gedacht, euch bei euren Untersuchungen des Geistes einmal mit Freundlichkeit, Zärtlichkeit oder Mitgefühl zu beschäftigen?«

Seitdem widmet er sich ganz den positiven Emotionen des Menschen. Sein Motto ist: »Die Basis eines gesunden Gehirns ist die Güte.«

Eine Studie mit überraschenden Teilnehmern

Die Ärzte David Snowdon und Deborah D. Danner führten in den USA eine Studie mit 180 katholischen Nonnen durch, die im Alter von durchschnittlich 22 Jahren autobiografische Notizen gemacht hatten. 60 Jahre später stellten die Wissenschaftler eine Verbindung zwischen den in den autobiografischen Notizen festgehaltenen positiven Emotionen und der Langlebigkeit der Ordensschwestern fest: 90 Prozent der Nonnen, die viele positive Emotionen notiert hatten, waren mit 85 Jahren noch am Leben; bei den Frauen, die weniger positive Emotionen festgehalten hatten, waren es nur 34 Prozent. Eine spätere Auswertung ergab, dass von den Frauen mit mehr positiven Emotionen im Alter von 94 Jahren immer noch 54 Prozent lebten, während in der Gruppe mit weniger positiven Emotionen nur noch 11 Prozent am Leben waren. Die Wissenschaftler erkannten auch, dass bei den Nonnen, die mehr Gedanken geäußert hatten oder einen größeren Wortschatz besaßen, die Wahrscheinlichkeit geringer war, mit über 85 Jahren eine Altersdemenz zu entwickeln – in diesem Alter liegt das Alzheimer-Risiko bei rund 50 Prozent.

Die Studie wurde nach dem Tod der Teilnehmerinnen fortgesetzt, da die meisten von ihnen ihr Gehirn für Untersuchungen spendeten. Die wichtigste Erkenntnis hieraus bestand darin, dass es keine eindeutige Verbindung zwischen Pathologie und Symptomen gab – dass also Nonnen, deren Gehirn schwere Schädigungen aufwies, einen guten körperlichen und psychischen Gesundheitszustand hatten und umgekehrt: Bei Ordensfrauen, die eindeutig Symptome von Altersdemenz zeigten, wurde intaktes Gewebe gefunden. Weiter fand man heraus, dass die Nonnen, die über 100 Jahre alt wurden, die gesündesten Gehirne hatten.

Erstaunlicherweise geht diese Studie auf einen Zufall zurück. Prof. Snowdon hatte das Kloster ursprünglich aufgesucht, um die Ernährungsgewohnheiten der religiösen Gemeinschaft und deren Auswirkungen auf die Alterung zu erforschen. Überrascht stellte er dabei fest, dass es sich generell um eine interessante Studiengruppe handelte – mit einem niedrigen Stresslevel, ohne Tabak und Alkohol … In der damaligen Gemeinschaft lebten sieben Nonnen, die über 100 Jahre alt waren und als »die sieben Prächtigen« bezeichnet wurden. Da die Untersuchung auf großes Interesse stieß, wurde sie von offizieller Seite mit fünf Millionen Euro unterstützt.

Die Schlussfolgerung aus der Studie ist äußerst interessant: Senilität und geistige Alterung scheinen auch bei hochbetagten Menschen nicht unvermeidbar zu sein. Entscheidend sind offenbar die positiven Emotionen.

Die Basisemotionen

Zahlreiche Autoren haben sich mit der Frage nach den grundlegenden Emotionen des Menschen auseinandergesetzt, sie beschrieben und in verschiedenen Ländern oder Gesellschaften Studien durchgeführt, um zu einer Einigung zu kommen. Der US-amerikanische Psychologe Paul Ekman – Berater für den Pixar-Film *Alles steht Kopf* – beschäftigte sich eingehend mit Emotionen und der Art, wie wir zeigen, was wir fühlen, also mit Gesichtsausdruck und Körpersprache. Warum ziehen wir die Schultern hoch, wenn wir traurig sind? Weshalb gestikulieren wir anders, wenn wir Ekel oder Angst empfinden?

Paul Ekman entwickelte ein Kodierungsverfahren zur Beschreibung von Gesichtsausdrücken (Facial Action Coding System, FACS), bei dem die Bewegungen von über 40 Muskeln des Gesichts, des Kopfes und der Augen gemessen werden. 1972 erklärte er, es gebe sechs universelle Gesichtsausdrücke, die seiner Ansicht nach mit den sechs Basisemotionen verbunden sind: Wut, Ekel, Furcht, Freude, Traurigkeit und Überraschung. 1990 fügte er eine siebte Basisemotion hinzu: Verachtung.

Die Moleküle der Emotion

Damit betreten wir ein spannendes Feld. Die 2013 verstorbene US-amerikanische Neurowissenschaftlerin Candace B. Pert war Leiterin des National Institute of Mental Health (NIMH) und schrieb den Bestseller *Moleküle der Gefühle: Körper, Geist und Emotionen* über die Auswirkung der Emotionen auf die Gesundheit. Mit ihren Studien über den Zusammenhang zwischen Geist und Körper löste sie eine wahre Revolution aus. Außerdem entdeckte sie die Opioidrezeptoren.

Wie es dazu kam, möchte ich hier in vereinfachter Form erklären. Die Opioidrezeptoren befinden sich auf der Oberfläche der Zellmembran und verbinden sich nach dem Schlüssel-Schloss-Prinzip selektiv mit bestimmten Molekülen. Die Moleküle, die zu den Rezeptoren gelangen, werden Neuropeptide genannt und sind die Grundlage von Emotionen.

Interessanterweise löst jede Emotion die Produktion von Neuropeptiden aus. Wenn der Rezeptor der Membran das Molekül (Neuropeptid) der Emotion empfängt, überträgt er eine Botschaft nach innen. Diese Botschaft kann Frequenz und Biochemie der Zelle verändern und dadurch ihr Verhalten beeinflussen. Mit Verhalten der Zelle ist alles von der Produktion neuer Proteine oder der Zellteilung bis zum Öffnen oder Schließen von Ionenkanälen oder sogar der Veränderung des epigenetischen Ausdrucks gemeint – also Gene! Neuropeptide handeln also wie Mechanismen, die unsere Physiologie, das Verhalten und sogar die Genetik verändern. Ein Teil der »Geschichte« einer Zelle geht auf die Signale zurück, welche die Neuropeptide der Emotion an die Membran senden.

Um es mit den Worten von Dr. Pert selbst zu sagen: »Die Neurotransmitter genannten Peptide übertragen emotionale Botschaften. Ändern sich unsere Gefühle, reist diese Peptidmischung durch den gesamten Körper und das Gehirn. Sie verändert buchstäblich die Chemie jeder Zelle des Körpers.«

Aufgrund dieser und anderer Erkenntnisse gilt Dr. Pert als bedeutende Kraft in der Entwicklung dessen, was heute als Psychoneuroimmunologie bezeichnet wird. Folglich besteht zwangsläufig ein Zusammenhang zwischen Krankheit und Emotionen. Kommt eine Emotion zum Ausdruck, reagiert der Körper. Wird eine Emotion dagegen abgelehnt oder unterdrückt, kann sie zu ernsthaften Schädigungen führen. Pert zufolge löst jede Emotion einen biochemischen Reflex im Körper aus.

Wer Emotionen herunterschluckt, erstickt

Wer etwas herunterschluckt, kann daran ersticken. Wir haben uns nun mit der Bedeutung der Gedanken und Emotionen für unsere Gesundheit und unser Verhalten beschäftigt. Sehen wir uns ein konkretes Beispiel an.

Wenn mir jemand sagt, dass ich schrecklich gekleidet bin, kann ich auf unterschiedliche Arten reagieren.

- Ich antworte: »DU bist schrecklich.«

- Ich verdränge alle Emotionen, bin beleidigt, traurig und denke darüber nach: »Warum hat er das gesagt? So schrecklich sieht es nun auch wieder nicht aus … Was hat er gegen mich? Hätte ich mich anders kleiden sollen?«

- Ich streiche das Gesagte aus dem Kopf, denke nicht weiter darüber nach und ignoriere es.

- Ich entgegne etwas wie: »Mir gefällt es. Ich hatte schon immer einen ausgefalleneren, originellen Geschmack.«

Jede Reaktion hat eine andere Auswirkung auf den Körper, auf jede Zelle und natürlich auch auf den Geist. Im ersten Fall – bei einer impulsiven, direkten und sogar ein bisschen aggressiven Reaktion – verändert mein Körper sich möglicherweise nicht, aber ich verliere Freunde oder verkompliziere persönliche Beziehungen. Die Alternativen zwei und drei machen mich krank. Ich unterdrücke negative Emotionen, und das wirkt sich auf meine physische und psychologische Gesundheit aus. Sigmund Freud erklärte das folgendermaßen: »Nicht ausgedrückte Gefühle sterben nicht, sie werden lebendig begraben und kommen irgendwann auf unschöne Weise wieder hervor.« Die letzte Reaktion ist die gesündeste. Natürlich gelingt es uns nicht immer, bestmöglich zu reagieren. Manchmal wird uns auch erst im Nachhinein bewusst, dass uns unser Charakter oder die Umstände auf überraschende oder unpassende Art haben handeln lassen.

Wir leben in einer Gesellschaft, die uns Emotionen verdrängen lässt. Gefühle zu zeigen, gilt als Zeichen von Schwäche oder mangelnder Stärke. Bisweilen gilt es sogar als unpassend, zum Ausdruck zu bringen, was man empfindet – insbesondere wenn es sehr emotional gefärbt ist.

Wer sich mit der Welt des Denkens und der Emotionen beschäftigt, weiß, dass wir Emotionen dann unterdrücken, wenn wir sie nicht akzeptieren. Solche unterdrückten Emotionen werden abgekapselt und bleiben im Unterbewusstsein eingeschlossen. Es ist nur logisch, dass sie in irgendeiner Weise zu einem anderen Zeitpunkt in unserem Leben wieder zum Vorschein kommen und dann unser Gleichgewicht empfindlich stören. Ein eindeutiges Beispiel dafür sind Depressionen in der Schwangerschaft oder im Wochenbett – in einer Zeit also, in der die Frau sehr verletzbar ist.

Wenn man für sich behält, was man fühlt, weil man Angst davor hat, was die anderen denken könnten oder dass man sich lächerlich macht, beziehungsweise weil man nicht in der Lage ist, seine Gefühle zum Ausdruck zu bringen, verursacht das einen Schaden. Die Emotionen häufen sich an und schädigen uns; sie liegen wie Schatten auf unserem Körper und Geist.

Wir müssen lernen, unsere Emotionen auszudrücken

Manche Menschen, die ihre Gefühle nicht ausdrücken können, hoffen, dass ihr Gegenüber schon merken wird, welchen Schaden es angerichtet hat. Tatsächlich aber merken es die wenigsten, welche Verletzung sie mit ihrem Urteil oder ihrer Kritik ausgelöst haben, und sie tun es auch nicht aus Bosheit. Es kommt nur selten vor, dass jemand es genießt, andere anzugreifen oder zu beleidigen; das ist beispielsweise bei Menschen mit ernsten Persönlichkeitsstörungen der Fall. Wer eine asoziale Störung hat – wir sprechen meist von Psychopathen –, erfreut sich daran, anderen zu schaden, und tut dies bewusst, um zu verletzen. Andererseits gibt es Menschen mit einer hohen Sensibilität, die sich leicht durch Kommentare oder Handlungen anderer verletzt fühlen. Aus psychologischer Sicht haben sie eine extrem dünne Haut, und man muss vorsichtig mit ihnen umgehen, weil sie beim geringsten Anlass beleidigt sind.

DER FALL BEATRIZ UND LUIS

Beatriz und Luis sind seit sechs Jahren verheiratet. Sie haben drei kleine Kinder: Der Älteste ist drei Jahre alt, die zweieiigen Zwillinge ein Jahr. Luis ist Architekt, hat jahrelang viel gearbeitet und ist oft gereist, doch durch die Wirtschaftskrise hat er sehr gelitten. Er hat den Arbeitgeber gewechselt und nimmt nun außerdem als Selbständiger Projekte an, um sein Gehalt aufzubessern. Luis ist direkt, impulsiv, schnell, effizient und perfektionistisch: Er achtet auf Details und möchte, dass alles gut ist. Er sieht die Dinge mit Klarheit und artikuliert, was er fühlt. Beatriz ist Dekorateurin. Sie lernten sich bei der Umgestaltung eines Kulturinstituts in Nordspanien kennen, gingen bald eine Partnerschaft ein und heirateten. In ihrer Herkunftsfamilie ist sie die Älteste von vier Schwestern. Zu ihren Schwestern und ihrer Mutter hat sie ein sehr enges Verhältnis. Beatriz war schon immer sehr sensibel. Aufgrund eines Nierenproblems war ihr Vater viele Jahre krank, und sie hat ihrer Mutter immer bei allem geholfen. Sie neigt dazu, alles Negative »runterzuschlucken«, um niemanden allzu sehr zu beunruhigen.

Beatriz kommt zu mir in die Praxis, weil sie seit einigen Monaten traurig, apathisch und kraftlos ist. Sie bringt das mit der Geburt der Zwillinge in Zusammenhang – doch diese sind bereits ein Jahr alt, und es geht ihr immer noch nicht besser. Nichts macht ihr Freude, und manchmal, wenn Luis arbeitet, schließt sie sich in ihrem Zimmer ein, um zu weinen. Sie versucht das vor ihren Kindern zu verbergen.

Wenn ihr Mann nach Hause kommt – müde und leicht gereizt, da es nun anstrengender ist, Geld zu verdienen –, liegen Spielsachen auf dem Fußboden, und die Kinder weinen. Dann fordert er schreiend, dass sofort aufgeräumt werden muss und die Kinder rasch zu Abend essen und leise sein sollen, da er im Wohnzimmer ungestört die Nachrichten sehen möchte.

Schweigend räumt Beatriz auf und bereitet das Essen zu … Wenn sie die Kinder dann ins Bett gebracht hat, will sie nur noch weinen. Luis bemerkt das gar nicht, er ist mit sich selbst und seinen eigenen Angelegenheiten beschäftigt. Beatriz sagt nichts, weil sie gar nicht weiß, wie.

Beatriz erzählt, dass vor ein paar Tagen ein Reizdarmsyndrom[1] bei ihr diagnostiziert worden ist. In einer ausführlichen Anamnese erfahre ich ihre Familiengeschichte. Beatriz gibt zu, dass sie noch nie gewusst hat, wie sie sich mit ihrem Ehemann oder einem anderen ihr nahestehenden Menschen auseinandersetzen soll, um Konflikte zu vermeiden. Sie bevorzugt die scheinbare Harmonie, statt zu erklären, dass ihr etwas nicht richtig zu sein scheint. In letzter Zeit sind zu den Symptomen im Verdauungstrakt noch Schwindel und Übelkeit hinzugekommen. Sie berichtet, nichts mehr genießen zu können, vergesslich zu sein und Konzentrationsschwierigkeiten zu haben.

Als wir mit ihrem Mann sprechen, ist ihm rätselhaft, wie sie in diese Situation geraten sein könnte. Er erklärt, dass seine Frau ein großes Herz habe und nie wütend werde. Luis gibt zu, selbst einen explosiven Charakter zu haben, mit dem seine Frau aber »sehr gut umgehen könne«. Ich erläutere den beiden jeweils einzeln und schematisch, wie ihr Verstand, ihre Emotionen und ihr Verhalten nach äußeren Reizen funktionieren – bei Beatriz nach den Schreien und der Ungeduld ihres Mannes, bei ihm nach Frustrationen wegen finanzieller und professioneller Themen. Außerdem lege ich jedem das Persönlichkeitsschema des jeweils anderen dar, damit sie einander verstehen, und gebe ihnen sehr konkrete Regeln an die Hand, wie sie ihre Beziehung verbessern können.

Nach einigen Monaten Therapie geht es Beatriz besser. Ich verschreibe ihr Antidepressiva, damit sich ihre seelische Verfassung regeneriert, was ihr wiederum hilft, die körperlichen Symptome zu regulieren. Luis verordne ich ein Phasenprophylaktikum, um seine impulsiven Ausbrüche

1 Das Reizdarmsyndrom (RDS) geht mit Bauchschmerzen und veränderten Stuhlgewohnheiten einher. Der Mechanismus ist noch nicht genau bekannt, doch man weiß, dass die emotional-psychologische Komponente von großer Bedeutung ist. Der Darm ist auf verschiedene Weise durch neurologische und hormonelle Vorgänge mit dem Gehirn verbunden. Aufgrund von Stress, Sorgen oder Traurigkeit werden diese Rezeptoren empfindlicher und verschlimmern die Symptome. Bei Frauen kommt das RDS häufiger vor. Es wird diagnostiziert, wenn der oder die Betroffene mindestens drei Monate lang an mindestens drei Tagen pro Monat Symptome hat. Diese bestehen aus Bauchschmerzen, einem Blähbauch, Völlegefühl, Blähungen und veränderten Stuhlgewohnheiten (Durchfall oder Verstopfung).

zu blockieren. Durch die Psychotherapie bessert sich ihre Beziehung wesentlich. Jeder versteht nun eher, wie der andere tickt, und vor allem lernen sie beide, auf gesündere Weise mit ihren Emotionen umzugehen.

Also … Wenn wir nicht ausdrücken, wie wir uns fühlen, ist die Wahrscheinlichkeit groß, dass unserem Gegenüber gar nicht bewusst ist, welchen Schaden es verursacht. Im Allgemeinen sind Frauen zarter besaitet als Männer, und da sie über alles mehr nachdenken, leiden sie auch mehr; wobei erschwerend hinzukommt, dass ihre Partner in vielen Fällen – aufgrund eines Mangels an Zeit, Aufmerksamkeit, Unfähigkeit oder einer Mischung aus allem – die schwachen Zeichen nicht zu deuten wissen, mit denen Frauen manchmal zu kommunizieren versuchen. Männer sind in der Regel weniger emotional und praktischer veranlagt. In unserer heutigen Kultur ist die Frau besser als der Mann in der Lage, Liebe und Gefühle zu zeigen. Natürlich gibt es auch hier Ausnahmen von der Regel, doch das ist die Situation, mit der ich in der Praxis am häufigsten konfrontiert bin.

Ich spreche mich nicht dafür aus, das Erstbeste zu sagen, was einem in den Sinn kommt oder was man fühlt, aber es ist auch nicht gesund, mit den Menschen, mit denen man zusammenlebt, jegliches Gespräch über Dinge zu umgehen, die einem wehtun. Es ist wichtig, ein Gleichgewicht zu finden zwischen den Situationen, in denen es nötig ist, seine Gefühle zum Ausdruck zu bringen, und jenen, in denen es besser ist, nichts zu sagen, um den inneren Frieden und die äußere Harmonie zu wahren.

Was geschieht mit unterdrückten Emotionen?

Man könnte sagen, unterdrückte Gefühle kommen irgendwann durch die Hintertür zurück, in Gestalt von körperlichen oder psychischen Krankheiten. Als »neurotisch« gilt, wer in der Vergangenheit gefangen bleibt, weil er nicht in der Lage war, mit seinen Emotionen auf gesunde Weise umzugehen. Solche Menschen leiden unter nicht überwundenen oder schlecht verarbeiteten Ereignissen, Gedanken oder Gefühlen, wodurch ihr Charakter beeinträchtigt wird.

DER FALL EMILIO

Eines Tages kommt Emilio in meine Praxis, um sich über Diagnose und Behandlung seiner 14-jährigen Tochter zu informieren. Sie ist seit mehreren Monaten wegen psychischer Probleme und Verhaltensänderungen aufgrund von Mobbing bei mir in Therapie.

Er vermeidet es, mit seiner Frau zu den Sitzungen zu kommen, weil er die Therapie seiner Tochter für unnötig hält; alles, was mit Psychologie zu tun hat, scheint ihm absurd und nutzlos. Er begrüßt mich kühl und nimmt Platz. In solchen Fällen versuche ich, erst einmal über Nebensächlichkeiten zu reden, bis ich eine herzlichere Atmosphäre wahrnehme. Nach ein paar Minuten beginne ich, von seiner Tochter zu sprechen und davon, wie sehr sie ihn bewundert und liebt. Ich merke, wie seine Stimme ein wenig bricht und er das Thema wechselt.

»Ist Ihnen das nahegegangen?«, frage ich ihn.

»Ich möchte weder gerührt sein noch etwas Intensives empfinden. Das ist ein Zeichen von Schwäche, und sentimentale Leute bringen es nicht weit.«

»Oh! Das ist ein großer Irrtum. Sentimentalität und Emotivität sind nicht dasselbe.«

Nach diesem Tag beginnt Emilio eine sehr interessante Therapie bei mir. Wir tauchen in seine Biografie ein. Er stammt aus einer wohlhabenden Familie, sein Vater ist US-Amerikaner, seine Mutter Spanierin. Die Mutter ist kalt, unemotional und hat nie irgendwelche Zuneigungsbekundungen in der Familie zugelassen. Nie hat er zwischen seinen Eltern eine emotionale Geste, eine Umarmung, eine Liebkosung oder ein »Ich liebe dich« wahrgenommen.

In seiner Kindheit hatte er einen Nachbarn, mit dem er sich oft unterhielt, aber nachdem er fortgezogen war, hat er nie wieder volles Vertrauen zu einem Menschen aufgebaut. Als er von diesem Nachbarn spricht, den er seit über 30 Jahren nicht mehr gesehen hat, wird er interessanterweise emotional und weint. Ich habe ihm bereits erklärt, dass es in Ordnung ist, in der Praxis zu weinen. Niemand verurteilt oder kritisiert ihn. Tränen haben eine starke, befreiende Kraft, lösen Beklemmungen und Ängste.

Wir haben bereits beleuchtet, wie positive Emotionen ein langes Leben begünstigen, dem Auftreten von Krankheiten vorbeugen oder zu deren Heilung beitragen. Negative Emotionen hingegen können die Entstehung von Krankheiten begünstigen.

Was geschieht beim Weinen?

Vergessen wir nicht, dass der Mensch die einzige Spezies ist, die aus emotionalen Gründen weint. Sieht man jemanden weinen, werden Emotionen oder prosoziale Verhaltensweisen aktiviert, die uns dazu bringen, mit dem anderen mitzufühlen. Deshalb können wir annehmen, dass Tränen in der Evolution des Homo sapiens zu einer Ausdrucksform der emotionalen Befindlichkeit geworden sind.

Der Körper produziert im Jahr durchschnittlich hundert Liter Tränenflüssigkeit. Dabei können sich manche Menschen nicht einmal erinnern, wann sie das letzte Mal geweint haben, während andere literweise Tränen vergießen. Es gibt drei Arten von Tränen: jene, die für die Befeuchtung des Auges sorgen; Tränen, die vor Fremdkörpern, Staub, Gas usw. schützen; und emotionale Tränen.

Zu emotionalen Tränen kommt es, wenn der Organismus einen Alarmzustand wahrnimmt: Trauer, Angst, Gefahr – und als Reaktion darauf Tränen in die Augen schickt. Damit gehen eine Beschleunigung des Pulses und eine Rötung der Wangen einher.

Die wichtigsten psychosomatischen Symptome bei unterdrückten Emotionen

Wenn Emotionen zu körperlichen Erkrankungen werden, spricht man von psychosomatischen Krankheiten (*psyche* = Seele, *soma* = Körper). Eine psychosomatische Krankheit hat ihren Ursprung in der Seele, wirkt sich aber auf den Körper aus.

DIE POSITIVE SEITE DES WEINENS

Im Jahr 2013 kam in Japan eine Therapie namens Rui-katsu auf, was sich mit »Tränen suchen« übersetzen lässt. Aus kulturellen und historischen Gründen gehört Japan zu den Ländern mit einer geringeren emotionalen Bildung. Vor anderen Menschen Gefühle zu zeigen, ist Japanern nicht erlaubt. Diese Technik hilft ihnen nun, Spannungen und unterdrückte Emotionen zu lösen und ihr Gleichgewicht wiederzuerlangen.

Es handelt sich um eine Gruppentherapie, die auf dem Weinen basiert. Japaner vermeiden es, allein zu weinen, da dies depressiven Zuständen ähneln würde, bei denen man sich zum Weinen einschließt. Das erste Rui-katsu wurde 2013 von dem ehemaligen japanischen Fischer Hiroki Terai organisiert.

Dabei wird folgendermaßen vorgegangen: In einem Saal werden einem 20- oder 30-köpfigen Publikum hochemotionale Videos, Werbespots oder Kurzfilme gezeigt, bis die Menschen in Tränen ausbrechen. Solche Sitzungen dauern ungefähr 40 Minuten. Das Ergebnis: Die Teilnehmer fühlen sich danach befreit, erleichtert und deutlich besser gelaunt.

Der Wissenschaftler William Frey erforschte vor einigen Jahren die biochemische Komponente der Tränen von Menschen, die aus Angst oder Traurigkeit viel geweint hatten. Er stellte einen erhöhten Cortisolspiegel fest. Aus diesem Grund fühlt man sich nach einer »Tränentherapie« auch so befreit – gibt man größere Mengen Cortisol ab, werden Spannungen und Unruhe abgebaut.

Schämt man sich, röten sich die Wangen. Das geschieht unwillkürlich und kann nicht bewusst gesteuert werden. Bei einem Streit kann der Blutdruck steigen. Und vor einer Konferenz, einer Prüfung oder einem Vortrag kann es zu Herzrasen oder vermehrtem Schwitzen kommen.

Wer unter chronischem Stress steht, unter Ängsten oder Depressionen leidet, hat häufig auch körperliche Symptome wie Migräne,

Rückenschmerzen, Verspannungen, Veränderungen des Magen-Darm-Trakts oder Anzeichen wie Schwindel, Übelkeit und innere Unruhe. Zu Problemen kommt es, wenn die Krankheit ernster wird – von der Gastritis mit Magengeschwüren, die einen chirurgischen Eingriff erfordern, bis zu neurologischen oder onkologischen Krankheiten.

Hier eine Auflistung der wichtigsten psychosomatischen Störungen:

- Nervensystem: Migräne, Kopfschmerzen, Schwindel, Übelkeit, Missempfindungen (Parästhesie) und Muskellähmungen
- Sinne: Doppelbilder, vorübergehender Sehverlust und Stimmlosigkeit
- Herz und Kreislauf: Herzrasen und Herzklopfen
- Atemwege: Druckgefühl auf der Brust und Atemnot
- Magen-Darm-Trakt: Durchfall, Verstopfung, Reflux, Sodbrennen, Globussyndrom und Schluckbeschwerden

Wir sollten jedoch nicht vergessen, dass der Körper uns lange, bevor wir krank werden, Warnsignale in Form von Beschwerden, Schwäche oder Gebrechen sendet. Die Krankheit ist eine Botschaft des Körpers, der beharrlich mit uns kommuniziert, weil er das Gleichgewicht wiederherstellen möchte.

Im Zeitalter von Geschwindigkeit und Eile, in dem alles schneller geworden ist, nehmen wir keine Verbindung mehr zu unserem Inneren auf und erkennen entweder die Symptome gar nicht, die uns warnend darauf hinweisen, dass etwas nicht funktioniert, oder können sie nicht deuten.

Diese Hinweise sind jedoch von entscheidender Bedeutung, um eine spätere Krankheit zu vermeiden oder zumindest die Verschlimmerung der Symptome aufzuhalten. Dem Körper kommt dabei eine Doppelrolle zu: Zum einen hört er, was unsere innere Stimme uns mitteilt, zum anderen spricht er selbst zu uns durch Schmerzen, Unwohlsein, Unruhe oder Störungen.

Ich sage immer, Beklemmung ist das Fieber des Verstands und der Seele. Sie teilt uns mit, dass die Umgebung nicht gut für uns ist oder wir den Körper zu vielen Aktivitäten, Emotionen oder Situationen aussetzen, mit denen er nicht fertigwird. Die Beschwerden oder Schmerzen – jeder kennt seine Schwachstellen! – flehen uns sozusagen an, dass wir uns bewusst machen, was uns schadet, was eine Gefahr darstellen oder für Körper oder Geist zu viel sein könnte.

Die Signale des Körpers zu ignorieren, ist der erste Schritt hin zur Schwächung und Störung des gesundheitlichen Gleichgewichts.

Manche Beschwerden können auf schlechte Angewohnheiten zurückgehen wie eine mangelhafte Ernährung, ungenügende Schlafhygiene, zu wenig Bewegung oder eine schlechte Körperhaltung. Wenn wir in der Lage sind, unser Leben ehrlich zu hinterfragen, ohne dabei eine Perfektion anzustreben, die mehr Ängste als Frieden bringt, sind wir auf einem guten Weg. Man sollte sich etwas Zeit nehmen, um sein Leben zu analysieren und zu überdenken, was man wirklich erreichen möchte. Den eigenen Körper beobachten, spüren und herausfinden, ob er ein Signal schickt und welche Gründe es dafür geben könnte. Manchmal kann die Hilfe eines Profis, eines Arztes oder einer Person, die sich mit dem Körper und seiner Verbindung zum Geist auskennt, eine gute Unterstützung sein.

Die Wissenschaft hat uns eindeutige Beispiele für Krankheiten gezeigt, die mit Emotionen zusammenhängen. In der Dermatologie wurde dokumentiert, dass bestimmte Hautkrankheiten besonders häufig bei Patienten vorkommen, die Groll, Frust, Beklemmung oder Schuldgefühle empfinden. Und in der Kardiologie hat sich gezeigt, dass Herzinfarkte öfter bei aggressiven Menschen oder Personen vorkommen, die unter Konkurrenzdruck stehen beziehungsweise eine Chronopathie[2] entwickelt haben.

2 Auf dieses Phänomen wird in Kapitel 7 genauer eingegangen.

In der Gastroenterologie wurde eine Korrelation zwischen Emotionen wie Beklemmung – angesichts einer Prüfung oder eines Vorstellungsgesprächs beispielsweise – und Magen- oder Darmbeschwerden (wie Magengeschwüren) beobachtet. Am intensivsten jedoch wurde der Zusammenhang zwischen Geist und Körper in der Onkologie untersucht.

Der US-amerikanische klinische Psychologe Lawrence LeShan analysierte das Leben von über 500 Krebskranken und entdeckte dabei eine sehr wichtige Verbindung zwischen Depressionen und dem Auftreten von Krebs. Viele der Studienteilnehmenden fühlten sich niedergeschlagen aufgrund einer zu Ende gegangenen engen Beziehung und hatten versucht, diese Emotionen zu unterdrücken. Dadurch hatte sich jedoch ihr neurohormonelles Gleichgewicht verändert, was wiederum eine kontraproduktive Immunantwort auslöste. Das Thema Krebs werden wir später noch vertiefen.

Es sind zahlreiche Fälle bekannt, in denen Menschen aus emotionalen Gründen aufhören zu sprechen, zu sehen oder sogar zu gehen. Der Körper ist weise. Ich erinnere mich an einen meiner ersten Bereitschaftsdienste: Eine 38-jährige Frau konnte plötzlich, während der Arbeit, nicht mehr gehen. Traumatologen und Neurologen schlossen eine organische Ursache aus. Sie wurde in die Psychiatrie überwiesen und gewann nach mehreren Sitzungen und verschiedenen Therapien die Mobilität ihrer Beine zurück. Das war einer der Auslöser für mein Interesse daran, die Beziehung zwischen Geist und Körper näher zu untersuchen.

Die Einstellung als entscheidender Faktor für die Gesundheit

In diesem Buch ging es bereits um die Bedeutung unserer Gedanken für die seelische Verfassung, die Interpretation der Wirklichkeit und die Gesundheit. Eine angemessene und gesunde Einstellung kann die stärkste natürliche Medizin sein, auf die wir zurückgreifen können – und vielleicht auch die Option, der am wenigsten Beachtung geschenkt wird.

DER FALL TOMÁS

Der 16-jährige Tomás kommt in meine Praxis. Er ist der Älteste von drei Geschwistern und ein guter Schüler. Sein Vater ist Architekt, seine Mutter Hausfrau. Seit anderthalb Jahren hat er Probleme mit dem Sehen. Eines Tages fiel ihm in der Schule auf, dass er die Tafel verschwommen sah. Er sagte der Lehrerin Bescheid und ging am Nachmittag mit seiner Mutter in die Notaufnahme. Es wurde ein Akkomodationskrampf diagnostiziert. Er bekam Tropfen verschrieben und wurde wieder nach Hause geschickt. Ein paar Tage lang war es etwas besser, doch dann sah er plötzlich mitten im Unterricht so gut wie gar nichts mehr. Sie suchten einen anderen Spezialisten auf, um eine zweite Meinung einzuholen. Er wurde untersucht, es wurden verschiedene Tests durchgeführt, doch die Verschlechterung hielt an. Bei jeder Kontrolle veränderte sich der Grad seiner Kurzsichtigkeit, und niemand hatte eine Erklärung dafür.

Nachdem Tomás einige weitere Spezialisten konsultiert hatte – unter ihnen auch mehrere Neurologen –, wurden ein CT und ein MRT gemacht, deren Ergebnisse jedoch vollkommen unauffällig waren. Aus diesem Grund wurde er an die Psychiatrie überwiesen. Als Tomás in meine Praxis kommt, wundere ich mich, wie ruhig er ist, obwohl er »nichts sieht«. Die typische Belle indifférence, die »schöne Gleichgültigkeit«, wie wir Psychiater sagen. Tomás sagt, er habe sich eben daran gewöhnt, nichts zu sehen, es bereite ihm keine Sorgen. Ich führe Gespräche mit den Eltern, und wir entdecken in der Persönlichkeit des Jungen einige sehr ausgeprägte perfektionistische und verkrampfte Züge. Er verlangt sich viel ab, erlaubt sich keinen Fehler, nimmt den Lernstoff in der Schule vorweg, um schneller voranzukommen, und ist immer bestrebt, mehr zu wissen, weiter zu »sehen«, als es seinem Alter und seiner Reife entspricht. Dann bremst ihn sein Körper abrupt aus: Er stellt das Sehen ein. Tomás war mehrere Monate in Therapie, wir arbeiteten an seiner Selbstwahrnehmung und seinem Umgang mit Emotionen. Nach und nach kehrte der Sehsinn zurück; seitdem sind keine vergleichbaren Probleme mehr aufgetreten.

Im Laufe von sechs Jahren Medizinstudium wird diesem Thema kaum ein Absatz gewidmet. Trotzdem wissen wir Mediziner, dass der Einstellung des Patienten im Hinblick auf seine Prognose eine große Bedeutung zukommt. Klinische Daten bestätigen, dass positive Gefühle und die emotionale Unterstützung durch nahestehende Menschen – Familienangehörige, Freunde oder Gesundheitsprofis, die an der Behandlung beteiligt sind – unbestreitbar eine heilende Kraft haben. Und bei einer Erkrankung der Herzkranzgefäße beispielsweise kann das, was man fühlt, wahrnimmt oder denkt, ebenso entscheidend sein wie die Ernährung oder die Gewohnheiten.

Friedman und Rosenman führten über zehn Jahre lang eine Studie mit 3500 Menschen durch. Zuerst teilten sie die Personen in zwei Gruppen auf: In Gruppe A kamen jene mit einem verkrampfteren, ungeduldigeren, chronopathischen Wesen, während die Teilnehmer in Gruppe B entspannter und ruhiger waren. Nach dieser Vorsortierung untersuchten sie deren Gesundheit, erfassten, ob sie rauchten, wie viel sie sich bewegten, wie hoch ihr Cholesterinspiegel war und wie sie sich ernährten. Dann warteten sie ab, wie die Teilnehmer sich entwickelten. Im Laufe von zehn Jahren erlitten über 250 körperlich gesunde Personen einen Herzinfarkt. Es stellte sich heraus, dass die über ihre Ernährung und körperliche Aktivität erhobenen Daten nicht dazu geeignet waren, die Ergebnisse vorherzusagen. Der einzige Faktor, der für eine Prognose taugte und aus diagnostischer Sicht einen Wert hatte, war die Vorsortierung aufgrund der mentalen Disposition. Bei den Teilnehmern der Gruppe A gab es eine dreimal höhere Inzidenz für Herzinfarkte als in Gruppe B – unabhängig von Tabakkonsum, Ernährung, Bewegung oder Sport.

Und wie ist es mit Krebs?

Es scheint eine gewisse Verbindung zwischen Stress und Emotionen zu geben. Der genaue Vorgang ist nicht klar, aber immer mehr Wissenschaftler ahnen, dass Emotionen oder Stress bei der Entstehung von

Krebs Risikofaktoren sein könnten. Logischerweise haben onkologische Erkrankungen vielfältige und komplexe Ursachen. Nach wie vor gibt es keine ernst zu nehmenden Untersuchungen, die Emotionen und Krebs in einen direkten Zusammenhang stellen. Dennoch kennt jeder irgendjemanden, der in seinem Leben viel gelitten hat und eines Tages fassungslos erzählt, dass bei ihm eine ernste Krankheit diagnostiziert worden ist; wir sind dann nicht allzu überrascht – »bei dem, was er durchgemacht hat!«

Der Epidemiologe David Batty leitete eine Studie, die am University College in London, an der Universität Edinburgh und der Universität Sidney durchgeführt wurde, aus 16 Untersuchungen bestand und sich über rund zehn Jahre erstreckte. Insgesamt nahmen zu Beginn 163 363 Menschen daran teil, 4353 von ihnen starben an Krebs. Die Wissenschaftler suchten nach einem Zusammenhang zwischen bestimmten Krebsarten, einer hormonellen Komponente und dem Lebensstil. Heute wissen wir, dass Depressionen ein hormonelles Ungleichgewicht mit einem erhöhten Cortisolspiegel auslösen. Dadurch werden die DNA-Reparatur und die Funktion des Immunsystems beeinträchtigt. Die Untersuchung zeigte, dass Menschen mit Depressionen und Ängsten ein um 80 Prozent höheres Risiko hatten, an Darmkrebs zu erkranken, und doppelt so oft Bauchspeicheldrüsen- und Speiseröhrenkrebs bekamen.

Man muss die Ergebnisse allerdings aufmerksam lesen und darf sich nicht von diesem doch sehr überzeugenden Resultat blenden lassen; schließlich haben ängstliche und depressive Menschen häufig einen erhöhten Tabak- und Alkoholkonsum und sind häufiger fettleibig – drei der Faktoren, die in Zusammenhang mit Krebs am häufigsten auftreten und am besten untersucht worden sind.

Krebs hängt mit zahlreichen Ursachen zusammen: Umwelt, Ernährung, toxische Gewohnheiten, Genetik. Doch es wird immer häufiger festgestellt, dass auch Emotionen eine Rolle spielen. Damit sich ein Tumor entwickelt, müssen folglich mehrere Faktoren gemeinsam auftreten.

Wie bereits erläutert, ist Cortisol ein Hormon, das bei einem dauerhaft unnormal hohen Spiegel für die Körperzellen schädliche Entzündungsprozesse auslöst. Im Juli 2017 erklärte der Onkologe Dr. Pere Gascón (der bis vor Kurzem eine leitende Funktion am »Hospital Clínic« in Barcelona innehatte) in einem Interview, dass »chronischer emotionaler Stress den Prozess der Entstehung von Krebs auslösen kann«.

Gascón ist einer der anerkanntesten Forscher im Bereich des Zusammenhangs zwischen Nervensystem, Geist und Krebs. Ich werde versuchen, diese Theorie auf einfache Weise zu erklären. Allen onkologischen Erkrankungen liegt ein äußerst komplexer Prozess zugrunde. Ich möchte die Dinge bei diesem ernsten Thema nicht zu stark vereinfachen, denke aber, dass ein paar schlichte Skizzen helfen können, gewisse Prozesse zu verstehen und zu begreifen, wie der Körper allgemein auf bestimmte Reize reagiert und welche Bedeutung unserem mentalen Gleichgewicht zukommt.

Wie wir wissen, ruft Cortisol Entzündungen hervor, indem Substanzen wie etwa Prostaglandine und Zytokine freigesetzt werden. Aktiviert wird Cortisol durch chronischen Stress. Ein Tumor ist eine Ansammlung bösartiger Zellen, die sich in einem bestimmten Bereich des Körpers festsetzen und dort wachsen. Bei einer Krebserkrankung hört das Immunsystem – die körpereigene Abwehr – auf, den Tumor anzugreifen, sobald er sich eingenistet hat; das Immunsystem »schlägt sich auf seine Seite«.

Die Makrophagen beispielsweise – eine Unterart der weißen Blutkörperchen – kümmern sich darum, körperfremdes Material aufzunehmen und unschädlich zu machen. Sie sind ein Teil der angeborenen Antwort des Verteidigungssystems unseres Organismus. Bei einer Krebserkrankung stellen sie die Arbeit ein und »werden für den Tumor tätig«. Es kommt zu einer Autoaggression des Immunsystems gegen den Körper.

Im Körper gibt es je nach Alter, Geschlecht etc. zwischen fünf Billionen und 200 Trillionen Zellen. Die Umgebung der Zelle ist das Blut; dessen Zusammensetzung ist also entscheidend für das Schicksal der

Zellen. Und wer kontrolliert das Blut? In den vorangegangenen Kapiteln haben wir gesehen, dass das neurohormonelle System hier eine Schlüsselfunktion hat. Interessanterweise hat man festgestellt, dass eine Zelle krank wird, wenn sie in eine toxische Umgebung transferiert wird. Kommt sie zurück in eine gesunde Umgebung, wird sie wieder gesund. Sowohl die Umgebung der Zellen als auch die Informationen, welche die Membrane empfangen, spielen also eine entscheidende Rolle.

Dem Menschen – einer Ansammlung von Zellen und, natürlich, noch etwas mehr – ergeht es genau wie unseren Zellen: Befindet er sich in einem toxischen Umfeld (ob es sich nun um feindliche Menschen, Umgebungen oder Umstände handelt), wird er krank.

Vorsicht! Interpretiert das Gehirn ein gesundes Umfeld als bedrohlich, wird es genauso in Alarmbereitschaft versetzt und bewirkt dieselben Veränderungen im Körper und in der Zusammensetzung des Bluts, als wenn es sich tatsächlich um einen äußerst toxischen Ort handelte. Nicht vergessen: Geist und Körper unterscheiden nicht zwischen Realität und Einbildung. Es gibt Menschen, die in einem permanenten Alarmzustand leben, obwohl ihr Umfeld und die Umstände mehr oder weniger normal sind. Durch den unangemessenen Umgang mit ihrer Situation zwingen sich diese Menschen körperlich und psychisch eine schädliche Spannung auf.

Wenn ich in der Lage bin, meine Interpretation der Realität zu ändern, dann ändert sich auch die Realität. Glück hängt also allein von meiner Interpretation der Realität ab! Es ist entscheidend, dass ich mich auf eine Änderung meiner Überzeugungen einlasse, sei es in Bezug auf mich selbst – ohne zu hart über mich zu urteilen – oder auf mein Umfeld. Deshalb ist es so gut, sich auf positive Gedanken zu konzentrieren oder sogar den Placebo-Effekt zu nutzen, solange sich das positiv auf meinen Geist und meinen Körper auswirkt.

Was passiert bei Metastasen?

Wir betreten nun unsicheren Boden. Die Verbreitung des Tumors durch Metastasen entscheidet über Prognose und Überleben des Patienten. Metastasen entstehen häufig an Orten, an denen irgendein symptomfreier, chronischer Entzündungsprozess vorliegt. Der Krebs streut also, entwickelt sich weiter und schreitet in Entzündungszentren voran. Das ist sein Mikroambiente, der Bereich, in dem er sich »am wohlsten« fühlt, um zu wachsen und sich auszubreiten. Nicht alle Entzündungen sind aber gleich gefährlich im Hinblick auf die Entstehung von Krebs. Eine Erkältung (Entzündung der Amygdala) oder ein Bänderriss (mit muskulärer Entzündung) gehören in eine andere Kategorie. Ein Raucher aber schädigt mit jeder Zigarette die Zellen seiner Bronchien, sodass in diesem Bereich eine chronische Entzündung auftritt. Die Entzündung entsteht, um den Bereich zu verteidigen und zu schützen – das ist im Grunde etwas Gesundes und Gutes. Halten das Laster des Rauchens und die sich daraus ergebende Entzündung über längere Zeit an, gibt es in der Familie bereits Fälle von Lungenkrebs und kommt zu diesem explosiven Cocktail dann außerdem noch ein ernstes emotionales Problem hinzu, ist diese Person stark gefährdet, an Krebs zu erkranken. Logischerweise bekommen nicht alle Raucher Krebs; trotzdem ist Tabak bekanntermaßen ein starker Auslöser für onkologische Prozesse. Aus diesem Grund werden Patienten bei medizinischen Untersuchungen auch gefragt, wie lange sie schon nicht mehr rauchen. Dabei geht es um die Zeit, die der Körper hatte, um sich von der permanenten Aggression zu erholen, der er durch den Entzündungsprozess beim Rauchen ausgesetzt war.

Intensive Studien haben erstaunliche Ergebnisse geliefert. So wurde entdeckt, dass ein direkter Zusammenhang zwischen Krebszellen und dem Nervensystem existiert. Tumorzellen haben Rezeptoren für Substanzen, die in Verbindung mit dem Gehirn stehen, wie beispielsweise Adrenalin oder Cortisol. Emotionen und damit einhergehender großer Stress verändern also nicht nur den Körper, sondern beeinflussen auch die Krebszellen. Es entsteht eine direkte Kommunikation zwischen dem Krebs und dem Verstand – dem Nervensystem und folglich auch dem emotionalen System. Diese Erklärung ist nicht dazu gedacht, den Leser oder die Leserin zu beunruhigen. Ganz im Gegenteil: Sie hilft, die enge Verbindung zwischen dem Verstand und ernsten, schwer zu kontrollierenden Krankheiten besser zu verstehen.

Der Krebs ist mit dem Immunsystem eng verknüpft. Chronische Stresssituationen, Sorgen, Trauer und Traumata verändern die Abwehr und begünstigen die mögliche Entstehung einer ernsten Krankheit. Solche emotional toxischen Zustände spiegeln sich auf biochemischem und physiologischem Niveau durch latente Entzündungen wider.

Schädliche Emotionen an sich rufen noch keinen Krebs hervor. Doch chronischer emotionaler Stress kann die Verbreitung dessen, was den Krebs eigentlich verursacht, in Gang setzen, aktivieren oder verstärken. Emotionaler Stress kann durch Situationen wie Einsamkeit, kranke Familienangehörige, ein schlechtes Verhältnis zum Umfeld, ungelöste Traumata, tiefe Trauer, Probleme bei der Arbeit oder finanzielle Schwierigkeiten ausgelöst werden.

Sind wir aber in der Lage, einen besseren Umgang mit unseren Gedanken zu pflegen, haben wir den großen Vorteil, auf diese Weise das Entzündungsniveau in unserem Körper zu kontrollieren.

Einfache Regeln zum richtigen Umgang mit Emotionen

1. Sich selbst kennen

Lernen Sie zu verstehen, was Sie beunruhigt. Wenn man seine Emotionen schon immer unterdrückt hat, ist es schwierig, manchen Problemen auf den Grund zu gehen. Wie dem auch sei: Versuchen Sie es, lesen Sie entsprechende Bücher und kontaktieren Sie Menschen, die Ihnen helfen können. Machen Sie den ersten Schritt!

2. Seine Emotionen erkennen

Benennen Sie, was Sie fühlen. Wut ist nicht dasselbe wie Groll. Freude ist etwas anderes als Rührung. Seien Sie dabei realistisch und bauschen Sie schädliche Gefühle nicht auf. Eine solche Analyse wirkt sich direkt auf Ihren Körper aus.

3. Sich behaupten

Sagen Sie, was Sie denken, ohne andere zu verletzen. Verschweigen Sie Ihre Emotionen nicht und sprechen Sie mit jemandem, dem Sie vertrauen. Lernen Sie, sich auszudrücken – aber achten Sie darauf, dass Sie dabei keine Türen öffnen, die Sie nicht wieder schließen können. Gehen Sie einen Schritt nach dem anderen. Es sollte sich eine Erleichterung einstellen, die Ihnen Frieden und Ihr inneres Gleichgewicht zurückbringt.

4. Keine Angst vor der Verwandlung in *Mein bestes Ich*

Lernen Sie, das Wertvollste aus sich herauszuholen. Wer seine Emotionen übergeht, wird zu einer schlechteren Version seiner selbst – einer »koffeinfreien« Version, die sich über nichts freuen kann.

5. Den Einfluss anderer einschränken

Lernen Sie, toxische Menschen zu erkennen, die Sie aus der Bahn werfen. Nicht jeder greift in Ihr inneres Gleichgewicht ein – also halten Sie sich fern von Menschen, die dies tun.

Jeder von uns erlebt Momente des Verdrusses oder der Hilflosigkeit – wir fühlen uns ängstlich, lustlos, frustriert oder gekränkt. Gelegentlich negative Emotionen zu empfinden, ist sogar heilsam: Sie warnen uns, dass etwas in unserer Umgebung nicht gut läuft, und motivieren uns, aktiv zu werden und etwas zu ändern, um das psychische und physische Gleichgewicht wiederherzustellen.

Problematisch wird es erst, wenn negative Emotionen chronisch werden und dauerhaft unsere seelische Verfassung ändern.

Unsere Art, zu denken und zu fühlen, bedingt unsere Lebensqualität und -dauer.

Telomere

Der US-amerikanische Biologe und Genetiker Hermann Joseph Muller entdeckte die Telomere in den Dreißigerjahren des vergangenen Jahrhunderts. Es handelt sich dabei um die Enden von Chromosomen, deren Hauptfunktion darin besteht, die Struktur der Chromosomen zu stabilisieren und zu verhindern, dass sie sich verheddern und aneinander hängenbleiben. Telomeren kommt eine Schlüsselrolle bei der Zellteilung zu. Deshalb besteht hier auch eine enge Verbindung zum Krebs, da es bei onkologischen Erkrankungen zu einer anormalen Teilung der Zellen kommt.

Telomere sind zugleich die Uhren der Zellen, da sie festlegen, wie oft sich eine Zelle teilen kann, bevor sie stirbt; sie sind sozusagen die Zeitmesser der Zellalterung.

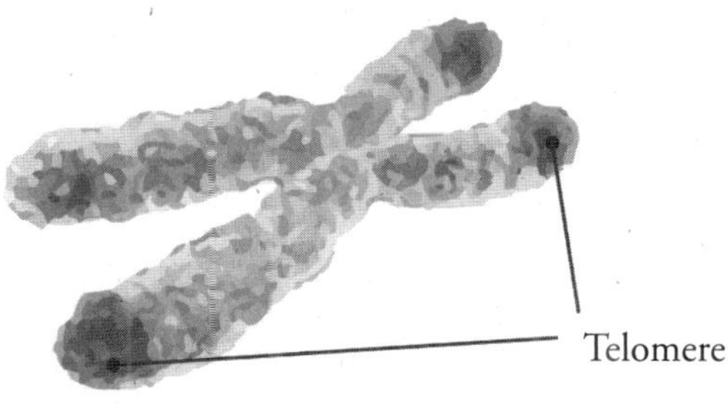

Die US-amerikanische Biochemikerin australischer Herkunft Elizabeth Blackburn wurde 1948 auf der Insel Tasmanien geboren. Nachdem sie 1975 ihren Doktortitel in Molekularbiologie an der Universität Cambridge erhalten hatte, widmete sie sich der Erforschung der Telomere – zunächst an der Yale University, später an der University of California in Berkeley.

1984 entdeckte Elizabeth Blackburn dabei ein neues Enzym: die Telomerase. Sie begann, künstliche Telomere zu erschaffen, um die Zellteilung zu erforschen. So fand sie heraus, dass bei einem niedrigeren Telomerasespiegel die Telomere kleiner waren und folglich die Anzahl der möglichen Teilungen der Zelle abnahm – was mit einem höheren Risiko für Krankheiten und vorzeitiger Alterung einhergeht.

Auf die Länge der Telomere wirken sich auch negative Angewohnheiten und Umstände aus. Gemeint sind hier Stress, schlechte Ernährung, Fettleibigkeit, zu wenig Bewegung, Einsamkeit, Umweltverschmutzung oder sogar Schlafprobleme.

Blackburn untersuchte die Telomerase bei einer bestimmten Gruppe: Müttern von Kindern mit ernsten neurologischen Erkrankungen. Dabei beobachtete sie, dass jene, die sich einsam fühlten, einen niedrigeren Telomerasespiegel und entsprechend kleinere Telomere aufwiesen. Ihre Lebenserwartung war deutlich geringer als bei Frauen ihres Alters üblich. Darüber hinaus stellte Blackburn etwas Faszinierendes fest: Tauschten sich diese Mütter untereinander über ihre Emotionen aus, unterstützten sie sich gegenseitig und zeigten Mitgefühl, war der Telomerasespiegel höher und sorgte für längere Telomere. Für ihre Arbeit der Beschreibung der Telomerase erhielt Blackburn 2009 zusammen mit Carol W. Greider und Jack W. Szostack den Nobelpreis für Medizin.

Wie wir an Robert Waldingers Studie[3] gesehen haben, ist Einsamkeit nicht nur ein Risikofaktor für Depressionen, sondern auch für eine vorzeitige, weniger gesunde Alterung durch kürzere Telomere!

---

3 Siehe Kapitel 2 über das Glück und die Liebe zu anderen.

Wie kann man nun für die verstärkte Produktion von Telomerase und eine Verlängerung der Telomere sorgen? Zurzeit werden erste Studien darüber durchgeführt, wie man die Ausschüttung von Telomerase fördern kann, um eine Verlängerung der Telomere zu erreichen. Die positive Wirkung von Bewegung, einer guten Ernährung und Achtsamkeit sind bereits bekannt. Im Jahr 2017 begann unter Beteiligung einiger der wichtigsten Labore der Welt eine Studie über den Einfluss der seelischen Verfassung und der Emotionen auf den Telomerasespiegel und die Länge der Telomere. Ziel der Studie ist die Bestätigung, dass ein chronisch erhöhter Cortisolspiegel die Telomeraseausschüttung hemmt und Ängste eine Verkürzung der Telomere bewirken. Ich bin mir sicher, dass bei dieser Studie interessante Ergebnisse herauskommen, die ich dann veröffentlichen werde.

7. WELCHE FAKTOREN ODER EINSTELLUNGEN ERHÖHEN DEN CORTISOLSPIEGEL?

Es gibt zahlreiche Situationen, die uns belasten und schaden, indem sie den Cortisolspiegel verändern. Wir leben in einer Gesellschaft, die in rasendem Tempo arbeitet, Nachrichten und Entwicklungen hervorbringt, reist, sich vergnügt und erholt – diesen Rhythmus hält niemand auf Dauer durch. Dazu kommt, dass bestimmte »emotionale Mythen« – perfekt sein, die Kontrolle nicht verlieren etc. – schädlicher für unseren Organismus sind, als wir uns vorstellen können.

Chronischer Stress ist schädlich für Körper und Geist. Positiver Stress oder Eustress hingegen wird angesichts einer Herausforderung oder Bedrohung ausgelöst. Er hilft, sich in Bewegung zu setzen und nach der besten Lösung zu suchen. Wir alle kennen Momente, in denen wir unter Druck standen und doppelte Leistung gebracht haben. Ein klassisches Beispiel ist die Nacht vor einer Prüfung. Das Gehirn kann sich plötzlich mehr merken als in allen vorherigen Tagen zusammen. Warum? In kleinen Dosen verbessert Cortisol die Konzentration sowie die Leistungsfähigkeit und hilft dabei, die Aufmerksamkeit zu bündeln, um auf die Herausforderung zu reagieren. Hält ein solcher Eustress jedoch dauerhaft an, wird er irgendwann toxisch, erschöpft uns und macht uns krank.

Sehen wir uns einmal einige Umstände genauer an, die zu einem chronisch erhöhten Cortisolspiegel führen.

Angst vor Kontrollverlust

DER FALL ALBERTO

Alberto arbeitet als Kommunikationsleiter in einem multinationalen Unternehmen und wird nach Mexiko versetzt. Vor seiner Abreise kommt er in meine Praxis, weil er merkt, dass er trübsinnig ist und gar nicht recht weiß, warum. Da er zwei Tage später fliegen wird, bitte ich ihn, mir von dort aus zu schreiben, damit ich weiß, ob es sich um etwas Vorübergehendes handelt oder nicht.

Als ich mich während unseres Gesprächs mit seinem Fall auseinandersetze, stelle ich fest, dass er sein Leben, seine Gefühle, seine Äußerungen, alles, was er anderen von sich zeigt, übermäßig kontrolliert. Seine Partnerschaft ähnelt eher einem Arbeitsverhältnis als einer Liebesbeziehung. Beide sind Manager, sowohl im Beruf als auch in emotionaler Hinsicht. Sie haben sich gegen Kinder entschieden, weil sie aufgrund ihrer beider Arbeitsbelastung keine Zeit dafür gefunden haben. Man sieht sie nie niedergeschlagen, sondern immer mit einem fast perfekten Lächeln auf den Lippen. Alberto hat sich komplett unter Kontrolle – nichts kann ihn erschüttern oder beunruhigen. Als ich nach der Ursache für seine Traurigkeit forsche, antwortet er:

»Da ist nichts – Trübsinn ist etwas für Schwächlinge.«

»Gibt es denn etwas, was Ihnen zu Herzen geht?«

»Vielleicht, mit meinem Vater zu sprechen und Zeit mit ihm zu verbringen.«

Während wir uns mit diesen Fragen beschäftigen, bleiben Albertos Antworten vage. Er versucht, die absolute Kontrolle über sich und das, was er mir mitteilt, zu behalten. Wenn er nicht ganz zufrieden ist, lächelt er. Alberto ist sehr korrekt. Bevor wir uns in meiner Praxis verabschieden, sage ich:

»Wenn Sie so weitermachen, brechen Sie irgendwann zusammen. Niemand kann sich permanent kontrollieren.«

Ein paar Monate später erhalte ich eine E-Mail, in der er mir mitteilt, dass es ihm gut geht und er plant, in den Ferien nach Spanien zu kommen. Ich lasse ihn wissen, dass er dann gern zu mir in die Praxis kommen kann, falls er möchte, doch er ist der Ansicht, das sei nicht nötig, er sei stabil.

An einem Tag im Juli teilt mir meine Sprechstundenhilfe mit, dass Alberto am Telefon sei und es sich um etwas sehr Wichtiges handele. Ich unterbreche meinen Termin, verlasse den Raum und nehme das Telefonat entgegen. Völlig aufgewühlt sagt Alberto keuchend, dass irgendetwas nicht stimme:

»Wir sind in Málaga im Urlaub. Als ich heute Morgen ins Taxi gestiegen bin, fühlte ich mich nicht gut und konnte nicht normal atmen.«

Er musste sofort aus dem Auto aussteigen, ihm war übel und schwindelig, er zitterte und schwitzte, hatte das Gefühl, die Kontrolle zu verlieren, sowie eine nicht nachlassende Todesangst. Alberto hatte eine Panikattacke.

Seine Frau übernimmt das Telefon, weil er nicht mehr sprechen kann, und bittet mich um Hilfe, um die Situation in den Griff zu bekommen. Trotz seines Widerwillens, weil es ja nur »etwas Psychisches« ist, dränge ich ihn, einen Krankenwagen zu rufen, damit er in die Notaufnahme gebracht wird.

Aus dem Krankenhaus ruft seine Frau noch einmal an. Die Ärzte haben ihm nahegelegt, ein Medikament einzunehmen, doch Alberto weigere sich. Der immer so korrekte und ausgeglichene Mann hat panische Angst davor, dass er dadurch die Kontrolle über sich verlieren könnte – sowohl über seine Gedanken als auch über sein Verhalten. Ich versuche ihn zu beruhigen und erkläre ihm, dass die Medikamente ihn stabilisieren und wieder ins Gleichgewicht bringen werden. Aber er ist außer sich und lehnt das strikt ab.

Nach einer Weile teilt seine Frau mir mit, dass die Notärzte ihm schließlich ein angstlösendes Medikament injiziert haben, damit er sich entspannt. Sobald Alberto entlassen ist, wollen sie nach Madrid kommen, um eine umfassende Behandlung zu beginnen.

Wenige Tage später erscheint Alberto in meiner Madrider Praxis. Er ist angespannt, in Alarmbereitschaft, nervös, hat ein ständiges Angstgefühl und kann das Haus praktisch nicht verlassen. Wir beginnen eine pharmakologische Therapie mit intravenös verabreichten Medikamenten – lang wirkende Benzodiazepine –, die den Kreislauf aus Ängsten und Beklemmung durchbrechen sollen. Ich erkläre ihm, was genau geschehen ist und welche physiologischen und emotionalen Mechanismen zu diesem Zustand geführt haben. Außerdem verschreibe ich ihm eine »Notpille« für den Fall, dass er wieder einen Panikanfall hat, und erläutere, dass sie innerhalb weniger Minuten wirkt. Mit dieser Pille kann er reisen oder an Sitzungen teilnehmen … mit der »Beruhigung in der Tasche«.

Seine große Angst ist, durch die Medikamente die Kontrolle über sein Leben ohne pharmazeutische Unterstützung zu verlieren. Also diktiere ich ihm für jede Einnahme einer Pille Sätze in ein Heft (die sich auch seine Frau notiert); er soll diese Sätze immer wiederholen, um seine negative Einstellung zu neutralisieren: »Mir wird nichts passieren«, »Ich werde nicht die Kontrolle über meine Identität verlieren«, »Ich werde ich selbst bleiben«, »Die Pille wirkt folgendermaßen …«, »Kopf hoch!«, »Nimm Empfindungen nicht so wichtig und versuche nicht, sie zu analysieren«.

Nach zwei Wochen ist er stabiler, wir stellen auf eine orale Medikation um und beginnen die Psychotherapie. Anhand seiner Persönlichkeitsmerkmale[1] erläutere ich ihm sein Wesen und die offensichtlichen Ursachen für seine Panikattacke. Ich erkläre ihm, wie Cortisol und Angst wirken … Damit widmen wir uns einem spannenden Thema: dem Umgang mit seinen Gefühlen. Wenn er etwas lustig findet, kann er lachen; wenn ihn etwas traurig macht, kann er weinen; wenn ihn eine Situation bewegt (ein Treffen mit Verwandten oder Freunden), kann er glücklich sein – und das ist okay.

1 Siehe Kapitel 4 über Persönlichkeitsmerkmale.

Eines Tages gesteht Alberto mir:

»Sie helfen mir, eine verletzbare Persönlichkeit auszubilden. Bisher habe ich meine Gefühle unterdrückt, um mich stark zu fühlen, doch jetzt werde ich in der Lage sein, mich emotional berühren zu lassen, zu fühlen …«

Für ihn, der so kalt und rational ist, wird ein Mensch, der sich von seinen Emotionen leiten lässt, zu deren Sklave; und Leid, Schmerz oder Leidenschaft können die richtige Entscheidungsfindung behindern.

Nach einem Jahr Behandlung setzen wir die Medikamente nach und nach ab. Alberto hat gelernt, mit Momenten größerer Beklemmungen umzugehen, und hat immer seine »Notpille« dabei, die er innerhalb eines Jahres erst drei Mal nehmen musste. Und was das Wichtigste ist: Er ist zu einem zugänglicheren, menschlicheren und warmherzigeren Mann geworden.

Der Mensch fühlt sich stark, wenn er die Dinge unter Kontrolle und recht hat. Wie schwer fällt es, zuzugeben, dass man sich geirrt hat! Der Verstand gibt den Ton an. Der Verstand befiehlt. Der Verstand kontrolliert. Wir folgen den Leitlinien des Verstands und beantworten Fragen ausschließlich auf Grundlage unserer Wahrnehmung. In den letzten Jahren hat der Verstand sich zu einem regelrechten Tyrannen entwickelt. Der Wunsch, alles zu kontrollieren, löst jedoch große Angst aus. Wir denken, dass Sicherheit in allen Aspekten des Lebens eine Quelle des Glücks sei. Natürlich ist es nur logisch und vernünftig, dafür zu sorgen, dass die Säulen des Lebens sicher und geschützt sind: ein fester Arbeitsplatz, ein gesundes Familienleben, ein finanziell angenehmes Auskommen. Pathologisch, also ungesund, wird es, wenn dieses Verhalten bis zum Äußersten getrieben wird und für Kummer und Verbitterung sorgt, da die angestrebte absolute Sicherheit unerreichbar ist. Wer ständig nach unfehlbaren, unveränderlichen materiellen Stützpfeilern sucht, um sein Leben abzusichern, hängt einer Utopie nach. Darin liegt der Fehler.

Unsere materialistische und rationale Gesellschaft lässt uns glauben, dass wir alles kontrollieren können: den Zeitpunkt einer Schwangerschaft, das Geschlecht eines Kindes oder seinen akademischen Erfolg, die Art unserer Arbeit, die Einkünfte und Ausgaben der Familie, die idealen Ferien, die eigene Gesundheit und die der Angehörigen, die perfekte Party. Trotzdem lehrt uns das Leben, dass die Schwierigkeiten, schwanger zu werden, zunehmen, dass es manchmal unmöglich ist, den richtigen Partner oder die richtige Partnerin zu finden, dass der Nachwuchs nicht die erwünschten intellektuellen Fähigkeiten hat – aber vielleicht andere Talente, die wir vor lauter Verblendung nicht sehen –, dass das Unternehmen, in dem wir schon ewig arbeiten, uns in den Vorruhestand schicken kann, dass die Einkünfte und Ausgaben permanenten Schwankungen unterliegen, dass auf der Fahrt in den Skiurlaub ein Schneesturm die Zufahrtsstraßen zum Flughafen unpassierbar macht, dass es in dem Inselparadies schüttet, obwohl eigentlich gar keine Regenzeit ist, dass trotz regelmäßigem Sport, einer gesunden Ernährung und regulärer Kontrolluntersuchungen beim Arzt immer etwas schiefgehen kann oder dass wir just an dem Tag, für den wir das ideale Fest geplant haben, müde, traurig oder übersättigt sind und eigentlich viel lieber allein in den Bergen spazieren gehen würden … Das Leben ist gerade aufgrund seiner vielen Schattierungen und weil es eben nicht kontrollierbar ist so abwechslungsreich. Es widersteht jedem Versuch einer strengen Kontrolle, wie gut unsere Berechnungen auch sein mögen – und wer es dennoch versucht, bekommt es mit der Angst zu tun. Denken wir an den berühmten Satz, den ein Sklave im alten Rom bei einem Triumphzug mahnend wiederholte: *Memento mori* (»Bedenke, dass du sterblich bist«). Wir dürfen nicht vergessen, wie klein wir sind, wir sollten flexibel bleiben, uns in gesunder Gelassenheit üben und das Hier und Jetzt genießen …

Die ständige Suche nach Kontrolle führt dazu, dass wir die guten Dinge nicht genießen und die Gegenwart vergessen, weil wir uns in die Zukunft »hineinsteigern«.

Beruht diese Kontrolle auf einem permanenten Zurückhalten unserer Emotionen, unserer seelischen Verfassung und dessen, was wir anderen von uns preisgeben, wirkt sich das negativ aus, wie wir in Kapitel 6 gesehen haben: Wer Emotionen herunterschluckt, kann daran ersticken.

DER FALL ANTONIO

Antonio ist stellvertretender Direktor eines Unternehmens. Seit Wochen ist es beruflich ziemlich anstrengend, da gerade Verhandlungen über eine Fusion mit einem ausländischen Konzern laufen. Eines Tages bestellt ihn der Direktor zu einer außerordentlichen Aufsichtsratssitzung ein, bei der ein wichtiges Thema besprochen werden soll. Antonio ist sehr fleißig und erledigt seine Arbeit gewissenhaft, ordentlich und zuverlässig. Allerdings ist er auch schüchtern, hat Schwierigkeiten, Beziehungen zu anderen Menschen aufzubauen, kann schwer loslassen und fühlt sich nur in sehr vertrauensvollen Situationen wohl.

Als er zu der Sitzung kommt, haben sich rund 30 Leute um den Tisch versammelt. Der Direktor setzt an und sagt:

»Vor einigen Tagen ist bei mir Krebs diagnostiziert worden. Es ist ernst, aber ich werde kämpfen, um ihn zu besiegen. Meiner Genesung muss ich meine gesamte Energie und Zeit widmen. Deshalb möchte ich, dass Antonio, der stellvertretende Direktor, während meiner Abwesenheit die Leitung und die Koordination der Fusion übernimmt.«

Antonio erhebt sich, um ein paar Worte zu sagen, doch die Stimme versagt ihm – er ist »sprachlos«. Dabei hat er doch vor ein paar Minuten noch mit seiner Frau telefoniert! Flüsternd erklärt er, dass er gerade eine Lungenentzündung hinter sich hat – die erstbeste Ausrede, die ihm einfällt. Er fügt hinzu, dass er dem Direktor für seine Behandlung alles Gute wünscht und er das Unternehmen während dessen Abwesenheit so gut wie möglich führen wird.

Als die Sitzung vorbei ist, ruft er seine Frau an: Er spricht leise und beschließt, sogleich einen befreundeten Hals-Nasen-Ohren-Arzt aufzusuchen. Wenige Minuten nachdem er dem Arzt erklärt hat, was vorgefallen ist, erhält er seine normale Stimme zurück. Er versteht die Welt nicht mehr. Es vergehen ein paar Tage, doch als er beim ersten Treffen mit hochrangigen Managern das Wort ergreift … passiert dasselbe wieder! Er kann nicht sprechen. Als er in meine Praxis kommt, hat er zwei Ängste: vor Publikum zu sprechen (das war auch schon vorher so) und die neu hinzugekommene Angst, vor vielen Leuten zu »verstummen«.

Als wir mit der Therapie beginnen, erkläre ich ihm genau, wie er sich wenige Minuten, bevor er sprechen muss, mithilfe von Atemtechniken und einer Reihe von wiederholten Botschaften entspannen kann, die seine Angst neutralisieren. In sein Heft zeichne ich ein Schema der Nerven, die zu den Stimmbändern führen, damit er sich den Vorgang vorstellen kann und sich in dieser Hinsicht sicher fühlt. Darüber hinaus wende ich einige Techniken der Sozialtherapie an, um seine Ängste und Schüchternheit vor vielen Menschen anzugehen.

Während der Krebsbehandlung des Direktors war Antonio in der Lage, das Unternehmen erfolgreich zu fusionieren – mit einer besseren Sozialkompetenz und Kontrolle über seine Stimme als zuvor. Das alles hat dazu geführt, dass er deutlich selbstsicherer geworden ist.

Therapie gegen Ängste

Bei dieser Therapieform wird der Patient direkt mit dem Problem konfrontiert, das seine Beklemmungen oder irrationale Angst auslöst. Das muss Schritt für Schritt geschehen, damit das Gehirn sich anpasst und der Patient sich sicher fühlt.

Bei Antonio bestand die Konfrontationstherapie darin, eines Tages dem gesamten Team, seiner Frau und einem Gast darzulegen, was das Unternehmen, in dem er arbeitete, eigentlich genau machte. Später veranlasste ich ihn, bei verschiedenen Anlässen – z. B. bei einer Erstkommunion oder bei der Hochzeit eines Cousins – öffentlich ein paar emotionale Worte über die gerade im Mittelpunkt stehenden Personen zu sagen.

Bei Menschen, die unter Platzangst leiden, empfehlen wir in der Regel, dass sich der Patient von einer nahestehenden Person seines Vertrauens zu einem offenen Platz begleiten lässt. Dasselbe wird später an einem nahe gelegenen Ort wiederholt, nur dass der Patient diesmal alleingelassen wird, wobei man verabredet, sich an einem vereinbarten Ort wieder zu treffen. Dieser Vorgang wird von hilfreichen Atemtechniken und unterstützenden Sätzen begleitet. Allmählich passt das Gehirn sich an, und der Körper übermittelt keine Gefühle von Beklemmung oder Angst mehr.

Das richtige Atmen

Wenn wir nervös sind und jemand, der uns helfen möchte, sagt, dass wir atmen sollen, denken wir logischerweise: »Aber ich atme doch!« Wird jemand in einem Moment der Beklemmung oder Angst zum Atmen aufgefordert, steckt dahinter natürlich der Hinweis, tiefer und bewusster zu atmen. Sehen wir uns an, was damit gemeint ist.

Schon seit Langem wird viel über Entspannungstechniken gesprochen, und es gibt zahlreiche Untersuchungen darüber. Die meisten Menschen glauben, es gehe lediglich darum, tief einzuatmen und langsam auszuatmen. Sie liegen damit nicht völlig falsch, das Ganze kann jedoch noch wirkungsvoller und strukturierter gestaltet werden.

Zunächst sollte man sich einen bequemen und möglichst ruhigen Ort suchen. Gedämpftes Licht (Lampen dimmen, Rollo herunterlassen oder Vorhänge zuziehen) und entspannende Musik können unterstützend wirken.

Beginnen wir:

- Setzen Sie sich auf einen bequemen Stuhl mit gerader Rückenlehne.

- Achten Sie nun auf Ihre Körperempfindungen. Konzentrieren Sie sich auf die Füße. Nehmen Sie das Gewicht Ihres Körpers wahr. Spüren Sie, wie Ihre Füße mit dem Boden verbunden sind. Von dort aus geht es weiter nach oben, Beine, Schultern, Arme … Lassen Sie zu, dass sich Frieden in Ihrem Körper ausbreitet, während Sie diese Augenblicke genießen.
- Beobachten Sie Ihre Atmung. Statt sie zu »beherrschen« und bewusst »auszuführen«, achten Sie auf die sanften Bewegungen des Bauchs, während Sie ein- und ausatmen. Danach wandert Ihre Aufmerksamkeit zu dem Bereich der Nase, durch den die Luft ein- und ausströmt.
- Nach diesen ersten Augenblicken des Beobachtens und der Ruhe beginnen Sie mit der sogenannten Zwerchfellatmung. Sie ist wirkungsvoller, da sich der untere Bereich der Lungen beim Einatmen mit mehr Sauerstoff füllt.
- Legen Sie eine Hand auf die Brust, die andere Hand auf den Bauch, und konzentrieren Sie sich darauf, wo sich ihr Körper beim Einatmen hebt. Hebt sich der Bauchraum, machen Sie es richtig.
- Atmen Sie tief durch die Nase ein, halten Sie den Atem einige Sekunden an, und atmen Sie dann stoßweise durch den Mund aus.

Eine der bekanntesten Methoden ist das Konzept von Dr. Andrew Weil, Leiter der Abteilung für Integrative Medizin an der Universität Arizona. Zweimal war er auf der Titelseite der *Time*, und Oprah Winfrey interviewte ihn zu seiner Atemtheorie. Er empfiehlt die 3-3-6- oder 4-7-8-Atmung – die Ziffern beziehen sich jeweils auf die Anzahl der Sekunden. Bei 4-7-8 bedeutet das:

- Die Einatmung dauert 4 Sekunden.
- Die Pause, in welcher der Atem angehalten wird, dauert 7 Sekunden.
- Die Ausatmung dauert 8 Sekunden.

Tatsächlich ist diese Technik eine wirkungsvolle Einschlafhilfe. Wie immer empfiehlt es sich, langsam vorzugehen, zunächst ein paar Mal am Tag zu üben und die Häufigkeit dann zu steigern. Auf diese Weise lernen Körper, Atmung sowie sympathisches und parasympathisches Nervensystem, sich selbst zu regulieren.

Wenn Sie blockiert sind oder fürchten, die Kontrolle zu verlieren, wenn der Stress Sie überrollt, Ihr Kopf leer ist oder Ihr Körper nicht reagiert, sollten Sie atmen, sich ein Herz fassen und Ihrem Verstand wiederholte Botschaften des Friedens und des Wachstums senden – dann werden Sie aus dieser Schleife wieder herauskommen.

Perfektionismus

DER FALL LOLA

Lola stammt aus Salamanca, ist verheiratet und Mutter zweier Kinder: Ihr Sohn ist fünf Jahre alt, die Tochter sieben. Lola arbeitet als Beamtin im Rathaus, wollte aber immer schon Universitätsdozentin werden und hat auch ein Studium im Bildungsbereich absolviert. Als sie in meine Praxis kommt, arbeitet sie seit drei Jahren an ihrer Doktorarbeit. Die Arbeit ist fast fertig, doch Lola findet bei jedem Durchgang neue Aspekte, die sie überarbeiten möchte.

Zu Hause kann sie sich nicht entspannen; immer wenn sie von der Arbeit kommt, ist die Wohnung schmutzig. Wenn sie jemanden einstellt, der ihr beim Putzen und bei der Kinderbetreuung helfen soll, bleibt er nie länger als zwei oder drei Wochen – ihrer Aussage zufolge wegen mangelnder Effizienz. In ihrem Job ist sie sehr kritisch und gibt ihre Aufgaben nie rechtzeitig ab.

Mir gegenüber klagt Lola über Ängste und Stress und wiederholt mehrfach, dass sie »nicht mehr kann«. In letzter Zeit schläft sie schlecht und ist reizbar. Zur nächsten Sitzung kommt ihr Mann mit in die Praxis und erklärt, dass das Thema Haushaltshilfe für ihn anstrengend ist und die Gespräche in der Familie immer wieder dominiert:

»Meine Frau ist vom Putzen besessen.«

Er erzählt, dass sie, wenn sie nach der Arbeit nach Hause kommt, alles kontrolliert, mit dem Finger über die Möbel streicht, um zu prüfen, ob sie staubig sind, nachsieht, ob die gebügelte Wäsche nicht doch noch Falten hat und auf eine bestimmte Weise nach Farben sortiert ist. Nie sei sie zufrieden, sodass es unvermeidbar zu Spannungen zwischen den Ehepartnern und in der Familie kommt.

Als Psychiaterin kommen mir Zweifel, ob diese Frau nicht eher eine Art Zwangsstörung hat als einfache Ängste. Als ich mit ihr zusammen in dieser Richtung forsche, erzählt sie mir, dass sie sich die Hände bis zu 20 Mal am Tag wäscht (wenn sie Speisen angefasst hat, nach dem Bezahlen mit Bargeld etc.) – mit Wasser und Seife bei sich zu Hause oder mit Feuchttüchern, wenn sie unterwegs ist. Lola ist auch nicht in der Lage, mit ihrem Mann zu schlafen, wenn dieser nicht so riecht, wie sie es für richtig hält: Sie fordert von ihm, dass er sich vorher duscht und dann ein bestimmtes Deo benutzt. Bei der Einrichtung des Hauses sollte der Schreiner die Schränke genau nach den Maßen entwerfen, wie sie den darin aufzubewahrenden Dingen entsprachen, und auch die Fächer für ihre Kleidung ließ sie nach Maß anfertigen. Sie gesteht, dass ihre Mutter und Großmutter genauso waren. Ich frage sie:

»Wie lange brauchen Sie, um zu duschen?«

Ihre Antwort:

»Ungefähr 45 Minuten.«

Pro Woche verwendet sie (allein!) zwei bis drei Flaschen Duschgel, weil sie sich sonst nicht sauber fühlt.

Ich erkläre ihr, dass sie eine Zwangsstörung hat, die einen extremen Perfektionsdrang auslöst.

Perfektionisten sind immer unzufrieden und leiden permanent, da nichts je ihren Erwartungen entspricht. Sie sind Meister im Aufspüren von Mängeln: wenn etwas unordentlich oder nicht sauber ist, wenn etwas unharmonisch ist, wenn die Wand, ein Glas oder ein Spiegel Flecken hat … Lola ist bei ihrer Arbeit äußerst gewissenhaft, und wenn sie um einen Bericht gebeten wird, sitzt sie bis zur letzten Minute daran, um zu prüfen, ob auch wirklich alles korrekt ist. Mit ihrer Doktorarbeit ist es dasselbe: Bei jedem Lesedurchgang findet sie erneut Fehler, die sie korrigieren muss, sodass sie nie fertig wird. Sie ist zum Leiden verdammt, und die Menschen in ihrem Umfeld sind permanent auf der Hut, da Lola jederzeit den nächsten Mangel aufspüren könnte.

Typisch für Perfektionisten ist die Starrheit, wenn es darum geht, eine bestimmte Sache gedanklich loszulassen und sich etwas anderem zu widmen: Perfektionisten sind oft nicht in der Lage, einen Gedanken loszulassen; es entsteht ein Gedankenkarussell, aus dem nur schwer auszubrechen ist. Ich verschreibe Lola eine Medikation, die bei dieser Art von Störung sehr gut wirkt. Außerdem beginnen wir eine Psychotherapie und arbeiten mit einem Heft, in dem wir Ziele notieren: vom Putzen, der Ordnung und dem Umgang mit Kindern und Ehemann bis hin zu immer wiederkehrenden Gedanken, die sie blockieren.

Ich bestehe sehr darauf, dass sie lernt, mit spannungsgeladenen Momenten umzugehen – mithilfe von kognitiven Botschaften, die sie sich vorsagt, wenn sie die Notwendigkeit verspürt, ihre Reinlichkeitsrituale durchzuführen: »Es passiert nichts, es geht dir gut, du bist sauber, erinnere dich daran, dass du eine Störung hast, die dich dazu bringt, dir die Hände zu waschen, denn sonst schaffst du es nicht, dich zu beruhigen, es wird nichts Schlimmes geschehen, wenn du dir jetzt nicht die Hände wäschst …« Außerdem empfehle ich ihr, mit ihrem Sohn im Park zu spielen, ohne sich vor dem Nachhausegehen die Hände zu reinigen.

Vom Gedanken zum Verhalten arbeiten wir uns Stück für Stück vor, und es geht ihr nun deutlich besser.

Das System des *Gyrus cinguli*

Im Gehirn gibt es einen eigenen Bereich, der für Obsessionen, Zwänge und geistige Starre verantwortlich ist: der *Gyrus cinguli* (Gürtelwindung). Dr. Daniel Amen vergleicht diesen Teil des Gehirns mit der Gangschaltung eines alten Autos. Funktioniert der Bereich einwandfrei, kann man den Gang (den Gedanken, den Fokus der Aufmerksamkeit) problemlos wechseln. Stecken wir aber in einem Gang (Gedanken) fest, läuft der Wagen nicht richtig und im Kopf entsteht, was wir als Obsession oder Zwang bezeichnen.

Dieser Teil des Gehirns ist dafür da, verschiedene Lösungsmöglichkeiten für ein Problem zu visualisieren, damit wir den Widrigkeiten und Wendungen des Alltags mit größerer Flexibilität begegnen können. Funktioniert er schlecht oder wird er übermäßig aktiviert, werden wir unflexibler und entwickeln mit größerer Wahrscheinlichkeit toxische Gedanken oder geraten in ein Gedankenkarussell ohne Ausweg.

Ein typisches Beispiel für geistige Starre ist das permanente Empfinden, dass alles unbedingt genauso erledigt wird, wie und wann man es möchte. Es gibt Menschen mit sehr ausgeprägten zwanghaften Zügen, die an bestimmte Routinen – fast Rituale – gewöhnt sind, sodass jede Nichteinhaltung bei ihnen eine unverhältnismäßige Reaktion auslöst. Für Menschen mit extrem starren Gewohnheiten müssen Zeitpläne, der Zustand der Wohnung und Planungen exakt ihren Wünschen oder Erwartungen entsprechen. Bei Perfektionisten kommt ein weiterer Faktor hinzu: Alles muss auf die bestmögliche Art und Weise erledigt werden.

Ein Subtyp des Menschen mit starren Vorstellungen: der Negaholiker

»Nein und noch mal nein; nein heißt nein.« Jeder hat schon einmal einen Callcenter-Angestellten oder Beamten erlebt, der dem eigenen Anliegen keine Beachtung schenkt und es ungerechtfertigterweise ablehnt. Wir alle kennen Menschen, die nicht in der Lage sind, einfach mal zuzustimmen. Jeder hat mit Menschen zu tun, die keinen Rat und keine Empfehlung annehmen und nichts ändern wollen.

Für Dr. Chérie Carter-Scott, Expertin für genau dieses Thema, »sind Negaholiker Menschen, die süchtig nach Negativem sind«. Sie lehnen alles immer automatisch und irrational ab. Sie sind nicht in der Lage, das Positive wahrzunehmen oder auch nur einen neutralen Standpunkt einzunehmen. Ihre Sicht auf die Realität ist unausgewogen bis hin zum Leugnen von Tatsachen. Beschwerden und Klagen bestimmen ihre Gespräche.

Eine solche Ansammlung negativer Kommentare und Einstellungen schädigt den Betroffenen schließlich ernsthaft. Sogenannte Negaholiker sind unfähig, sich weiterzuentwickeln, da sie aufgrund ihrer unbegründeten Ängste und des tief verwurzelten Pessimismus ihre eigenen Träume boykottieren. Sie leben in ständiger Angst und permanentem Leid. All das geht auf toxische Gedanken zurück, die zu destruktiven Worten und Verhaltensweisen werden.

Diese Haltung verändert auch die Beziehung zu anderen. Für die Betroffenen ist es äußerst anstrengend, den Erfolg anderer wertzuschätzen; stets versuchen sie, andere mit entsprechenden Kommentaren, Mimiken und Verhaltensweisen zu »vernichten«. Der Umgang mit Negaholikern ist nicht leicht, die meisten Menschen in ihrem Umfeld bleiben lieber auf Abstand. Negaholiker werden zum Hindernis für andere und vergiften die Atmosphäre.

Es gibt unterschiedliche Gründe dafür, warum jemand zum Negaholiker wird. Die Ursache kann ein nicht überwundenes Leid sein, gelegentlich auch eine traumatische Lebensphase. Nach diesem Schmerz wird die Person verbittert, seltsam, zerbricht oder bekommt Depressionen. In einem solchen Fall ist es entscheidend, nach außen zu gehen, möglichst schnell Hilfe zu suchen und anzuerkennen, dass dieser innere, toxische Prozess das Leben ernsthaft gefährdet. Studien der Harvard University zufolge erholen sich immerhin 75 Prozent aller Menschen, die ein Drama erlebt haben. Zumindest die Wissenschaft macht uns Mut, im Angesicht der Katastrophe optimistisch zu bleiben.

Chronopathie – von der Besessenheit, die Zeit zu nutzen

Die Kunst des Ausruhens ist ein Teil der Kunst des Arbeitens.

John Steinbeck

Wir leben in einer Zeit, in der das höchste Streben des Menschen der Produktivität und Effizienz gilt – man spricht von Vermarktung der Zeit.

Heutzutage wird alles geschätzt, was mit Geschwindigkeit und der Möglichkeit einer besseren Nutzung der Zeit zusammenhängt. Was hat das für Konsequenzen? Die Folge ist Stress, der sich wie eine bösartige chronische Krankheit auf alle Bereiche unserer Gesellschaft ausbreitet und äußerst schädlich ist.

Zeit ist das demokratischste Gut überhaupt. Jedem Menschen stehen 24 Stunden am Tag zur Verfügung. Jeder ist selbst verantwortlich – nicht nur dafür, wie er seinen Tag füllt, sondern auch dafür, wie er die Zeit wahrnimmt. Der Mensch definiert sich darüber, wie er seinen Tag und sein Leben organisiert. Wer »geordnet« ist, erreicht, dass die Stunden sich vermehren, denn bekanntermaßen gilt ja: »Ordnung ist die Lust der Vernunft.« Von diesem Punkt ausgehend, können wir zwei Extreme unterscheiden: Menschen, die ihre Zeit durch ein inhaltsleeres Leben verschwenden, das sie depressiv werden lässt; und Menschen, die an Chronopathie leiden. Jeder von uns kennt jemanden, der seine gesamte Zeit im Voraus verplanen und sämtliche Lücken im Kalender mit zahlreichen Aktivitäten füllen muss. Bei solchen Menschen ist Vorsicht geboten, denn ihr Leben wird früher oder später zur Flucht nach vorne. Denn vergessen wir nicht, dass man die wirklich großen Erlebnisse gar nicht genießen kann, wenn man gehetzt ist und unter Zeitdruck steht. Kein Leben ist erfüllt und befriedigend, wenn es nicht auch ab und zu Frieden und Ruhe darin gibt.

Können Sie sich richtig erholen?

Ich bin zutiefst davon überzeugt, dass echte Erholung vom Aussterben bedroht ist. Ein neues »Syndrom« ist aufgetaucht: die Chronopathie (*chronos* = Zeit, *pathos* = Krankheit), die Zeit-Krankheit. Der spanische Mediziner und Philosoph Gregorio Marañón sagte: »Schnelligkeit ist eine Tugend, doch sie bringt auch eine Unsitte hervor – die Eile.« Heute leben wir in der Überzeugung, dass ein beschleunigtes Leben zu größeren und besseren Ergebnissen führt. Wenn wir uns mit jemandem verabreden wollen, sind wir diese Antwort gewohnt:

»Ich habe keine Zeit, bin gerade ziemlich im Stress …«

Das halten wir für normal und richtig.

Keine Zeit zu verlieren, ist zu einem entscheidenden Faktor in unserem Leben geworden. Wir wollen alles, und zwar heute und jetzt. Man wartet nicht eine Woche, um die nächste Folge einer Serie zu sehen, und man beschwert sich, wenn der Zug eine Viertelstunde Verspätung hat.

Wer hat noch nie am Sonntagnachmittag ein Tief gehabt? Ich bezeichne das als »düsteren Sonntag«. Das Phänomen kommt insbesondere bei Menschen vor, die unter der Woche ein intensives Leben führen. Am Freitag und Samstag haben sie diverse Pläne und gehen aus, wobei meist Alkohol im Spiel ist. Wenn dann der Sonntag kommt, erleben viele einen körperlichen und seelischen Einbruch, sodass sie sich nach dem Montag sehnen. Der Grund? Sie sind wie Rennpferde, die Woche für Woche erschöpft ins Ziel laufen. Sie wissen nicht, wie man sich erholt. Die sonntägliche Pause löst Beklemmung, Schuldgefühle, Trübsinn und eine Empfindung von Leere aus.

Der Mensch von heute scheint sich entschuldigen zu müssen, wenn er nach einem »Meeting« einen Moment Ruhe oder Muße haben möchte. Es macht keinen guten Eindruck, wenn man sagt, dass man Zeit oder nichts zu tun hat. Die Folge? Auf einmal ruft ein Freund an und erzählt todernst und mit sorgenvoller Stimme, nachdem er muskuläre Probleme, Migräne, Herzrasen, eine Angstattacke oder sogar einen Infarkt gehabt hat:

»Mein Arzt hat mir Ruhe verordnet.«

Dann beginnt man, sein Leben zu überdenken, und startet in eine neue Phase, in der die wirklich wichtigen Aspekte des Lebens die Aufmerksamkeit bekommen, die sie verdienen.

DER FALL FRANCISCO

Francisco ist Manager in einem internationalen Konzern; seine Prüfung zum Staatsanwalt hat er sehr jung mit einer hervorragenden Note abgeschlossen. Seitdem geht es steil aufwärts: Francisco begann in der Verwaltung, dann wechselte er in die Privatwirtschaft. Irgendwann fing er an, politisch aktiv zu werden, ohne sich jedoch hundertprozentig zu engagieren. Generell beschäftigt er sich gern mit den unterschiedlichsten Dingen: Politik, Geschichte, Philosophie, natürlich auch Recht, und er schreibt gern … Sein Kalender ist von morgens bis abends randvoll.

Freie Zeit nervt ihn, denn er hat gern das Gefühl, die Zeit gut zu nutzen. Wenn er mit seiner Familie frühstückt, fragt er nach den Plänen für den Tag. Immer findet er bei einem Familienmitglied ein Zeitfenster, von dem er der Meinung ist, dass es auf eine andere Weise besser genutzt werden könnte. Die Kinder verbringen ihre Nachmittage in der Schule, um an zusätzlichen Kursen teilzunehmen – Musik, Chinesisch, Englisch, Kunst, Sport –, außer am Freitag, denn an diesem Tag sollen sie ihre Zimmer aufräumen. Am Wochenende hat er stets einen perfekt organisierten Plan – Strand, Berge, eine Stadtbesichtigung … Seine Frau lebt »hinter ihm her« und gesteht ihm häufig, dass sie sein Tempo nicht durchhalte, dass sie mal innehalten müsse. Daraufhin antwortet Francisco, dass man das Leben aber nutzen müsse und sie gerade in den besten Jahren seien.

Doch dann beginnt er, sich Sorgen zu machen, weil er schlecht schläft, Migräne hat und manchmal auch Schwindel empfindet. Er beschließt, zum Arzt zu gehen – nachdem er seinen Kalender mühsam umstrukturiert hat, da dafür eigentlich keine Zeit war. Ihm werden leichte Pillen verschrieben. Francisco lebt permanent gegen die Zeit und ohne jede Genussfähigkeit.

Die Familie erscheint mit einer konkreten Bitte in meiner Praxis: »Er soll innehalten und lernen, einfach mal nichts zu tun.«

Francisco aber macht klar, dass er nicht innehalten will, dass das seine Lebensweise ist, dass er genervt ist, wenn er langsamer macht, da er gar nicht weiß, wie man Sachen ruhiger angeht.

Gegen die Unruhe verschreibe ich ihm ein Medikament in sehr geringer Dosierung (unterhalb einer therapeutischen Wirkung). Am nächsten Tag ruft er mich an, um mir mitzuteilen, dass er im Büro tief und fest geschlafen hat. Sein Körper wurde nur ein wenig gebremst und reagierte, als habe Francisco riesige Mengen eines Beruhigungsmittels eingenommen.

Ich versuche, ihm zu zeigen, dass er sich nicht entspannen kann. Kaum nimmt er etwas Ruhe wahr, kommen Beklemmungen auf, wie er selbst zugibt. Diese legen sich erst wieder, wenn er eine Aktivität beginnt. Das Wichtigste ist für Francisco nicht, ihm beizubringen, wie er sich erholt – mit Entspannungstechniken, Yoga oder Achtsamkeit kommt er nicht zurecht, weil sie Herzrasen auslösen –, sondern ihm bewusst zu machen, dass er lernen muss, zur Ruhe zu kommen.

Diese Einsicht ist sein erster Schritt in der Therapie. Der zweite besteht darin zu lernen, auch nicht dynamische Übungen zu machen, – dass er also trainiert, »Zeit zu verlieren« und sich zu entspannen. Das gelingt ihm aufgrund des großen Widerstands in seinem Inneren nur unter beträchtlichen Schwierigkeiten: So sei er schon immer, zumal er mit höchsten Ansprüchen an eine optimale Nutzung der Zeit erzogen wurde. Folglich ist die Prognose ungewiss.

Nach mehreren Monaten in Therapie geht es ihm nach und nach besser. Er hat es geschafft, der Familie spontane Momente zu gönnen, in denen sie es genießen, wenig bis gar nichts zu machen oder sogar zu improvisieren – was früher unmöglich war.

Lernen wir, innezuhalten. Das Tempo zu drosseln und einfach nur zu beobachten und zu genießen. Ist Ihnen schon einmal aufgefallen, dass man tatsächlich stehen bleiben muss, wenn man etwas anschauen oder beobachten will? Wer rennt, nimmt die Schönheit nicht wahr. Erfreuen Sie sich an einer schönen Landschaft, an einem Sonnenuntergang, an einem spannenden Buch, bleiben Sie stehen und entdecken ein verstecktes Dorf in der Nähe der Straße, hören Sie ein bewegendes Lied – ohne Schuldgefühle oder den Gedanken, Zeit zu verlieren. Dadurch gewinnen wir Gesundheit, Genuss, Glück und Lebensqualität.

Das erklärte Jacques Leclercq bereits 1936 in seiner Antrittsrede an der »Freien Belgischen Akademie«: Nach drei Monaten Ruhe hatte der große Philosoph René Descartes seine Träume und Visionen; Newton entdeckte eines der großen Grundprinzipien der Physik, als er unter einem Baum saß; Platon schuf die Säulen der Philosophie in Akademos' Gärten. Keiner von ihnen machte seine Entdeckungen in einer hektischen Phase seines Lebens. Erkenntnisse kommen einem nicht im Laufschritt, und die Schönheit des Lebens nimmt man nicht unter Zeitdruck wahr.

Alleinsein, Erholung, Ruhe, Aktivitätspausen – all das ist von entscheidender Bedeutung, um kreativ sein und Projekte mit Freude in Angriff nehmen zu können. Die Welt ist krank und leidet tatsächlich unter chronischem Stress. Was soll aus der Gesellschaft werden, wenn wir unglaublich gestresste Menschen hervorbringen, die im Eiltempo durchs Leben gehen und auf Hochtouren funktionieren? Ein hektisches Leben ist ein Hinweis darauf, dass es das Umfeld ist, das uns lenkt – nicht wir selbst.

Einer der ersten Schritte, um sich besser kennenzulernen und über seinen Schatten zu springen, besteht darin, auf die innere Stimme zu hören. Nur ist diese Stimme im Lärm unseres anstrengenden Lebens gar nicht zu hören. Innerer Friede, Gelassenheit …, darum geht es heute in allen Therapien. Überall werden massenhaft Yoga-, Achtsamkeits- und Meditationskurse angeboten, um sich von dem Getöse abzukoppeln.

Wir sehen so oft auf die Uhr, dass wir für das Wichtige keine Zeit mehr haben. Schalten Sie doch an einem Sonntagnachmittag einfach einmal das Telefon aus und legen Sie die Uhr beiseite. Stellen Sie zu

Hause Ihr Mobiltelefon auf Flugmodus, ohne Angst, einen Anruf, eine Mail, eine Nachricht oder einen Tweet zu verpassen. Sie müssen nicht rund um die Uhr online sein. Lernen Sie, ein wenig Zeit zu »verlieren« und dabei Ruhe und Ausgeglichenheit zu gewinnen.

Nehmen Sie sich nicht zu viel vor. Lernen Sie, Nein zu sagen. Leben Sie im Hier und Jetzt. Versuchen Sie, ab und zu die Natur, den Strand, das Meer, die Berge zu genießen. Dadurch öffnen Sie sich für große Sinneseindrücke, die Sie wirklich erfüllen. Ohne dabei Ihre persönlichen Projekte aus dem Blick zu verlieren, versteht sich. Planen Sie, suchen Sie sich Orientierungspunkte, aber genießen Sie jeden besonderen, ersehnten oder bewegenden Moment.

Das digitale Zeitalter

Als ich von einer Reise nach Mexiko zurückkehrte, war ich ziemlich überrascht, in der Zeitung folgende einschlagende Nachricht zu lesen: »Facebook gesteht, mit der Psyche seiner Millionen Nutzer zu spielen.« Auf einer medizinischen Veranstaltung in Philadelphia erklärte Sean Parker, der erste Präsident von Facebook, dass das Unternehmen entstanden sei, »um die Verletzbarkeit der menschlichen Psyche auszunutzen: das Feedback der sozialen Bestätigung.« Als das soziale Netzwerk an den Start ging, war die Idee dahinter, dass die Nutzer viele Stunden im Internet zubringen sollten. So kam es zu der Entscheidung, den Like-Button in die Anwendung zu programmieren.

Was passiert im Gehirn, wenn wir ein Like sehen?

Versuchen wir, diesen mentalen und digitalen Vorgang zu verstehen. Wer sich der Welt der Emotionen und des Verhaltens widmet, weiß, dass die Welt der Bildschirme (Internet, soziale Medien, Videos, Apps) sich tiefgreifend auf die Art auswirkt, wie wir Kontakte knüpfen und Informationen verarbeiten (Gedächtnis, Konzentration, Multitasking, Bildung, Motivation ...), und folglich langfristig auch auf unser Glück.

Inzwischen gibt es Unternehmen und Programmierer, die auf das Ziel spezialisiert sind, dass Menschen möglichst viel Zeit mit ihrem Gerät oder ihrer Anwendung verbringen. Dieser Ansatz wird bewusst gewählt. Das bedeutet, dass die Verantwortlichen ganz genau wissen, wie die Psyche angesichts von Bildschirm und Technologie funktioniert: Sie stellen ihre Geräte oder Anwendungen bewusst so her, dass sie eine Abhängigkeit erzeugen.

All die Gadgets und zahlreichen neuen Apps sind also darauf ausgerichtet, dass sie süchtig machen. Das ist ein entscheidender Punkt, den man verstehen muss – sowohl für sich selbst als auch als Eltern oder Erzieher. Sehen wir uns an, wie das funktioniert.

Jede Sucht hat eine molekulare und physiologische Grundlage, die seit vielen Jahren bekannt ist. Drogen wie Alkohol, Kokain, Tabletten, Marihuana oder Wetten, Spiel und Pornografie werden durch dasselbe Hormon reguliert: Dopamin. Dopamin ist das Hormon, das für Vergnügen zuständig ist. Es reguliert das Belohnungssystem im Gehirn und wird in dem Augenblick aktiv, in dem wir mit dem Objekt unseres Vergnügens (Sex, Alkohol, Drogen oder soziale Netzwerke) interagieren, sowie in den Momenten davor – häufig entsteht eine Vorfreude, die auch als Motivationsauslöser wirkt. Danach kann eine Leere entstehen, die zu der Notwendigkeit führt, dasselbe Produkt kurze Zeit später erneut zu konsumieren. Ein Mensch, der von Kokain, Sex oder sozialen Netzwerken abhängt, ist stark beeinträchtigt in seiner Aufmerksamkeit, in seinem Willen – der durch Selbstdisziplin reguliert wird –, und auf lange Sicht empfindet er Freudlosigkeit sowie eine große Leere.

Sean Parker gestand in Bezug auf Facebook in Philadelphia:

»Wenn die Menschen einen Like bekommen, gibt es eine kleine Dopamin-Ausschüttung, die sie motiviert, mehr Inhalt hochzuladen ...«

Heutzutage setzen die Unternehmen nicht mehr nur auf traditionelles und konservatives Marketing, sondern versuchen, Psychologie,

Neurophysiologie und Neurowissenschaft miteinander zu verbinden. Indem sie unseren Geist und unsere Aufmerksamkeit fesseln, erzeugen sie mehr Inhalte, mehr Daten und mehr Einfluss darauf, was wir kaufen, wahrnehmen, entscheiden und tun.

Das ist die Grundlage von Drogen: Im Gehirn werden Mechanismen aktiviert, die von uns den fortgesetzten Konsum dieser Substanzen fordern. Die meisten dieser Produkte sind aber entweder verboten oder reguliert. Wir machen uns nicht klar, dass Kinder schon im frühen Alter – und ohne Einschränkungen – dieser ganzen digitalen Welt ausgesetzt sind, die mit großer Wahrscheinlichkeit ihre Psyche, ihre Informationsverarbeitung und ihre Fähigkeit, mit Enttäuschungen und Emotionen umzugehen, tiefgreifend verändert.

Jeder sucht von Kindheit und Jugend an nach Wegen, um mit Höhen und Tiefen, Frust und Leere umzugehen. Wir sollten nicht vergessen, dass der Bildschirm eine Entspannungs- und Unterhaltungsfunktion hat. Wenn Kinder und Jugendliche in einem Konflikt stecken, sich langweilen oder gestresst sind, setzen sie sich davor, um zu »entspannen«. Ihr Verstand gewöhnt sich daran, dass die Zuflucht zum Bildschirm, den sozialen Netzwerken oder dem Internet ihr Ausweg aus der Anstrengung ist. Ein großer Prozentsatz der Bevölkerung nutzt die sozialen Netzwerke (WhatsApp, Instagram, Facebook, Twitter, Tinder …) auf der Suche nach genau diesem Dopaminkick, den sie beim Umgang damit empfinden. Wir leben in der Zeit der Informationsflut und des Überangebots an Reizen. Diese Reizüberflutung ist eng verbunden mit einem übermäßigen Konsum von Informationen, materiellen und sogar fiktiven Gütern. Alles ist durch einen Klick problemlos zu erreichen. Wenn man das, was man möchte, nicht zum gewünschten Zeitpunkt erreicht, werden Frustrationsschleifen aktiviert, welche die Ursache für die Charakterschwäche vieler junger Menschen sind, denen es an der Fähigkeit fehlt, sich einmal wirklich anzustrengen. Was schwerfällt, braucht Zeit, um befriedigende Ergebnisse zu erzielen! Darauf basieren zahlreiche Probleme im Bildungswesen und einige psychische Störungen. Es überrascht – und beunruhigt – mich sehr, wie viele Jugendliche mit großer Antriebslosigkeit und Enttäuschung in meine Praxis kommen, deren Aufmerksamkeit und Motivation man gar nicht mehr wecken kann. Bei all dem dürfen wir nicht vergessen, dass die einzigen beiden Dinge, die den Menschen wirklich vollkommen erfüllen, die Liebe (Partnerschaft, Freunde …) und die Zufriedenheit am Arbeitsplatz sind. Diese beiden Pfeiler des Lebens aber erreichen wir nur durch Anstrengung, Ausdauer und Geduld.

Der Fortschritt erfolgt mit beeindruckender Geschwindigkeit und verhindert, dass die Menschen das Tempo drosseln, innehalten und über die Auswirkungen nachdenken, die all das auf ihren Geist, ihren Körper und ihr Leben hat. Erst wenn wir bereits völlig vereinnahmt und schon leicht verstört sind, versuchen wir, den Kopf zu heben und aus einer etwas anderen Perspektive zu beobachten, was eigentlich vor sich geht. In solchen Momenten fragen wir uns (und hier werden Stimmen aus vielen Bereichen laut): Ist es zu spät? Haben wir ein Monster erschaffen, das wir nicht mehr aufhalten können? Die Programmierer im Silicon Valley schicken ihre Kinder übrigens in Schulen, in denen es kaum Computer gibt. Was geht eigentlich vor sich?

Natürlich bringt die Technologie große Vorteile mit sich. Wie bei allem muss man auch hier lernen, das Neue zu nutzen. Jeder Einzelne muss selbst entscheiden, wie er seine Aufmerksamkeit im Griff behalten will: zuerst beobachten, womit er seine Zeit verbringt, und danach ernsthaft prüfen, bis zu welchem Punkt er online und abhängig ist. Das Internet und alles, was damit zusammenhängt, bieten großartige Vorteile und Erleichterungen in vielen Bereichen, aber sein Missbrauch ist ausgesprochen schädlich für Geist und Verhalten.

Von Technologie umgeben aufzuwachen, macht uns nicht intelligenter. Sie hat uns allerdings eine Vielzahl von Aktivitäten erleichtert, und vor allem haben wir mit großem Geschick eine bestimmte Eigenschaft weiterentwickelt: das Multitasking, von der Neurowissenschaft auch als »alternierende Aufmerksamkeit« bezeichnet. Das bedeutet, dass das Gehirn nur jeweils wenige Minuten oder Sekunden auf eine Aufgabe verwendet, um dann zur nächsten überzugehen und wieder zur nächsten. Das Gehirn kann nicht zwei Aktivitäten gleichzeitig durchführen, wenn derselbe Bereich des Gehirns involviert ist. Wenn wir dem englischen Text eines Lieds lauschen, während wir ein Buch lesen, führen wir keine der beiden Aufgaben hundertprozentig aus. Der Fokus der Aufmerksamkeit liegt mal auf dem einen, mal auf dem anderen Aspekt, da dieselbe Hirnregion beansprucht wird.

Beim Multitasking ist das Gehirn in der Lage, viele Informationen oberflächlich aufzunehmen, ohne sie sich jedoch zu merken. Clifford Nass, Soziologe an der Stanford University, war einer der Pioniere bei der Erforschung des Zusammenhangs zwischen Aufmerksamkeitsdefizit und Multitasking. Auch wenn man etwas anderes vermuten könnte: Wer mehrere Dinge gleichzeitig tun kann – telefonieren und Mails beantworten –, ist weniger effizient. Solche Menschen können zwar den Fokus ihrer Aufmerksamkeit flinker wechseln, doch Studien haben bestätigt, dass damit eine Blockade des Arbeitsgedächtnisses einhergeht. Sollte sich das Multitasking allgemein durchsetzen, steuern wir auf eine oberflächlich informierte und mangelhaft gebildete Gesellschaft zu.

Forscher der Universität des Saarlandes (B. Eppinger, J. Kray, B. Mock und A. Mecklinger) haben interessante Untersuchungen zu diesem Thema veröffentlicht. Wenn der Verstand zwischen verschiedenen Aufgaben wechselt, legen die Schaltkreise im Gehirn dazwischen jeweils eine Pause ein – so erfordert die Verarbeitung der einzelnen Aufgaben mehr Zeit und die Effektivität sinkt. Wir sprechen hier von einer Reduktion um bis zu 50 Prozent.

Das 21. Jahrhundert ist das Jahrhundert der Reizüberflutung. Dank – oder trotz – der neuen Technologien ist das Gehirn einer riesigen Menge an Informationen ausgesetzt, die in Wellen oder gleichzeitig auf unsere Sinne einstürmen (insbesondere auf den Sehsinn) und die es zwangsläufig verarbeiten muss. Diese Reizüberflutung hat ernste Folgen. Kinder und Jugendliche, die an diese Bombardierung gewöhnt sind, brauchen immer stärkere Reize, um sich zu motivieren. Dadurch schwinden ihre Neugier, ihr Staunen und die Lust, etwas zu lernen, das über die digitale Welt hinausgeht. Sie werden antriebslos, ihre Kreativität und Fantasie gehen vollkommen verloren. Und nicht nur das: Von Kindheit an gewöhnen sie sich an einen Lebensrhythmus und eine Intensität, die es ihnen erschweren, gelassen zu sein und die Stille zu genießen. Kinder springen sozusagen permanent von einem Reiz zum anderen.

Erfolg hat aber nur, wer in der Lage ist, sich zu konzentrieren und auf das zu fokussieren, was er wirklich will. Denn nur wer fokussiert ist, zieht sein Vorhaben auch durch. Diese Aufmerksamkeit findet im präfrontalen Cortex des Gehirns statt. Dieser Bereich ist zuständig für den Willen, die Selbstkontrolle und das Planen von Projekten. Bei Kindern muss dieses Hirnareal von klein auf entwickelt werden, denn es ist einer der wichtigsten Bereiche des Verstands.

Sehen wir uns nun an, wie sich der präfrontale Cortex nach der Geburt entwickelt.

Ein Baby wird aufmerksam, sobald es Licht sieht. Nach ein paar Lebensmonaten fokussiert sich seine Aufmerksamkeit, wenn es Licht, Bewegung oder Geräusche wahrnimmt. Die große Herausforderung der Erziehung besteht darin, zu erreichen, dass Kinder auch unbewegten, nicht leuchtenden »Dingen« ihre Aufmerksamkeit widmen: Papier, Essen, Schreiben, Lesen, zu erledigenden Aufgaben … Ihr Willen und ihre Aufmerksamkeit müssen gezielt gelenkt werden, damit sie lernen, sich bewusst zu konzentrieren. Wenn dem Kind in dieser Phase seines Lebens ein Tablet oder Mobiltelefon geschenkt wird, kehrt die Aufmerksamkeit zu Licht, Bewegung und Geräusch zurück. Für seinen präfrontalen Cortex ist das kein Fortschritt, sondern eindeutig ein Rückschritt, denn das Kind lässt sich nun wie ein Baby motivieren und reagiert auch so. Der einzige Unterschied besteht darin, dass die Geräusche intensiver sind und die Lichter oder Bewegungen immer schneller werden.

Das Gehirn von Jugendlichen muss lernen, seine Aufmerksamkeit zu bündeln und auf gesunde Weise den vorderen Bereich des Gehirns zu entwickeln, der für den Willen und die Selbstregulation verantwortlich ist. Übermäßig viel Zeit vor dem Bildschirm hemmt das richtige Funktionieren des Gehirns und führt zu einem eindeutigen Aufmerksamkeitsdefizit sowie zu Konzentrationsschwäche. Es gibt heute eine breite

Bewegung, die auf die Bedeutung der Meditation und insbesondere der Achtsamkeit aufmerksam macht. Erst bringen wir unseren Jugendlichen also bei, wie sie sich nicht konzentrieren, und dann kämpfen wir als Erwachsene darum, die Fähigkeit zur Selbstregulation über unseren Geist und unsere Aufmerksamkeit zurückzugewinnen. Irgendetwas läuft da wirklich schief.

Auch die Hyperaktivität geht mit zu viel Onlinezeit Hand in Hand. Die berühmte ADHS (Aufmerksamkeitsdefizit-/Hyperaktivitätsstörung) ist damit eng verbunden. Jugendliche, bei denen ADHS diagnostiziert wurde, haben große Schwierigkeiten, sich zu konzentrieren und ihre Aufmerksamkeit zu fokussieren, und sie haben eine geringe Frustrationstoleranz. Die anhaltende Nutzung von Technologien bietet befriedigende, leicht zugängliche und attraktive Alternativen, hemmt aber zugleich die Fähigkeit, sich auf nicht digitale Reize zu konzentrieren.

Wir müssen wieder offline erziehen und unterrichten – vor allem auf emotionaler und sozialer Ebene. »Kommunikation von Angesicht zu Angesicht ist die beste Methode, um die Emotionen des anderen verstehen zu lernen«, erklärte Clifford Nass. Wir sollten nicht vergessen, dass die berühmte emotionale Intelligenz einer der Schlüssel zu einem erfolgreichen Leben ist. Der Bildschirm ist in dieser Hinsicht ein miserabler Erzieher. Er isoliert das Kind und sorgt dafür, dass es sich von seinem Umfeld abkapselt. Er hemmt die Fähigkeit, Emotionen zu verstehen sowie Kontakt zu Menschen oder Emotionen aufzunehmen. Er führt dazu, seine Gefühle nicht ausdrücken zu können, wenn man dann doch einmal jemandem in die Augen sieht statt auf Tastatur oder Bildschirm. Die Jugend von heute ist nicht in der Lage, einem Gesprächspartner gegenüber ihre Emotionen zu artikulieren. Dabei sollten wir unsere Kinder doch so erziehen, dass sie in der Lage sind, das Leben, Emotionen und direkte persönliche Beziehungen zu genießen, indem sie einander in die Augen schauen.

Jugendliche nehmen heute leichter über den Bildschirm, in sozialen Netzwerken oder in einem Videospiel Kontakt auf als zur Natur, anderen Menschen und der Wirklichkeit. Es geht nicht darum, die Technologie oder den digitalen Fortschritt abzulehnen; es geht darum, sie auf vernünftige Weise nach und nach in das Leben von Kindern und Heranwachsenden einzuführen und ihnen zu zeigen, wie sie den Umgang mit Apps und Inhalten selbst kontrollieren können. Wir sollten uns für eine echte Erziehung entscheiden und zuerst eine Verbindung zur realen Welt, zu menschlichen Emotionen und zur Natur herstellen. Erst danach ist der Mensch bereit, Schritt für Schritt in die digitale Welt vorzudringen.

8. WIE MAN DEN CORTISOLSPIEGEL SENKT

Bewegung

Eine der effektivsten Formen, Stress, Angst und Depressionen zu bekämpfen, ist regelmäßige Bewegung. Auf diese Weise wird die Produktion von Serotonin und Dopamin angeregt – beide Hormone bauen Ängste ab und helfen gegen Depressionen.

Vorsicht! Bei bestimmten besonders anstrengenden Sportarten kann der Cortisolspiegel ansteigen, da der Körper die Anstrengung als Bedrohung wahrnimmt.

Bei extremer Belastung sinkt der Cortisolwert nicht nur nicht ab – er steigt sogar an. Nach 30 bis 45 Minuten harten Trainings erreicht er seinen Höhepunkt, bevor er nach und nach wieder auf Normalniveau absinkt. Das Problem ist, dass wir oft nicht genug Zeit haben, um über diese Schwelle hinauszukommen, nach der der Cortisolwert wieder absinkt. Deshalb sind sanfte, entspannte und weniger intensive Sportarten empfehlenswerter – etwa Yoga, Pilates oder einfach Spazierengehen. Eine Studie des Biochemikers Edward E. Hill, die im Jahr 2008 im *Journal of Endocrinological Investigation* veröffentlicht wurde, kam zu dem Schluss, dass der Cortisolspiegel bereits bei einer Bewegung mit 40-prozentiger Intensität absinkt. Noch besser wirkt sich Bewegung auf dem Land unter freiem Himmel aus, fernab vom Lärm und der Verschmutzung der Großstädte.

Wo man Sport treibt, spielt generell eine große Rolle. Eine Studie von Dr. Jules Pretty von der Fakultät für Biowissenschaften an der britischen Universität Essex entdeckte die psychischen Vorteile von Sport unter freiem Himmel auf dem Land – der sogenannten *green exercise* – gegenüber Sport in Sporthallen, Fitnesscentern oder auf städtischen Straßen. Bei dem Experiment wurden Bilder auf eine Wand projiziert, während vier Gruppen zu je 20 Personen auf Laufbändern trainierten. Jeder Gruppe wurden Bilder aus jeweils einer anderen Kategorie gezeigt: angenehme Landschaften, unangenehme Landschaften, angenehme Stadtansichten und unangenehme Stadtansichten. Zeitgleich trainierte eine Kontrollgruppe, der gar keine Bilder gezeigt wurden. Bei allen Teilnehmern wurden vor und nach dem Sport der Blutdruck gemessen und verschiedene psychologische Aspekte erfasst (Selbstwertgefühl und Befinden). Man fand heraus, dass die Projektion angenehmer ländlicher oder städtischer Bilder eine signifikante positive Wirkung auf Selbstwertgefühl und Befinden hatte.

Natur und Lebewesen lösen bei den meisten Menschen Wohlbefinden aus. Deshalb sind Grünflächen in unserem Umfeld auch so entscheidend für die geistige Gesundheit. Die Natur hilft uns, etwaige psychische Krankheiten zu bekämpfen, uns besser zu konzentrieren und klarer zu denken.

Schon die reine Betrachtung der Natur hat positive Auswirkungen, wie Ernest O. More 1981 zeigte, als er belegte, dass Häftlinge, die einen Blick auf die Bauernhöfe in der Umgebung des Gefängnisses hatten, seltener krank wurden als jene, deren Zelle zum Gefängnishof zeigte. Auch Roger S. Ulrich wies 1984 bei einer Studie in einer Klinik in Pennsylvania nach, dass sich Patienten, deren Fenster einen Blick in die Natur gewährte, nach einer Operation schneller regenerierten. Die Betrachtung der Natur tut gut, doch Bewegung in der Natur ist noch besser. Dr. Sara Warber, Professorin für Allgemeinmedizin an der Universität Michigan, beschäftigte sich in ihrer 2014 in der Zeitschrift *Ecopsychology* veröffentlichten Studie mit der wohltuenden Wirkung von Spaziergängen unter freiem Himmel in Gruppen: Sie bauen Stress ab, wirken Depressionen und negativen Gedanken entgegen, sorgen für mehr positive Gedanken und fördern die geistige Gesundheit.

Bewegung hilft, den Hippocampus zu steuern und auszugleichen. Wer dauerhaft aus dem Gleichgewicht ist, dessen Hippocampus wird kleiner, und die Amygdala reagiert unkoordinierter.

Zusammenfassend kann gesagt werden, dass eine moderate, möglichst naturnahe Bewegung den Cortisolspiegel senkt, das Immunsystem stärkt und hilft, Stress, Ängste und Depressionen abzubauen.

Der Umgang mit toxischen Menschen

Lernen Sie, mit toxischen Menschen umzugehen, und umgeben Sie sich mit Personen, die Ihnen gut tun.

Für fast jeden von uns gibt es einen Menschen, dessen bloße Anwesenheit – manchmal auch nur der Gedanke an ihn – das eigene Befinden verändert.

Wahrscheinlich müssen Sie nicht lange nachdenken, um herauszufinden, wer diese Person ist. Ihre definitive Ablehnung geht vermutlich auf eine Situation zurück, in der dieser Mensch Ihr Leben besonders negativ beeinflusst hat.

»Ich fühle mich schlecht, wenn ich mit ihm zusammen bin. Er bereitet mir Unbehagen und bringt einen Teil von mir zum Vorschein, der mir nicht gefällt. Worum auch immer es im Gespräch geht, seine Kommentare sind zwar subtil, bringen aber immer irgendwie Geringschätzung zum Ausdruck. Keine Ahnung, ob das nur mir so geht oder ob ich Gespenster sehe, wo keine sind. Ich weiß nicht, ob es Eifersucht ist oder Neid … Aber ich fühle mich an seiner Seite verletzbar und entspanne mich erst wieder, wenn er weg ist: Dann kann ich aufatmen. Trotzdem schaffe ich es nicht, mich von ihm zu lösen, obwohl ich denke, dass ein gewisser Abstand gut wäre. Die ganze Situation verändert mein Wesen, verursacht Beklemmungen und eine gewisse Freudlosigkeit.«

Bei dieser Person kann es sich zum Beispiel um den Partner oder die Partnerin, die Mutter, den Chef, eine Arbeitskollegin, einen Schwager, eine Nachbarin oder einen Freund handeln. Das Verhalten dieses Menschen, seine Anwesenheit, der Kontakt zu ihm beeinträchtigt uns und raubt uns unseren Frieden.

Hier ist die Rede von sogenannten toxischen Menschen. Es gibt sie in den verschiedensten Arten: labil, eifersüchtig, paranoid, unreif oder neurotisch zum Beispiel. Sie bringen uns aus dem Gleichgewicht, manchmal in Sekundenschnelle, indem sie über unser Leben, unsere Entscheidungen oder Aussagen urteilen, sie kommentieren und durcheinanderbringen. Sie werden zu Zuschauern unseres Lebens und nehmen sich das Recht heraus, ihre Meinung über alles zu äußern, was wir sagen oder tun, – deshalb ist es auch so schwierig, eine gesunde Beziehung zu ihnen aufzubauen. Dabei sind wir manchmal selbst schuld daran, dass jemand, von dem wir wussten, dass er so ist, in unser engstes Umfeld gelangt.

Der toxische Mensch wird zum Zuschauer Ihres Lebens – mit dem Recht, zu allem seine Meinung zu äußern.

Toxische Menschen sind Manipulationsexperten und finden genau die Schwachstellen ihrer Opfer. Per Definition rauben toxische Menschen ihren Opfern also permanent die Luft zum Atmen. Das kann bewusst geschehen, in anderen Fällen aber ist den Betreffenden der schreckliche Schaden gar nicht klar, den sie in ihrem Umfeld anrichten. Davon zu unterscheiden sind Menschen, die einfach vorübergehend in einer reizbaren oder zynischen Phase sind. Toxische Menschen dagegen entfalten dauerhaft und regelmäßig ihre schädliche Wirkung bei denen, die sie ertragen müssen.

Im Prinzip haben toxische Menschen nichts Positives zu bieten. Bei Paarbeziehungen oder familiären Bindungen entsteht gelegentlich eine Form der Kopplung und Abhängigkeit, die schwer zu durchschauen und zu erkennen ist. Man überzeugt sich selbst davon, dass sie das innere Gleichgewicht nicht stören, und besteht darauf, diese toxische Beziehung weiterzuführen, weil man Angst vor dem Alleinsein hat. So tolerieren und ertragen viele Menschen Extremsituationen, die sie eigentlich nicht zulassen dürften.

Damit unsere toxischen Menschen uns nicht beeinträchtigen, ist unsere Einstellung ihnen gegenüber entscheidend. Wir müssen verhindern, dass sie Zugang zu unserem Inneren erhalten und sich zu sehr in unser Leben einmischen, und wir dürfen sie niemals unsere Entscheidungsfähigkeit aushebeln lassen. Diese letzte Barriere, unsere Entscheidungsfreiheit, kann jedoch angegriffen werden – durch reale oder eingebildete Hindernisse, die unsere »emotionalen Vampire« nutzen werden, um mit uns zu spielen und in vielen Fällen unseren Willen zu brechen.

Wer sich von toxischen Menschen vereinnahmen lässt, kann Symptome einer Angststörung oder Depression, Schuldgefühle oder eine Abhängigkeit entwickeln, die sich wiederum negativ auf das Selbstwertgefühl auswirken.

Sechs Tipps im Umgang mit toxischen Menschen

1. Diskretion

Giftige Menschen können jederzeit ihre Informationen nutzen, um Sie auflaufen zu lassen oder Ihnen zu schaden. Wer Sie mag, wird sich über Ihre Erfolge freuen und Sie in schwierigen Zeiten unterstützen. Sobald Sie herausfinden, dass Ihnen jemand schadet, sollten Sie ihm oder ihr keine Informationen mehr über Ihr Leben geben.

2. Die Meinung toxischer Menschen ignorieren

Dadurch befreien Sie sich von deren Worten und Verhaltensweisen. Relativieren Sie das Verhalten toxischer Personen und messen Sie ihm keine Bedeutung bei. Es hängt von Ihnen ab, ob Sie sich beeinflussen lassen oder nicht. Lernen Sie, ohne direkte Konfrontation »psychologisch undurchlässig« zu werden, sodass verächtliche Blicke, sarkastische Kommentare oder schneidende Kritik an Ihnen abperlen. Sie sollten sich fragen: Möchte ich, dass diese Person in meinem Leben so viel Bedeutung hat?

3. Toxische Menschen nach Möglichkeit aus dem Gedächtnis streichen

Halten Sie sich fern von toxischen Menschen – nach und nach oder, unter Wahrung des Anstands, sofort. Es gibt Menschen, die uns gut tun, wenn sie in unser Leben treten – andere verbessern es, indem sie es verlassen.

4. Lernen, mit der Situation zu leben, wenn kein Abstand möglich ist

Falls die giftige Person dauerhaft in Ihrem Leben präsent sein wird, müssen Sie sich anpassen und versuchen, falsche Strategien nicht zu wiederholen. Fragen Sie sich aufrichtig, ob es sich um einen Menschen handelt, der »universell toxisch« ist, also dieses Unbehagen bei jedem auslöst, oder ob er seltsamerweise nur Sie beeinträchtigt.

Nach diesem ersten Schritt folgt als Nächstes die Analyse der Ursache seiner Toxizität. Versuchen Sie herauszufinden, was Sie im Verhältnis zu dieser Person beunruhigt. Was geht in mir vor, wenn ich diesen Menschen sehe? Kommen Gefühle von Unterlegenheit, Schwäche, Zorn, Angst oder Wut auf? Seien Sie soweit wie möglich Ihr eigener Therapeut, nutzen Sie Papier und Stift und bringen Sie die Diagnose voran. Versuchen Sie, die toxische Person zu verstehen: Was ist los mit ihr? Warum behandelt sie mich so?

Mir hat das in diesem Buch bereits zitierte Motto »Verstehen heißt lindern« immer geholfen. Wenn wir die Situation anderer Menschen, ihre Biografie, ihre Traumata oder Probleme verstehen, können wir mit ihnen fühlen und auf diese Weise aufhören zu leiden.

5. Ein gewagter Vorschlag: vergeben

Ein nachtragendes Herz kann nicht glücklich sein; oftmals ist Verzeihen der beste Balsam, den es gibt. Wenn ein Autofahrer sich auf der Straße gefährlich oder einfach völlig danebenbenimmt, können wir ihn für verrückt halten, hupen und ihn beleidigen – was uns keinen Frieden bringt, aber den Cortisolspiegel ansteigen lässt –, oder wir können ihn für angespannt beziehungsweise unglücklich halten und ihn bedauern, ihm verzeihen.

6. Eine Kraftquelle in der Nähe haben

»Kraftquellen«-Menschen haben auf Geist und Körper die gegenteilige Wirkung wie toxische Menschen. Innerhalb von Sekunden können sie unser Herz erfreuen. Sie sollten fröhliche Menschen in Reichweite haben, die Ihnen gut tun, die gesunde Absichten haben, Ihr inneres Gleichgewicht unterstützen und bereichern. Solche Kraftquellen sind immer in der Lage, uns die Lebensfreude zurückzugeben. Die Gesellschaft dieser Menschen sollten wir so oft wie möglich suchen.

Verbitterte Menschen tun sich zusammen und stecken einander an. Wenn Sie sich in einer Situation der Schwäche an eine solche Person wenden, kann sie Ihnen schaden und das Schlechteste aus Ihnen herausholen. Gelingt es Ihnen, sich gegenüber den für Sie toxischen Menschen nicht verletzbar zu fühlen, haben sie eine wichtige Schlacht im Kampf um Ihr Glück gewonnen.

Positiv denken

In diesem Buch geht es immer wieder darum, wie wichtig es ist, seine Gedanken zu erziehen. Hier folgen nun ein paar konkrete Regeln, wie man aus negativen Gedanken und Schleifen ausbrechen und die Flut der Sorgen, die Tag für Tag auf uns lauern, abmildern oder aufhalten kann.

Wer das Leben genießen will, muss das Negative relativieren und sich an den kleinen Dingen erfreuen können. Wer in permanentem Alarmzustand, in andauernder Angst oder Traurigkeit lebt, kann nicht zu Frieden und Gleichgewicht finden – beides aber ist unerlässlich, um glücklich zu sein. Die meisten Dinge, die uns beunruhigen, sind eine Anhäufung von »Mikrosorgen«, die in Summe unser Inneres verändern.

Um Sorgen zu vermeiden, muss man ihnen konstruktive Einstellungen oder positive Ideen entgegensetzen. Am besten beschäftigen wir uns mit Plänen, Hobbys oder Menschen, um dem toxischen Gedankenkarussell zu entkommen, in das wir uns manchmal unbewusst begeben. Mich begeistert der folgende Satz, der van Gogh zugeschrieben wird: »Wenn eine innere Stimme dir sagt, dass du nicht malen sollst, dann male mit deiner ganzen Kraft und bringe diese Stimme zum Schweigen.«

Es gibt eine innere Stimme, die ich als »Kommentator der Gedanken« bezeichne. Dieses »Rauschen« kommentiert ununterbrochen die Situation, die Umgebung und die Menschen um uns und hat viel mit persönlichen Urteilen, innerer Kritik und Frustration zu tun. Diese Stimme zu erziehen, hilft, sein Gleichgewicht zu finden. In der Psychotherapie arbeite ich viel an diesem Thema: Wie schafft man es, die verheerende Flut an negativen Gedanken zu bremsen, die uns überschwemmen und blockieren.

Negative Gedanken haben eine toxische Wirkung, die im Körper mehrere Stunden anhalten kann. Bleibt man permanent in toxischem Gedankenstress hängen, kann der Organismus nicht mehr richtig funktionieren.

Ein paar »einfache« Ideen, wie man sich weniger Sorgen macht ...

Diese Ideen basieren auf einer Umstrukturierung des Gehirns und der Automatismen, die im Gehirn entstehen und Blockaden darstellen, da man immer wieder zu ihnen zurückkehrt. Machen wir uns bewusst, dass unsere Gedanken »real sind, dass sie existieren«. Auch wenn man sie nicht hört oder fühlt, sind sie doch kraftvoll und können Veränderungen herbeiführen.

- Ist das, was mich beunruhigt, wirklich wesentlich oder hat es eigentlich keine Bedeutung? Halten Sie eine Sekunde inne: Kann es sein, dass mein Geist mich täuscht und das Thema aufbläst oder verzerrt? Akzeptieren Sie, dass Ihre Gedanken nicht immer die Wahrheit sagen. Das kann natürlich auch der Fall sein, doch in vielen Fällen verfälschen sie die Realität.

- Welche Emotion wird hervorgerufen? Basierend auf unserem Schema: Wie ist heute meine seelische Verfassung? Welchen Grund gibt es für ein mögliches Tief oder eine besondere Empfindsamkeit? (Traum, Drogen, Müdigkeit, äußere Umstände …)

- Beobachten Sie die Auswirkung jedes negativen Gedankens auf Ihren Körper. Machen Sie sich bewusst, wie ein toxischer oder schädlicher Gedanke Ihren Organismus beeinflussen kann (Herzrasen, Schwitzen, Kopfschmerzen, Magen-Darm-Beschwerden, Muskelkontraktionen …).

- Fassen Sie nicht jeden Gedanken automatisch in Worte. Wir sind Herr über unsere Stille und Sklave unserer Worte. Halten Sie inne und wägen Sie erst ab, was Sie sagen wollen und welche Folgen das hat.

- Ist es mir in anderen Momenten gelungen, beunruhigenden Gedanken (oder Ähnlichem) zu entkommen? Was war der erste Schritt aus dieser Schleife heraus?

- Denken Sie nicht darüber nach, was die anderen denken könnten: »Ich bin mir sicher, dass er dies oder jenes von mir denkt …«. Ihre Vermutungen könnten unbegründet sein. Urteilen Sie nicht vorschnell.

- Sprechen Sie positiv von sich. Sagen Sie etwas über sich, das wahr ist und Ihnen hilft, selbstsicherer zu werden.

- Fühlen Sie diese positive Emotion und lassen Sie zu, dass sie Ihren Körper erreicht und für Wohlbefinden sorgt.

- Halten Sie sich an der Gegenwart fest, an Ihrer Fähigkeit, im Hier und Jetzt zu handeln.

- Erschaffen Sie eine Zukunftsvision. Entscheiden Sie, ob Ihr Einsatz die bisherigen Anstrengungen wert ist. Relativieren Sie. Überlegen Sie, ob das, was jetzt entscheidend zu sein scheint, auch in einem Jahr noch Bedeutung haben wird.

- Handeln und reagieren Sie nicht, wenn Ihnen automatisch negative Gedanken kommen. Warten Sie, geben Sie sich eine Chance. Versuchen Sie, Ihre Sprache zu verändern und beispielsweise das Wort »Problem« durch »Herausforderung« zu ersetzen oder »Fehler« durch »zweite Chance«. Verwenden Sie optimistischere Begriffe wie etwa »Freude«, »Frieden«, »Hoffnung«, »Leidenschaft« oder »Vorfreude«.

- Suchen Sie in jeder Situation das Positive. Jeder Umstand kann als Problem oder als Lösung betrachtet werden. Denken Sie an Thomas Alva Edison und seinen berühmten Satz: »Ich bin nicht gescheitert, ich habe nur 999 Arten gefunden, wie eine Glühbirne nicht funktioniert.«

- Ein kleiner Rat, wenn Sie in einem Gedankenkarussell feststecken: Schreiben Sie Ihre gedankliche Schleife auf einen Zettel und widerlegen Sie sie anschließend. Zum Beispiel: »Meine Schwägerin hasst mich.« Dann reagieren Sie mit dem Gedanken: »Na ja, sie hat heute einen schlechten Tag, normalerweise ist sie mir gegenüber nicht so hartherzig.« Vielleicht ist dieser Gedanke Selbstbetrug, doch auf die Dauer hat diese einfache Übung heilsame Konsequenzen für Geist und Körper.

Ihre innere Stimme sollte Sie unterstützen, nicht Ihnen schaden. Hüten Sie sich davor, sich selbst zu boykottieren, denn das könnte Sie scheitern lassen, noch bevor Sie überhaupt begonnen haben, Ihre Absichten in die Tat umzusetzen.

Meditation und Achtsamkeit

Tief in seinem Inneren verfügt der Mensch über kraftvolle Heilmittel, deren Mechanismen noch unbekannt sind. Ich meine damit die gesunde Selbstbeobachtung, die Meditation und das Gebet, über die der Verstand auf den Körper einwirken und ihn heilen kann. Sehen wir uns dieses Thema einmal in vereinfachter Form an.

Ein paar Gedanken zum Thema Achtsamkeit

Achtsamkeit, ursprünglich ein Konzept der buddhistischen Meditation, bedeutet völlige Aufmerksamkeit im Augenblick. Sie ist die Kunst der willentlichen, aufmerksamen Beobachtung unseres Bewusstseins, es geht um das ausschließliche Sein im Hier und Jetzt.

Sie in den westlichen Gesellschaften zu praktizieren, ist nicht einfach, da sie wirklich kontraintuitiv ist und eine ausgeprägte Aufgeschlossenheit erfordert. Achtsamkeit verweist uns auf unsere spirituelle Dimension und entzieht sich gelegentlich der Logik, die normalerweise unser Leben leitet. Trotzdem handelt es sich nicht um eine getarnte Religion. Im Grunde hat Achtsamkeit nichts Mystisches oder Magisches an sich, sondern lediglich mit dem gesunden Menschenverstand zu tun: Durch mentale Aufmerksamkeit erkennen, was unseren Geist krank macht und was ihn heilt. In den vergangenen Jahrzehnten ist eine Vielzahl wissenschaftlicher Studien erschienen, welche die Vorteile von meditativen Praktiken und insbesondere Achtsamkeit für Körper und Geist aufgedeckt haben.

Die übernatürliche oder spirituelle Dimension des Menschen hat eine außerordentlich kraftvolle Wirkung auf Geist und Körper. Untersuchungen zufolge leiden Menschen, die ihren Glauben treu und friedlich leben – welcher Glaube das auch sein mag – unter deutlich weniger Stress. Dafür gibt es mehrere Gründe – vermutlich trägt zu dem ersehnten inneren Gleichgewicht im Wesentlichen die Tatsache bei, einen Sinn im Leben zu sehen, eine Gemeinde als Unterstützung sowie Vorsätze und Ziele zu haben, und das in Kombination mit Gebeten oder Meditation als Mechanismus, um mit Problemen und Schwierigkeiten fertig zu werden.

Vor einigen Jahren war ich in London in der psychiatrischen Abteilung der Klinik des King's College bei Professor Danese tätig, der gerade den Zusammenhang zwischen Meditation und körperlicher Gesundheit erforschte, insbesondere im Hinblick auf Entzündungen. Ich erinnere mich, dass ich ihn eines Tages beim Mittagessen in der Kantine des Krankenhauses fragte, ob die Auswirkungen von buddhistischer Meditation bzw. Achtsamkeit und dem Gebet der Christen oder Juden eigentlich ähnlich seien … Die Antwort war eindeutig: Ja, sofern zwei Elemente gegeben sind – Akzeptanz und Hingabe. Er erläuterte, das Problem beim Gebet und einigen meditativen Techniken sei, dass man voller Angst bitte, fordere, flehe, was manchmal nur noch mehr Unruhe auslöse, statt Erleichterung zu verschaffen.

Etwas Zeit zu investieren, um mit vollkommener Aufmerksamkeit über das zu meditieren, was unsere Sinne in diesem Augenblick wahrnehmen, lässt uns Zeit gewinnen, steigert die Effizienz bei allem, was wir tun, verbessert Konzentration, Kreativität und Aufmerksamkeit sowie die Fähigkeit, etwas Neues zu lernen. Das Praktizieren von Achtsamkeit stellt ein Training für das Gehirn dar – ebenso wie Sport die Muskeln trainiert.

Bei der Achtsamkeit kommt es darauf an, toxische Gedanken loszulassen und mit dem ganzen Bewusstsein der Sinne das Hier und Jetzt wahrzunehmen. Beim Gebet kommt, unter der Voraussetzung einer spirituellen Vision des Lebens, eine entscheidende Komponente hinzu:

nämlich der Glaube an ein höheres Wesen (Gott) und das tiefe Vertrauen darauf, dass alles, was uns passiert, einen Sinn hat.

Das mit der Religion einhergehende Überzeugungssystem verstärkt den sorgsamen Umgang innerhalb persönlicher Beziehungen und fördert sehr aktiv die Empathie, die Liebe zu anderen und die Fähigkeit zu vergeben.

Achtsamkeit in Unternehmen

Die Welt der Unternehmen legt heute großen Wert auf Achtsamkeit, nachdem inzwischen bewiesen ist, dass der Mythos vom Multitasking nicht mehr als genau das ist – ein Mythos. Das Erledigen verschiedener Dinge gleichzeitig, die sogenannte »alternierende Aufmerksamkeit«, führt nachweislich zu einer geringeren Effizienz. Wenn wir mehrere Dinge auf einmal tun, brauchen wir mehr Zeit, machen mehr Fehler, und es fällt uns schwerer, uns an Aspekte, die mit diesen Dingen zusammenhängen, zu erinnern. Ist man hingegen vollumfänglich anwesend und aufmerksam bei der Arbeit, ist man effizienter, trifft die richtigen Entscheidungen und arbeitet besser mit den Kollegen zusammen.

Es wurden aber auch Studien über die Wirksamkeit der Achtsamkeit in der Geschäftswelt durchgeführt. Der New Yorker Jon Kabat-Zinn entwickelte 1979 an der University of Massachusetts Medical School das achtwöchige Programm der Achtsamkeitsbasierten Stressreduktion (»Mindfulness-Based Stress Reduction«). Die Ergebnisse waren überzeugend: Das Stressniveau sank, und die Menschen hatten bei der Arbeit mehr Energie. Außerdem konnte beobachtet werden, dass die Aktivität im linken präfrontalen Bereich des Gehirns (der die Aktivierung der Amygdala reguliert und das parasympathische System anregt) zunahm und die Probanden mehr Antikörper gegen ein abgeschwächtes Grippevirus bildeten als eine Kontrollgruppe, die nicht am Achtsamkeitskurs teilnahm.

Weltweit wird diese Praxis in immer mehr Unternehmen eingeführt. Die Vorteile liegen auf der Hand.

Achtsamkeit und Immunsystem

In den letzten Jahren veröffentlichte der Assistenzprofessor David S. Black (Institute for Prevention Research, Keck School of Medicine, University of Southern California) zahlreiche Studien über die positiven Auswirkungen von Achtsamkeit auf unsere Gesundheit. Er führte die erste umfangreiche Untersuchung mit randomisierten, kontrollierten Studien durch, in denen es um die Auswirkungen von Achtsamkeit basierend auf fünf Parametern des Immunsystems ging: zirkulierende und stimulierte Entzündungsproteine, Zelltranskriptions- und Genexpressionsfaktoren, Anzahl der Immunzellen, deren Alterung und die Antikörperreaktion.

Seine Erkenntnisse legen interessante Auswirkungen der Achtsamkeit nahe: eine bedeutende Reduktion der spezifischen Entzündungsmarker – wir wissen, wie schädlich Entzündungen sind! –, eine große Anzahl an CD4+-T-Lymphozyten – sie sind sozusagen die »Generäle« des Immunsystems – und eine gesteigerte Aktivität der Telomerase, die für längere Telomere sorgt[1]. Diese Studien sind erst der Anfang, aber sie klingen ermutigend.

Seien Sie proaktiv. Scheuen Sie sich nicht, an die Transzendenz Ihres Seins und des Lebens zu glauben. Lernen Sie zunächst, achtsam zu atmen – in Momenten der Ruhe, wenn Sie weder gestresst sind noch sich in einer Krise befinden. Trainieren Sie Ihren Geist nach und nach. Schenken Sie Ihrem Umfeld Aufmerksamkeit und nehmen Sie eine enge Verbindung zu Ihrem Innersten auf, bis Sie schließlich eine wunderbare Welt entdecken.

---

1 Zur Erinnerung: Die Länge der Telomere legt fest, wie oft sich eine Zelle teilen kann, und bestimmt damit über die Lebensdauer.

Omega-3

Alle meine Patienten, Familienangehörigen, Freunde oder Bekannte wissen, dass ich mich vehement für die Einnahme von Omega-3-Fettsäuren einsetze. Es begann vor ein paar Jahren. Ich hatte ein ernstes Zahnfleischproblem, und eine benachbarte Ernährungsberaterin empfahl mir, täglich Omega-3 einzunehmen. Nach wenigen Wochen waren die Probleme überraschenderweise verschwunden. Die Beschwerden kehren zwar nach besonders stressigen Phasen zurück, doch Omega-3 bremst die schädlichen Auswirkungen.

Die Aufnahme von Omega-3 ist auch eine sehr gesunde Methode, die seelische Verfassung und kognitiven Fähigkeiten zu verbessern. Obwohl es viel mehr verschiedene Arten von Omega-3-Fettsäuren gibt, wirken sich nur drei von ihnen auf die menschliche Physiologie aus: α-Linolensäure (ALA), Eicosapentaensäure (EPA) und Docosahexaensäure (DHA). Wir konzentrieren uns hier auf die beiden letztgenannten.

In der Regel werden sie als essenzielle Fettsäuren bezeichnet, da sie für bestimmte Funktionen des Organismus lebensnotwendig sind und weil der Körper keine dieser Fettsäuren selbst bilden kann. Deshalb ist es nötig, sie über die Nahrung aufzunehmen.

EPA (Eicosapentaensäure) ist der Ausgangsstoff einiger Eicosanoide – das sind Moleküle mit Lipidcharakter (Fette), die wichtige entzündungshemmende und immunologische Funktionen haben. Diese Fettsäure können wir durch den Verzehr von Fisch zu uns nehmen (Lachs, Sardine, Thunfisch, Makrele, Hering …) oder durch Fischöl (z. B. aus der Dorschleber). In der inneren Medizin wird diese Fettsäure eingesetzt, um den Spiegel der Lipide (Cholesterin und Triglyceride) im Blut zu senken.

DHA (Docosahexaensäure) kommt hauptsächlich in Fischöl vor, aber auch in einigen Algen wie Spirulina. Tatsächlich stammt sie ursprünglich aus diesen Algen, von denen sich die Fische ernähren – und wird allmählich immer konzentrierter, je höher sie in der Nahrungskette aufsteigt. DHA wird insbesondere im Gehirn, in der Netzhaut und in den Keimzellen angereichert. Die Nervenzellen und die graue Substanz bestehen zu großen Teilen aus Fett, sodass diese Komponente für ihre Entwicklung und richtige Funktion von entscheidender Bedeutung ist. Für eine optimale Entwicklung des Gehirns und damit es nicht zu Problemen bei der Neurogenese und beim Stoffwechsel der Neurotransmitter kommt, braucht es einen passenden DHA-Spiegel.

Omega-3 erfüllt eine wichtige entzündungshemmende Funktion.

Studien, die der US-amerikanische Ernährungsbiochemiker William E. M. Lands seit 2005 durchführt, haben gezeigt, dass ein in Relation zum Omega-3 deutlich erhöhter Omega-6-Spiegel mit Herzinfarkten, Arthritis, Osteoporose, Depressionen und psychischen Veränderungen, Fettleibigkeit und Krebs einhergeht. Ein Überschuss an Omega-6 ist die Grundlage zahlreicher Erkrankungen. Die griechischstämmige Ärztin Artemis P. Simopoulos schrieb 2002 in einer Publikation, dass es zwar wichtig sei, essenzielle Fettsäuren zu sich zu nehmen, – noch entscheidender sei es aber, dabei auf das richtige Verhältnis zwischen Omega-6 und Omega-3 zu achten. Im Laufe der Evolution hat der Mensch diese beiden Fettsäuren in einem Verhältnis von 1:1 aufgenommen, in den letzten Jahrzehnten jedoch hat sich das Verhältnis aufgrund des zunehmenden Konsums von Fleisch und verarbeiteten Produkten in der westlichen Ernährung auf 10:1 verschoben – in den USA sogar teils auf bis zu 30:1. Es hat sich gezeigt, dass ein geringerer Omega-6-Konsum hilft, Herz-Kreislauf-Erkrankungen, Asthma, rheumatischer Arthritis sowie Dickdarm- und Enddarmkrebs vorzubeugen.

Auch Muttermilch enthält DHA – sofern die Mutter sie zuvor zu sich genommen hat –, und das ist lebenswichtig für die Entwicklung der Nerven und des Gehirns des Säuglings; werdenden Müttern wird die Aufnahme dieser Fettsäure daher schon während der Schwangerschaft empfohlen. Doch DHA ist nicht nur in der Kindheit von entscheidender

Bedeutung: Es werden immer mehr Studien veröffentlicht, die einen adäquaten Omega-3-Spiegel mit einer signifikant niedrigeren Wahrscheinlichkeit in Verbindung bringen, an Demenz oder Alzheimer zu erkranken. Bei alten Menschen wird ein niedriger DHA-Spiegel mit einer erhöhten Wahrscheinlichkeit eines schnelleren kognitiven Verfalls in Zusammenhang gebracht. Das Gehirn ist in hohem Maße von dieser Fettsäure abhängig, und ein niedriger DHA-Spiegel kann mit Depressionen sowie kognitiven und anderen Störungen einhergehen. Nach einer sechsmonatigen täglichen Gabe von einem Gramm DHA kam es bei Patienten mit Gedächtnislücken sogar zu einer Verbesserung des Gedächtnisses. Bei Alzheimer-Patienten kam es nach der Behandlung mit Omega-3 als Nahrungsergänzung zu einer Verlangsamung der Krankheitsentwicklung. Darüber hinaus hat sich gezeigt, dass DHA eine Hauptquelle für Neuroprotektine ist, die für das Überleben und die Reparatur von Gehirnzellen sorgen.

Die tägliche Einnahme von Fischöl wirkt sich also auf unterschiedlichen Ebenen positiv aus. In einer 2010 von Prof. Farzaneh-Far von der Universität Illinois veröffentlichten Studie wurde sogar ein positiver Zusammenhang zwischen einem hohen Omega-3-Spiegel und der Länge der Telomere beobachtet.

Zu guter Letzt gehört zu den Vorzügen des Fischöls auch eine verbesserte Aufmerksamkeitsfähigkeit bei ADHS. Bei Kindern und Jugendlichen, die Omega-3-Fettsäuren einnehmen, verbessern sich die schulischen Leistungen. Heute empfiehlt der US-amerikanische Psychiaterverband – ebenso wie zahlreiche Lehrbücher über geistige Gesundheit – die vorbeugende Einnahme von Omega-3, um die Entwicklung bestimmter psychischer Krankheiten (z. B. Schizophrenie, Depression, bipolare Störung) zu bremsen oder diese zu behandeln.

Ich empfehle die Einnahme von 1 oder 2 Gramm pro Tag im richtigen Verhältnis von EPA zu DHA – also mindestens 80 Prozent DHA in Bezug auf die gesamte Fischöl-Dosis.

---

9. MEIN BESTES ICH

Wer Erfolg haben will, muss immer erst mit etwas beginnen, das zunächst einfach scheinen mag, aber seine Tücken hat, wenn man es richtig machen möchte.

Wer bin ich?

Selbstkenntnis ist Ausgangspunkt für jede Weiterentwicklung. Um innere Entwicklung überhaupt möglich zu machen, arbeite ich mit meinen Patienten gewöhnlich in drei Schritten – und ich empfehle Ihnen, dasselbe zu tun:

1. Sich selbst kennen

Zunächst einmal müssen Sie wissen, wer Sie sind. Was macht Sie aus, was gefällt Ihnen am besten an sich, was am wenigsten ... Meiner Ansicht nach unterteilt sich der Prozess der Selbsterkenntnis in vier Facetten:

- Wie die anderen Sie wahrnehmen: Ihr Bild nach außen.
- Was Sie selbst von sich denken: Ihr Selbstverständnis.
- Wie Sie wirklich sind: Ihr eigentliches Wesen.
- Was Sie in sozialen Netzwerken und im Internet von sich zeigen: Ihr »E-Bild«.

2. Sich selbst verstehen

Sie sollten wissen, warum Sie in bestimmten Situationen auf bestimmte Weise reagieren, Sie sollten die eigene Genetik verstehen, Ihre Vergangenheit, Ihre Beziehungen (Chefs, Freunde, Angestellte, Partner …). Nähern Sie sich Ihrer Kindheit mit Vorsicht an. Meiden Sie fatale Therapien, in denen Sie mit Ihren Wurzeln konfrontiert werden! Wenn Ihnen Ihre Beschränkungen, Grenzen und Ängste erst bewusst sind und Sie verstehen, woher sie kommen, werden Sie bei Ihrer inneren Arbeit und im Hinblick auf Ihre Fähigkeit, mit Ihren Emotionen umzugehen, mit großen Schritten weiterkommen.

3. Sich selbst annehmen

Akzeptieren Sie bestimmte Dinge, die eben so waren oder sind und sich nicht ändern lassen, egal was Sie tun.

Erkennen Sie an, dass Sie Grenzen haben, Fehler machen und sich irren können, das ist wichtig. Niemand ist erfolgreich, weil er oder sie keine Fehler oder Unvollkommenheiten hat oder sich niemals irrt – Erfolg hat man, weil man lernt, seine Fähigkeiten und Talente zu entwickeln.

Ihre Mängel müssen Ihnen nicht schaden, solange Sie sie kennen und sie durch Ihre Stärken ausgleichen können.

Die wahren Gewinner sind die, die ihre Arbeit mögen und in etwas Bestimmtem herausragend sind. Diese Menschen sind nicht anders als Sie: Sie wollen auch nur glänzen, besonders gut in etwas sein und versuchen, ihre Fähigkeiten zu steigern, indem sie sich auf etwas konzentrieren, worin sie gut sind oder das ihnen gefällt. Nicht jeder hat das Glück, in einem Bereich zu arbeiten, der ihn begeistert; doch wer immer glücklich oder erfolgreich ist oder es gar als Profi an die Spitze schafft, der liebt, was er tut, und er macht es gut.

Talent + Leidenschaft = Berufung

Wenn Sie an jemanden denken, den Sie zutiefst bewundern, wird Ihnen – unabhängig von dessen Tätigkeitsfeld (Sportler, Unternehmer, Journalist, Arzt, spiritueller Führer, Schriftsteller) – auffallen, dass dieser Mensch sich auf etwas Bestimmtes konzentriert und diesen Bereich immer weiter ausgebaut hat. Damit will ich nicht sagen, dass solche Menschen nicht auch in anderen Bereichen gut sind – sie haben es aber verstanden, sich auf einen bestimmten Punkt zu fokussieren, der sie besser macht als die anderen. Wen Sie auch immer gerade im Kopf haben mögen – ja, wirklich, egal wen! – er hat bestimmt einen mehr oder weniger großen inneren Kampf durchgemacht und gelitten, um diesen Punkt zu erreichen.

Ich erinnere mich an eine Konferenz, bei der ich vor ein paar Jahren einen sehr berühmten ausländischen Sänger kennengelernt habe. Er hatte seine CDs millionenfach verkauft und gab überall auf der Welt Konzerte. Er inspirierte mich aber nicht nur durch seine einfachen Lieder, und das habe ich ihn wissen lassen. Als echter »Fan« ging ich zu ihm, weil ich ihn um ein Foto bitten wollte. Im direkten Kontakt zeigte er eine überraschende Nähe und Aufmerksamkeit; er fragte mich nach meiner Familie, meinem Beruf … Als ich ihm erzählte, dass ich Psychiaterin sei, sagte er:

»Ich bin schon lange in Therapie, ich habe an Orten mit vielen Menschen und manchmal sogar auf der Bühne Panikattacken. Das ist mein täglicher Kampf, und ich hoffe, es eines Tages vollkommen überwinden zu können.«

Panik an überfüllten Orten – ein weltberühmter Sänger! Ich habe Konzerte von ihm auf YouTube und live gesehen; niemals werde ich dieses kurze Gespräch vergessen, und ich muss lächeln, wenn ich daran denke, dass dieser Mann es trotz seiner großen Angst schafft, so erfolgreich zu sein.

ROGER FEDERER

Roger Federer ist eine lebende Legende und ohne Zweifel der beste und eleganteste Tennisspieler der Geschichte. Er hat alle sportlichen Rekorde gebrochen und hat überall auf der Welt Anhänger. In einem Interview, das im Juli 2013 in der spanischen Sportzeitung *Marca* veröffentlicht wurde, fragte der Journalist: »Sie haben schon immer einen großartigen Aufschlag, eine kräftige Vorhand, einen guten Volley, und Sie beherrschen verschiedene Slices. Ihr Schwachpunkt scheint die Rückhand zu sein.«

»Ich hatte zwei Optionen: Meine Qualitäten stärken oder meine Schwächen verbessern. Letzteres hätte mich als Tennisspieler zu berechenbar gemacht. Entscheidend sind schlussendlich meine Stärken. Wie soll ich besser werden, wenn ich tausend Bälle mit der Rückhand schlage und dabei versuche, sie möglichst nicht zu verfehlen – so wie es manch anderer macht?«

Was macht also einen Anführer aus? Jeder Anführer braucht drei Qualitäten: Er muss eine Botschaft haben, er muss diese Botschaft vermitteln können und er muss optimistisch sein, dass sie ankommt.

Es scheint schwierig zu sein, jemanden zu finden, der einen auf diese Weise inspiriert. Politiker, welche die Medien beherrschen, können beispielsweise häufig nicht kommunizieren, und ihre Botschaften sind normalerweise mehrdeutig, berechnend und ändern sich je nach – tatsächlichem oder angestrebtem – Publikum. Solche »Anführer« bringen uns nicht weiter. Menschen hingegen, die Zeichen setzen und uns mitreißen, strahlen Stimmigkeit, Frieden und Glück aus.

MBI: *Mein bestes Ich*

Ein erfülltes Leben erfordert Reflexion, Wissen, Arbeit, Anstrengung, Sinn für Humor … So viele Dinge! Ich habe einmal in einer Gleichung dargestellt, was für mich die entscheidenden MBI-Faktoren im Leben wären. *Mein bestes Ich* erfordert vor allem Lebensfreude! Also trotz der täglichen Höhen und Tiefen nach Möglichkeit immer das Bestmögliche aus sich herauszuholen. Logischerweise lernt man das nicht aus Büchern, sondern indem man sein Leben lebt und auskostet, fühlt, genießt, aber vor allem auch hinfällt und wieder aufsteht. Sie sind das Ergebnis Ihrer Entscheidungen. Machen Sie sich bewusst, dass Ihre Entscheidungen Ihr Leben bestimmen. Lassen Sie sich nicht einfach von irgendetwas oder jemandem mitreißen.

MBI = (Wissen + Wille + Lebensprojekt) x Leidenschaft

Mit der richtigen Leidenschaft und einem starken Willen können Sie fast alles erreichen, was Sie sich vornehmen. Ich sage »fast«, denn es gibt einen Faktor, der unseren Erfolg vereiteln und unsere Ziele zunichtemachen kann, wie realistisch sie auch sein mögen: Wir bezeichnen diesen Faktor als Glück, Schicksal oder Vorsehung. Doch zunächst einmal die Risiken, die jeder Gleichung innewohnen …

- Wenn das Wissen fehlt … Nichts ist »gefährlicher« als ein motivierter, eifriger Dummkopf.
- Wenn der Wille fehlt … legen Sie voller Vorfreude und Wissen los, doch dann geht Ihnen die Luft aus.
- Wenn das Lebensprojekt fehlt … sind Sie ein Sklave des Augenblicks und der unmittelbaren Belohnung.
- Wenn die Leidenschaft fehlt … werden Sie nie ein Anführer sein, nie brillieren oder andere mitreißen und (natürlich) auch nicht gesund alt werden.

Wissen

Das Glück begünstigt ausschließlich den vorbereiteten Geist.

LOUIS PASTEUR

Dieses Zitat des französischen Wissenschaftlers Louis Pasteur hat mich schon immer ermutigt. Später verstärkte Isaac Asimov es noch, indem er erklärte, dass nur erfolgreich sein kann, wer sich vorbereitet, lernt und seinen Willen und Eifer trainiert.

Auf unser Thema übertragen, hat diese Aussage eine enorme Kraft. Was, wenn das Glück – oder die Vorsehung! – zu uns kommt, wir es aber gar nicht wahrnehmen oder nicht richtig interpretieren können? Das Glück begünstigt denjenigen, der vorbereitet und gebildet ist, der sich Geschick und ausreichende Kenntnisse angeeignet hat, um es zu nutzen, wenn es kommt – falls es kommt. Uns allen steht ein kraftvolles Werkzeug zur Verfügung, um unsere Ziele zu erreichen: die Fähigkeit, uns zu bilden und zu lernen. Die entscheidende Frage ist: Sind Sie bereit zu lernen?

In der Praxis wenden wir die sogenannte Bibliotherapie an. Zum einen empfehlen wir Bücher, die auf bestimmter Ebene psychologische Unterstützung bieten, die Ihnen helfen zu verstehen, was passiert, oder die Richtlinien liefern, anhand derer Sie bestimmte Situationen meistern können; und zum anderen weisen wir auf Romane hin, die zu fesseln vermögen und dabei helfen, von negativen Gedanken oder toxischem emotionalem Befinden loszukommen.

Meiden Sie die Glotze, verlorene Stunden in sozialen Netzwerken oder Videos auf YouTube. Gehen Sie raus, bewegen Sie sich oder lesen Sie etwas – das sind kraftvolle Antidepressiva und Angstlöser.

Der Wille

Vergessen Sie nicht, dass Ihr bestes Ich dann zum Vorschein kommt, wenn Sie sich mit System, Disziplin, Ausdauer und Einsatz auf Ihre herausragenden Fähigkeiten konzentrieren. Lernen Sie, sich – Ihren Fähigkeiten entsprechend – die Zähne auszubeißen, und zwar Tag für Tag …

Was ist eigentlich der Wille?

Unser Wille ist die Fähigkeit, Belohnungen und sofortige Befriedigung aufzuschieben. Ein willensstarker Mensch hat eine langfristige Lebensvision und ist in der Lage, sich konkrete Ziele zu setzen und an deren Verwirklichung zu arbeiten. Ein starker Wille erfordert Entschlossenheit, Entscheidungskraft und Beharrlichkeit.

Hierin liegt auch der Unterschied zwischen Wollen und Wünschen. Wollen erfordert eine solide Entscheidung. Der Wunsch dagegen sucht nach der sofortigen Befriedigung: eine Mahlzeit, ein Getränk, sexuelles Verlangen oder ein Impuls. Er ist mit Schnelligkeit verbunden und erfüllt zwar kurzzeitig, lässt uns aber nicht wachsen. Das Wollen hingegen ist auf ein ferneres Ziel ausgerichtet und erfordert einen konkreten, gut durchdachten Plan sowie ein fortgesetztes Bemühen, dieses Ziel auch zu erreichen. Dieser Prozess hilft uns Menschen zu wachsen.

Ein gut ausgebildeter Wille ist die Folge kontinuierlicher Arbeit an sich selbst, die auf Anstrengung und Verzicht beruht und uns zu starken Individuen macht, die in der Lage sind, nicht das Einfachste, sondern das Beste anzustreben. Ein starker Wille ist nicht genetisch festgelegt, sondern wird erworben; man wird nicht willensstark geboren, sondern eignet sich diese Eigenschaft erst an.

Wille bedeutet Entschlossenheit. Eine konkrete Richtung einzuschlagen, die man zuvor gut durchdacht hat, Pro und Kontra abzuwägen und das Ziel anzusteuern. Ein starker Wille ist eines der eindeutigsten Anzeichen für persönliche Reife. Und umgekehrt gilt: Eines der offensichtlichsten Anzeichen einer unreifen Persönlichkeit ist ein schwacher, zerbrechlicher Wille, der schnell nachlässt und das beabsichtigte Ziel fallen lässt.

Darüber könnte man ein eigenes Buch schreiben. Methode, Beständigkeit, Ausdauer und Anstrengung sind die Motoren, die jedes Projekt oder Unternehmen vorantreiben. Ohne diese Motoren löst sich jede Idee wieder auf, so gut sie auch sein mag, und verliert an Kraft.

Ein gut ausgebildeter Wille führt Sie zur besten Version Ihres Lebensprojekts.

Ziele setzen und Pläne machen

Ziele sind langfristig, Pläne oder Absichten kurzfristig. Seneca sagte: »Für denjenigen, der nicht weiß, wohin er will, gibt es keinen günstigen Wind.« Wer kein Ziel hat, ist ein Sklave des Augenblicks. Er reagiert auf Impulse, Emotionen oder Gefühle und ist daher – insbesondere in unserer Gesellschaft – äußerst manipulierbar.

Einige Leute haben ihr Projekt unter deutlich schlechteren Bedingungen in Angriff genommen als Sie – und sie haben trotzdem erreicht, was sie wollten. Scheuen Sie sich also nicht, Ihre Ziele und Pläne zu ändern, falls es aufgrund Ihrer körperlichen oder geistigen Gesundheit beziehungsweise zur Verbesserung Ihrer Beziehung zum Partner oder zur Partnerin, zur Familie oder zu Freunden erforderlich ist. Ihre Gewohnheiten und antrainierten Verhaltensweisen haben einen enormen Einfluss auf Ihr Leben. Leider sind wir oft erst in einer ernsten persönlichen, finanziellen oder familiären Krise oder durch Krankheit bereit, uns wirklich zu verändern. Wie sagte Dr. Valentin Fuster, Kardiologe am Mount Sinai Hospital in New York, so schön: »Das beste Mittel, um mit dem Rauchen aufzuhören, ist ein Herzinfarkt.«

Lassen Sie Ihrer Fantasie freien Lauf, stellen Sie einen Aktionsplan auf und ziehen Sie ihn durch.

Jedes Lebensprojekt geht von einem Mittelpunkt aus, an dem man sich festhalten und anlehnen kann. Stellen Sie einen realistischen Plan auf und versuchen Sie, ihn umzusetzen. Zu Beginn dieses Buches habe ich gesagt, dass meiner Meinung nach kaum ein Satz mehr Schaden angerichtet hat als dieser: »Es wird geschehen, wenn du es am wenigsten erwartest.« Diese Auffassung lässt uns eine passive, abwartende und sehr gefährliche Haltung einnehmen. Was, wenn niemals etwas geschieht? Haben Sie keine Angst davor, sich auf etwas zu freuen, sich etwas Großes vorzustellen, einen Plan zu entwerfen und ihn auszuführen! Jeder Plan bringt die Befriedigung mit sich, kleine Erfolge oder Meilensteine auszukosten. In den kleinen Schritten liegt das wahre Glück – nicht in der Besessenheit von einem Ziel! Deshalb ist es auch wichtig, seine Pläne den Umständen anzupassen – andernfalls könnten Sie angesichts eines Misserfolgs zutiefst frustriert sein.

Die Leidenschaft

Wir müssen den Dingen, die uns wirklich glücklich machen, mehr Zeit widmen.

Anonym

Leidenschaft addiert nicht, sie multipliziert. Sie verbessert die neuronalen Verbindungen, stärkt die Neurogenese (die Produktion neuer Neuronen) und verlängert die Telomere. Wir sind erschaffen worden, um glücklich zu sein, um dieses Glück an andere weiterzugeben und die guten Dinge des Lebens zu teilen!

Eine interessante Zahl zum Thema: Studien der Mayo-Klinik zufolge haben Pessimisten eine um bis zu 19 Prozent geringere Lebenserwartung.

Was sagte Pep Guardiola, als er zu Barça kam? »Ich gebe euch mein Wort, dass wir uns alle nur erdenkliche Mühe geben werden. Ich weiß nicht, ob wir gewinnen oder verlieren, aber wir werden es versuchen. Schnallt euch schon mal an – wir werden jede Menge Spaß haben.« Und so war es: Jahrelang freuten wir uns – und sogar die Fans von Real Madrid! – über spektakulären Fußball.

Kann man lernen, Optimist zu sein?

Definitiv ja. Der israelische Psychologe Tal Ben-Shahar gibt den beliebtesten Kurs an der Harvard University, in dem er lehrt, glücklich zu sein. Eine positive Haltung ist erlernbar. Diese Arbeit braucht Zeit, aber sie bietet viel Befriedigung und zahlreiche Möglichkeiten, um die körperliche und geistige Gesundheit zu verbessern. Optimismus ist eine Art, den Augenblick einzufangen, denn – wie ich im Laufe dieser Seiten immer wieder betont habe – Glück ist nicht das, was uns geschieht, sondern wie wir interpretieren, was uns geschieht. Die Menschen, die es im Leben am weitesten gebracht haben, hatten ein optimistisches Bild von der Welt und den anderen, und sie konnten dieses Bild vermitteln. Der Optimist erkennt ein Projekt, während der Pessimist immer eine Ausrede findet, um gar nicht erst anzufangen.

Murray Butler zufolge gibt es drei Arten von Menschen: »Jene, die dafür sorgen, dass die Dinge passieren, jene, die sehen, wie die Dinge passieren, und jene, die sich fragen, was eigentlich passiert ist.« Wer sind Sie?

ES IST NIE ZU SPÄT, UM VON VORNE ANZUFANGEN. DER FALL DER PORNODARSTELLERIN JUDITH

Ich habe Judith am Ende eines Vortrags über Erziehung und Resilienz in einer Schule kennengelernt. Sie kam auf mich zu und sagte:

»Ich bin Schauspielerin und habe in den sozialen Netzwerken die Ankündigung Ihres Vortrags gesehen, deshalb bin ich hier. Ich will nicht mehr leben. Ich kann nicht mehr, ich werde mich umbringen.«

Ich war wie versteinert. Ich kenne mich nicht besonders gut aus mit Kino und erst recht nicht mit dem internationalen Filmgeschäft – sie hatte einen leichten ausländischen Akzent. Ich fragte sie nach ihrem Namen, doch in dem Moment kam die Schuldirektorin zu mir, um mir ein Buch zu überreichen, das anlässlich des 50-jährigen Bestehens der Institution herausgegeben worden war. Ich nutzte den Augenblick, um den Namen der Schauspielerin im Internet zu suchen. Sie war Pornodarstellerin und hatte in den sozialen Netzwerken über eine Million Follower!

Ich ging zu Judith zurück und fragte sie nach dem Grund für ihre Freudlosigkeit. Sie erklärte mir, dass ihr langjähriger Partner – sie kannten sich seit ihrer Jugend – sie gebeten habe, sie zu heiraten. Sie mochte ihn, wenn sie auch ein paar Zweifel hatte – »Ich weiß nicht, ob ich verliebt bin …, ich weiß nicht, ob ich überhaupt in der Lage bin, mich zu verlieben!« –, aber sie wusste, dass sie keine Zukunft mit ihm hatte. Judith sagte:

»Er will, dass ich die Filme sein lasse, und dazu bin ich auch bereit … Nur: falls wir Kinder haben … Sie verstehen das nicht … Wenn sie eines Tages im Internet Nachforschungen anstellen … Ich habe keine Zukunft.«

Behutsam – und noch immer am Schauplatz des Vortrags – betraten wir die Welt der Pornografie. Ich behandelte das Thema mit größter Vorsicht, um sie nicht zu verletzen, und sie spürte das.

»Danke, dass Sie nicht über mich urteilen. Ich brauche Hilfe … Was mir am meisten Sorgen bereitet, ist die Tatsache, dass ich meine Vergangenheit, meine Wunden, nicht auslöschen und einfach von vorne anfangen kann.«

Ich bestellte sie für den nächsten Tag gleich morgens in meine Praxis. Die ganze Nacht dachte ich über das Thema nach. Ich rief sogar einen Bekannten bei der Polizei an und erkundigte mich, ob man die Identität wechseln kann und was dafür erforderlich sei.

Am nächsten Morgen hatte ich die notwendigen Informationen. Judiths Mutter war Ausländerin, ihr Vater Spanier, und Judith hatte die doppelte Staatsbürgerschaft. Wir sprachen über die Möglichkeit, ihren Namen zu ändern, obwohl sie bei der Arbeit bereits ein Pseudonym verwendete. Vorsichtig tauchten wir in ihre Vergangenheit ein. Sie erzählte, wie sie in verschiedenen Ländern gedreht hatte und gelegentlich die Welt der Luxusprostitution und der Drogen gestreift hatte. Sie hatte viele tiefe Wunden, die geheilt werden mussten.

Judith erlaubte mir, tiefer in ihre Biografie einzusteigen. Äußerst behutsam redeten wir über ihre Kindheit, dass die Mutter sie verlassen hatte, der Vater Alkoholiker war und sich später das Leben nahm. Im zarten Alter von zehn Jahren wurde sie von einem nahen Verwandten sexuell missbraucht … Mit 18 Jahren war sie ein hübsches Mädchen, das die Jungen anzog. Dann lernte sie Raúl kennen, ihren langjährigen

Partner. Sie wollte nichts Ernstes, doch er schwor ihr vom ersten Tag an seine ewige Liebe und versprach, auf sie zu warten.

Bald wurde Judith ein Job als Model in einem anderen Land angeboten, und sie nahm an. Sie brauchte Geld … Abends ging sie feiern. So kam sie in Kontakt mit Drogen und Luxusprostitution. Sie wurde sehr gut bezahlt, stellte ihre Gefühle ein, schauspielerte. Nachts weinte sie tränenlos, und die innere Leere wurde immer größer. Raúl wusste über ihre Situation Bescheid, suchte sie und wollte sie da rausholen, hatte jedoch keinen Erfolg. Er schenkte ihr Bücher und schickte ihr Vorträge, um ihr zu zeigen, wie man eine solche Situation bewältigen und mit Schmerz und Trauma umgehen konnte.

Nach mehreren Wochen Therapie war sie ruhiger. Sie begann, die notwendigen Schritte zu gehen, um ihr Leben und ihr Aussehen zu verändern. Judith hatte kein besonders auffälliges Gesicht und konnte mit geringem Aufwand ihr Erscheinungsbild ändern.

Monate nachdem ich sie zum ersten Mal getroffen hatte, kam sie mit Raúl in die Praxis. Er war ein herzensguter Mensch, hatte sie schon immer geliebt und wusste, dass sie durch ihr bisheriges Leben sehr verletzbar war. Vor ein paar Monaten erhielt ich diesen Brief[1]:

Liebe Frau Doktor,
ich bin in meiner neuen Heimat angekommen. Eigentlich ist dieser Ort gar nicht neu, denn meine Mutter verbrachte ihre Kindheit 100 Kilometer von dem Ort entfernt, in dem wir uns niedergelassen haben. Ich habe ein Bekleidungsgeschäft eröffnet, es geht langsam voran, aber es macht mir viel Spaß. Ich habe ja meine Ersparnisse, und wenn alles gut läuft, werden wir nächstes Frühjahr heiraten. Ich habe meinen Lebenswillen zurückgewonnen. Danke für Ihre Hilfe!

Es ist nie zu spät, um von vorne anzufangen.

1 Ich habe Judith um Erlaubnis gebeten, ihre Geschichte aufzuschreiben. Um ihre Identität zu schützen, habe ich alle persönlichen Angaben geändert.

PS: Ich habe Ihre Kontaktdaten an ein paar Arbeitskolleginnen weitergegeben, damit Sie ihnen auch helfen können. Aber verraten Sie nicht, wo ich bin.

Ganz herzliche Grüße, Judith

Anmerkungen der Autorin zur 10. spanischen Auflage

Liebe Leserin, lieber Leser,

zur Medizin im Allgemeinen und zur Psychiatrie im Besonderen muss man sich berufen fühlen. Seit ich ein Kind war, verspürte ich den Wunsch, anderen zu helfen und mir dazu mein Leben lang die nötigen Kenntnisse anzueignen. Das Buch, das Sie in Händen halten, ist das Ergebnis von jahrelangen Studien, Jahrzehnten der Lektüre wissenschaftlicher Artikel, einer Menge Menschenverstand, einer permanenten Aktualisierungsarbeit und der Begegnung mit Hunderten oder sogar Tausenden von Patienten, die ich mit viel Zuneigung behandelt habe.

Es freut mich deshalb besonders, dass dieses Buch so gut ankommt. Ich bin davon überzeugt, dass jeder Mensch, der dieses Buch gelesen hat, ein mehr oder weniger bewusstes Ziel hatte: sich selbst kennenzulernen. Genau dieser Aphorismus stand auf dem Apollon-Tempel in Delphi, dem Mittelpunkt der griechischen Zivilisation und einer der Wurzeln unserer westlichen Kultur. Uns kennenlernen und verstehen, warum uns passiert, was uns passiert – das ist eine echte Mammutaufgabe, aber auch der erste Schritt zu innerem Gleichgewicht und einer Stärkung der Beziehungen zu den Menschen in unserem Umfeld.

Seit der Veröffentlichung dieses Buchs habe ich viele dankbare und zufriedene Briefe von Leserinnen und Lesern erhalten, die bei der schwierigen Aufgabe des Sich-selbst-Kennenlernens Fortschritte gemacht und dadurch ihr Leben verbessert hatten. Mit diesem Buch und durch meine Leser, dank Ihnen, habe ich eine weitere Form gefunden, meine Berufung, anderen zu helfen, in die Tat umzusetzen.

Ich hoffe, dass die Lektüre für Sie nicht nur ansprechend war, sondern auch hilfreich für Ihr Leben ist. Und ich wünsche Ihnen, dass Ihnen Gutes geschieht!

Danksagung

Zuallererst möchte ich mich bei Jesús bedanken für seine bedingungslose und unermüdliche Unterstützung. Ohne ihn wäre es mir niemals möglich gewesen, dieses Buch zu schreiben. Außerdem bedanke ich mich bei Jesusín für seine immerwährende Freude, bei Enrique, dass er meine resiliente Seite zum Vorschein gebracht hat, als es ihm besonders schlecht ging, und bei Javier dafür, dass er mich von der ersten bis zur letzten Seite begleitet hat.

Bei meinem Vater, der mein Lehrer und Führer in der Wissenschaft der Seele ist.

Bei meiner Mutter, die mir gezeigt hat, dass man mit Anstrengung und Leidenschaft alles erreichen kann.

Bei Cristina für ihre Hingabe und lebenslange Gesellschaft.

Bei Isabel, die mit mir Hand in Hand durch die Welt der Emotionen geht und diesen wunderbaren Beruf ausübt, anderen zu helfen.

Bei den Professoren und Ärzten, die mich im Laufe der Jahre ausgebildet haben.

Bei meinen Patienten, meinen eigentlichen Lehrmeistern, die es mir erlauben, in schwierigen Momenten ein Teil ihres Lebens zu sein, und mir ermöglichen, mich an ihrer Genesung zu erfreuen.

Bei den Verlagen Planeta und Espasa, die mir die Gelegenheit gegeben haben, mich einem Buch zu widmen, das ich schon immer schreiben wollte.

Bei Fernando für seine Geduld bei der Korrektur der Texte.

Und schließlich möchte ich mich bei Almudena und Quique bedanken – durch das Höhere vereint –, dass sie mich Tag für Tag unter ihre Fittiche nehmen und begleiten.

Bibliografie

Alcaide, F.: *Aprendiendo de los mejores*. Alienta Editorial, Barcelona, 2013.

Amen, D. G.: *Cambia tu cerebro, cambia tu vida*. Sirio, Málaga, 2011.

Amerikanische Psychiatrische Gesellschaft, Falkai, P., Wittchen, H.-U.: *DSM-5. Diagnostisches und statistisches Manual psychischer Störungen DSM-5.* Hogrefe, Göttingen, 2015.

Aron, E.: *Sind Sie hochsensibel?* Redline, München, 2007.

Ben-Shahar, T.: *Glücklicher: Lebensfreude, Vergnügen und Sinn finden mit dem populärsten Dozenten der Harvard University*. Goldmann, München, 2010.

Bilbao, A.: *El cerebro de los niños explicado a los padres*. Plataforma, Barcelona. 2015.

Blázquez, L.: *Enfocar la atención. El trampolín para el crecimiento personal.* Ediciones Teconté, Madrid, 2018.

Bullmore, E.: *Die entzündete Seele: Ein radikal neuer Ansatz zur Heilung von Depressionen*. Goldmann, München, 2019.

Carnegie, D.: *Wie man Freunde gewinnt: Die Kunst, beliebt und einflussreich zu werden*. Fischer, Frankfurt, 2011.

Carr, N. G.: *Wer bin ich, wenn ich online bin … und was macht mein Gehirn solange?* Blessing, München, 2010.

Cymes, M.: *Kleinhirn an Großhirn. Alles über unsere Denkfabrik und wie wir sie am Laufen halten*. Goldmann, München, 2018.

Cyrulnik, B.: *Mein Lebensglück bestimme ich*. Goldmann, München, 2003.

Dyer, W.: *Der wunde Punkt. Die Kunst, nicht unglücklich zu sein.* rororo, Hamburg, 1980.

Frankl, V. E.: *Der Mensch vor der Frage nach dem Sinn.* Piper, München, 2008.

Goleman, D.: *Emotional Intelligence: Why It Can Matter More Than IQ.* Bantam Books, New York, 1996.

González-Alorda, A.: *El talking manager. Cómo dirigir personas a través de conversaciones.* Alienta Editorial, Barcelona, 2011.

L'Ecuyer, C.: *Educar en el asombro*. Plataforma, Barcelona, 2013.

Mam, S.: *Das Schweigen der Unschuld*. Marion von Schröder, Berlin, 2006.

Pert, C. B.: *Moleküle der Gefühle*. Rowohlt, Hamburg, 2001.

Puig, M. A.: *Reinventarse*. Plataforma, Barcelona, 2012.

Puig, M. A.: *¡Tómate un respiro! Mindfulness*. Espasa, Barcelona, 2017.

Rojas, E.: *Liebe, die große Chance*. Adamas, Köln, 2016.

Rojas, E.: *Adiós, depresión*. Temas de hoy, Madrid, 2012.

Rojas, E.: *No te rindas*. Temas de hoy, Madrid, 2012.

Rotella, B.: *Cómo piensan los campeones*. Ediciones Tutor, Madrid, 2017.

Seligman, M.: *Aprenda optimismo. Haga de la vida una experiencia maravillosa*. Debolsillo, Madrid, 2017.

Sonnenfeld, A.: *Educar para madurar*. Klose Ediciones, Madrid, 2015.

Spitzer, M.: *Digitale Demenz: Wie wir uns und unsere Kinder um den Verstand bringen*. Droemer, München, 2014.

Tolle, E.: *Ja zum gegenwärtigen Augenblick*. Kamphausen, Bielefeld, 2020.

Wiesenthal, S.: *Die Sonnenblume: Über die Möglichkeiten und Grenzen von Vergebung*. Europa Verlag, Berlin, 2015.

Dieses Buch wurde am 13. Juni 2018 vollendet,
am Fest des Heiligen Antonio von Padua.